教育部职业教育与成人教育司推荐教材
国家旅游局人事劳动教育司推荐教材
高等职业教育饭店服务与管理专业教学用书

饭店餐饮管理

余炳炎　主　编
李勇平　副主编

旅游教育出版社
·北京·

审定专家

黄明亮

刘丽君

出版说明

为落实《教育部关于以就业为导向深化高等职业教育改革的若干意见》的精神,加强教材建设,确保高质量教材进课堂,教育部决定制订"普通高等教育'十一五'国家级教材规划"。

按照规划精神,我社在原有旅游高等职业教育教材的基础上进行了整理和提升,注重紧密结合行业实际,反映当代社会经济发展的最新面貌,在内容和体系上具有明显特色,解决一线教学实际需要。

新版高职教材在保持原教材优势的基础上,以方便教师教学和学生学习为宗旨,增设了课前导读、学习目标、案例分析、本章小结等模块,旨在在教师和学生之间搭建一个互动的平台,使教师能够更好地和学生沟通。文中示例、公式一律突出显示,目的是让读者花最少的时间掌握最有用的信息。与原版教材相比,本版教材在编排上主要具有以下显著特征:

精简优化了内容。在初版中,有些教材花大量篇幅介绍某些工种的岗位职责及主要任务,既占课时,又不便于教师教学。再版时,将这部分内容置于附录中,既便于教师灵活运用,又有利于学生分清主次。同时,针对旅游学科实践性强的特点,修订后的教材特别注意增补了一些案例,目的是强化案例教学的作用。在案例的处理上,有些案例有评析,可以帮助学生进一步掌握每章重点;有些案例没有评析,既给教师布置作业留下了余地,也可供学生自学使用。

更新增补了资料。根据旅游业最新发展情况,此次修订增补了最新行业法规,补充了入世后的相关内容,更新了旧的材料和数据,使本版教材能充分反映行业的最新发展和业内最新的研究成果。

权威专家严格把关。本教材的作者均为业内专家,有着丰富的教学经验及旅游企业的管理经验,能将教材中的"学"与"用"这两个矛盾很好地统一起来。在此基础上,经杜江等业内权威专家把关和专业编辑审读加工,确保了本教材的权威性和专业性。我们深信:只有专业的,才是最好的!

贴近教学的全新编排。增课前导读,帮助读者更好地理解各章内容;拟定学习目标,帮助教师与学生更好地沟通;补充有用信息,案例分析、思考与练习,让学生尽快消化所学知识;改目录风格,人性化的设计,面面俱到,全书内容一览无余。

经过教育部组织的专家评审,"旅游高等职业教育系列教材"中的大部分被批准为普通高等教育"十一五"国家级规划教材,实现了行业教育与职业教育的平稳对接。

作为全国唯一的旅游教育专业出版社,有着丰富的旅游教育专业教材的编辑出版经验和庞大的专业作者队伍,我们有责任把最专业权威的教材奉献给广大读者,这也是我社教材受到广大读者认可的重要原因。

新版高职教材即将面世,我们想借这套教材的出版,探索一种全新的教材编写、出版模式,把一本本赏心悦目、专业实用的教材奉献给大家,使其真正成为您的贴心朋友。

旅游教育出版社

目　录

第1章　饭店餐饮概述 (1)
课前导读 (1)
教学目标 (1)
第一节　餐饮部在饭店中的地位、任务及经营特点 (1)
一、餐饮部在饭店中的地位与任务 (1)
二、饭店餐饮部的经营特点 (4)
第二节　饭店餐饮部的组织结构、职能及对从业人员的素质要求 (7)
一、不同规模饭店餐饮部的组织机构和职能 (7)
二、饭店餐饮部从业人员的基本素质要求 (10)
第三节　饭店餐饮部各营业点的表现形式 (11)
一、中餐厅 (11)
二、西餐厅 (12)
三、咖啡厅 (12)
四、自助餐厅 (12)
五、大宴会厅和多功能厅 (12)
六、特色餐厅 (12)
七、各类酒吧 (13)
八、房内用餐服务 (14)
第四节　饭店餐饮主要经营环节 (14)
一、餐饮计划的制定环节 (14)
二、餐饮原料的采购环节 (15)
三、餐饮原料的库存环节 (15)
四、餐饮产品的加工制作环节 (15)
五、餐饮产品的市场促销环节 (15)
六、餐饮服务环节 (16)
七、餐饮营运财务管理环节 (16)

本章小结 …………………………………………………… (16)
　　思考与练习 ………………………………………………… (16)
第2章　菜单的筹划与设计制作 ……………………………… (17)
　　课前导读 …………………………………………………… (17)
　　教学目标 …………………………………………………… (17)
　　第一节　菜单的种类及作用 ……………………………… (17)
　　　　一、菜单的种类 ……………………………………… (17)
　　　　二、菜单的作用 ……………………………………… (21)
　　第二节　确定餐饮品种的依据和原则 …………………… (23)
　　　　一、确定餐饮品种的依据 …………………………… (23)
　　　　二、菜品选择的原则 ………………………………… (27)
　　第三节　菜单的设计与制作 ……………………………… (28)
　　　　一、菜单设计者 ……………………………………… (28)
　　　　二、菜单设计、制作及使用中常见的问题 ………… (29)
　　　　三、菜单设计的程序 ………………………………… (30)
　　　　四、菜单的制作 ……………………………………… (34)
　　本章小结 …………………………………………………… (38)
　　思考与练习 ………………………………………………… (38)
第3章　原料管理 ……………………………………………… (39)
　　课前导读 …………………………………………………… (39)
　　教学目标 …………………………………………………… (39)
　　第一节　原料的采购管理 ………………………………… (39)
　　　　一、制定采购制度 …………………………………… (40)
　　　　二、确定采购方式 …………………………………… (42)
　　　　三、规定采购质量 …………………………………… (43)
　　　　四、控制采购数量 …………………………………… (44)
　　　　五、控制采购价格 …………………………………… (49)
　　第二节　原料的验收管理 ………………………………… (50)
　　　　一、验收体系 ………………………………………… (50)
　　　　二、验收程序 ………………………………………… (51)
　　　　三、验收表单 ………………………………………… (52)
　　　　四、验收控制 ………………………………………… (58)
　　第三节　原料的贮藏管理 ………………………………… (59)
　　　　一、原料的贮藏要求 ………………………………… (59)
　　　　二、库存管理 ………………………………………… (62)

三、发料管理 …………………………………………………… (65)
　　　四、库存控制 …………………………………………………… (67)
　本章小结 ……………………………………………………………… (71)
　思考与练习 …………………………………………………………… (71)

第4章　餐饮生产管理 ………………………………………………… (73)

　课前导读 ……………………………………………………………… (73)
　教学目标 ……………………………………………………………… (73)
　第一节　厨房组织机构与人员配置 …………………………………… (73)
　　　一、餐饮生产组织机构的设置 ………………………………… (73)
　　　二、餐饮生产组织各部门的职能 ……………………………… (76)
　　　三、餐饮生产人员配置 ………………………………………… (78)
　第二节　厨房生产业务流程 …………………………………………… (82)
　　　一、厨房生产业务流程 ………………………………………… (82)
　　　二、厨房生产业务流程管理及特点 …………………………… (83)
　第三节　厨房生产质量管理 …………………………………………… (85)
　　　一、衡量产品质量的几个要素 ………………………………… (86)
　　　二、厨房生产质量管理 ………………………………………… (88)
　　　三、厨房生产质量控制 ………………………………………… (96)
　第四节　餐饮产品成本核算 …………………………………………… (101)
　　　一、餐饮产品成本 ……………………………………………… (101)
　　　二、原料初加工的成本核算 …………………………………… (102)
　　　三、调味品成本核算 …………………………………………… (106)
　　　四、餐饮产品原料成本核算 …………………………………… (107)
　　　五、酒品饮料成本核算 ………………………………………… (108)
　第五节　管事部的运转管理 …………………………………………… (110)
　　　一、管事部的组织结构 ………………………………………… (110)
　　　二、管事部的职能 ……………………………………………… (111)
　　　三、管事部的岗位职责 ………………………………………… (113)
　　　四、管事部与其他部门的关系 ………………………………… (119)
　第六节　厨房生产卫生与安全管理 …………………………………… (120)
　　　一、食物中毒与预防 …………………………………………… (120)
　　　二、食物中毒事故的处理 ……………………………………… (122)
　　　三、餐饮食品卫生控制 ………………………………………… (122)
　　　四、厨房安全操作 ……………………………………………… (124)
　本章小结 ……………………………………………………………… (126)

思考与练习 …………………………………………………………… (126)

第5章 零点餐厅服务与管理 …………………………………… (127)

课前导读 …………………………………………………………… (127)
教学目标 …………………………………………………………… (127)
第一节 零点餐厅业务运转环节 ……………………………… (127)
一、零点餐厅的特点 ……………………………………………… (127)
二、零点餐厅业务运转环节 ……………………………………… (128)
第二节 中餐零点餐厅服务与管理 …………………………… (136)
一、中餐零点餐厅早餐服务 ……………………………………… (136)
二、中餐零点餐厅午晚餐服务 …………………………………… (137)
第三节 西餐零点餐厅服务与管理 …………………………… (138)
一、西餐简介 ……………………………………………………… (139)
二、西餐零点餐厅早餐服务 ……………………………………… (142)
三、西餐零点餐厅午晚餐服务 …………………………………… (143)
第四节 自助餐服务与管理 …………………………………… (145)
一、自助餐服务简介 ……………………………………………… (146)
二、自助餐台设计与布局 ………………………………………… (147)
三、自助餐服务程序 ……………………………………………… (149)
四、自助餐服务注意事项 ………………………………………… (149)
第五节 客房送餐服务与管理 ………………………………… (150)
一、客房送餐服务简介 …………………………………………… (150)
二、客房送餐服务程序 …………………………………………… (151)
本章小结 …………………………………………………………… (152)
思考与练习 ………………………………………………………… (152)

第6章 饭店酒吧服务与管理 …………………………………… (154)

课前导读 …………………………………………………………… (154)
教学目标 …………………………………………………………… (154)
第一节 酒吧与酒吧服务 ……………………………………… (154)
一、酒吧的含义 …………………………………………………… (154)
二、酒吧的发展 …………………………………………………… (154)
三、饭店酒吧的种类 ……………………………………………… (155)
四、酒吧的特点 …………………………………………………… (156)
五、酒吧的设计 …………………………………………………… (156)
六、酒吧的服务内容及服务技巧 ………………………………… (158)
第二节 酒吧管理 ……………………………………………… (162)

一、酒吧后台管理 ………………………………………………… (162)
　　二、酒吧前台管理 ………………………………………………… (166)
　本章小结 ……………………………………………………………… (168)
　思考与练习 …………………………………………………………… (168)

第7章　宴会服务与管理 ……………………………………………… (169)
　课前导读 ……………………………………………………………… (169)
　教学目标 ……………………………………………………………… (169)
　第一节　宴会业务经营运转环节 …………………………………… (169)
　　一、宴会概述 ……………………………………………………… (170)
　　二、宴会业务经营运转环节 ……………………………………… (174)
　第二节　宴会的销售管理 …………………………………………… (189)
　　一、宴会客源分析 ………………………………………………… (190)
　　二、宴会宣传资料管理 …………………………………………… (191)
　　三、宴会推销策略 ………………………………………………… (191)
　　四、宴会预订管理 ………………………………………………… (192)
　　五、宴会售后管理 ………………………………………………… (198)
　第三节　宴会及大型活动的运转管理 ……………………………… (199)
　　一、中餐宴会的运转管理 ………………………………………… (199)
　　二、西餐宴会的运转管理 ………………………………………… (202)
　　三、冷餐酒会和鸡尾酒会的运转管理 …………………………… (203)
　　四、其他大型活动的运转管理 …………………………………… (206)
　本章小结 ……………………………………………………………… (210)
　思考与练习 …………………………………………………………… (210)

第8章　餐饮服务管理 ………………………………………………… (212)
　课前导读 ……………………………………………………………… (212)
　教学目标 ……………………………………………………………… (212)
　第一节　餐饮服务环境的设定 ……………………………………… (212)
　　一、餐饮服务硬环境气氛的设定 ………………………………… (212)
　　二、餐饮服务软环境氛围的设定 ………………………………… (217)
　第二节　餐饮服务方式的选用和确定 ……………………………… (218)
　　一、常用中餐服务方式 …………………………………………… (219)
　　二、常用西餐服务方式 …………………………………………… (220)
　第三节　餐饮服务质量管理 ………………………………………… (222)
　　一、餐饮服务质量概述 …………………………………………… (222)
　　二、餐饮服务质量管理的内容 …………………………………… (223)

三、提高餐饮服务质量的主要措施 …………………………………………（227）
　本章小结 ……………………………………………………………………………（230）
　思考与练习 …………………………………………………………………………（230）

第9章　饭店餐饮销售管理 ……………………………………………………（231）
　课前导读 ……………………………………………………………………………（231）
　教学目标 ……………………………………………………………………………（231）
　第一节　餐饮产品的价格制定 ……………………………………………………（231）
　　一、餐饮产品的定价原理、定价目标、定价策略 ………………………………（231）
　　二、餐饮产品定价方法 …………………………………………………………（236）
　第二节　餐饮经营销售决策 ………………………………………………………（239）
　　一、餐厅营业时段的确定 ………………………………………………………（240）
　　二、餐厅营业清淡时间价格折扣决策 …………………………………………（241）
　　三、餐饮产品促销时的价格决策（亏损先导推销决策）………………………（242）
　第三节　店内外餐饮促销实务 ……………………………………………………（244）
　　一、店内餐饮促销活动 …………………………………………………………（244）
　　二、店外餐饮促销活动 …………………………………………………………（246）
　第四节　餐饮产品销售控制 ………………………………………………………（249）
　　一、餐饮销售控制的意义 ………………………………………………………（249）
　　二、出菜检查员控制 ……………………………………………………………（249）
　　三、酒吧销售控制 ………………………………………………………………（250）
　　四、餐饮销售指标控制 …………………………………………………………（250）
　本章小结 ……………………………………………………………………………（253）
　思考与练习 …………………………………………………………………………（253）

第10章　饭店餐饮财务管理 ……………………………………………………（254）
　课前导读 ……………………………………………………………………………（254）
　教学目标 ……………………………………………………………………………（254）
　第一节　饭店餐饮营运中的成本、费用管理 ……………………………………（254）
　　一、饭店餐饮成本费用的内容及分类 …………………………………………（254）
　　二、饭店餐饮成本费用的作用 …………………………………………………（257）
　　三、饭店餐饮成本费用的管理原则 ……………………………………………（257）
　第二节　饭店餐饮营运中的成本费用预算编制管理 ……………………………（258）
　　一、饭店餐饮成本费用预算的概念 ……………………………………………（258）
　　二、饭店餐饮成本费用预算 ……………………………………………………（258）
　第三节　饭店餐饮成本控制管理 …………………………………………………（260）
　　一、饭店餐饮成本控制的概念和作用 …………………………………………（260）

二、饭店餐饮成本费用控制程序 ···（260）
　　三、饭店餐饮成本费用控制方法 ···（261）
　　四、饭店餐饮成本控制 ···（262）
　第四节　饭店餐饮营运状况财务评价 ···（268）
　　一、财务评价的概念 ··（268）
　　二、饭店餐饮常用财务评价法 ··（268）
　　三、饭店餐饮盈亏临界点分析 ··（271）
　本章小结 ··（273）
　思考与练习 ··（273）
后记 ··（274）

第 1 章

饭店餐饮概述

课前导读

饭店(Hotel)是随着人们旅行活动的日益频繁而出现在人们的社会生活中的,其最初的功能是为旅途中的人们提供过夜住宿服务。由于人类社会的发展和经济的发达,饭店已变为向客人提供住宿、餐饮、购物、娱乐、健身、会务、展览、商务等诸多服务的综合性服务企业。

作为体现现代饭店管理、服务水平高低重要标志的餐饮部门,其经营好坏已成为评价饭店优劣的主要因素;餐饮部已成为饭店必不可少的组成部分,是饭店所在地区社交活动的中心。

教学目标

- 明确餐饮部在饭店中的地位、任务
- 掌握饭店餐饮的经营特点以及内部组织机构的特征
- 熟悉餐饮部各营业点的表现形式和饭店经营运转的主要过程

第一节 餐饮部在饭店中的地位、任务及经营特点

一、餐饮部在饭店中的地位与任务

(一)餐饮部在饭店中的地位

餐饮部在饭店中的地位,同社会的进步和饭店业的日新月异密切相关。受社会经济发展和人们生活水平的限制,饭店业发展初期的餐饮业往往只能提供一些简单、经济的饭菜,处于饭店中的从属地位,主要解决住店者对饮食的基本需求。20世纪初以来,随着社会生产力的迅速发展,国际、国内各种交往的日益频繁,饭店业因城市的变化而得到迅猛发展。另外,伴随着世界经济的迅速增长,社会生活节奏加快,妇女就业增多,越来越多的人们去饭店、餐馆用餐,给餐饮业的繁荣与发展提供了条件。餐饮业内部的竞争也日趋激烈,经营管理者竞相利用特色来吸引就餐者。所有这些因素促进了餐饮业的发展,使餐饮部在饭店中的地位得以提高。

1. 餐饮部生产满足人们基本生活需要的产品

古人云:"食、色,性也。"民以食为天,饮食是维持生命的基本条件。西方著名心理学家马斯洛将饮食列为人类五个需求层次中最基本的需求。饭店作为旅游者离家以后的"家",其餐饮场所是他们主要的膳食消费地点。现代饭店的餐饮部不仅拥有众多的餐厅、宴会厅,还有酒吧、音乐茶座、KTV包房、房内用餐服务等餐饮设施与服务项目,这些都为饭店所在地的各行各业、各种阶层、各种消费层次的人们提供了良好的餐饮消费环境。因此,拥有一个完善的、与饭店经营定位和客人消费要求相适应的餐饮部,是搞好饭店经营的基本要求。

2. 餐饮收入是饭店收入的重要组成部分

餐饮部是饭店获得经济收益的重要部门之一。餐饮部的收入在饭店总收入中所占的比重因地、因饭店状况而异,受到饭店本身主、客观条件的影响,如饭店的经营思想、经营传统、饭店的位置、内部的设计、档次等等。就目前国内星级饭店而言,餐饮部的营业收入约占整个饭店营业收入的38%~40%左右,少数地区的饭店,餐饮收入已大大超过饭店的客房收入,占整个饭店营业收入的1/2以上。这一势头仍有继续发展的趋势,这同西方发达国家饭店餐饮收入所占比重及地位是相吻合的。因为饭店客房数量是基本固定不变的,其最高收入是一个常量。而餐饮部的最高收入则是个变量,虽然餐位数是固定不变的,但餐饮部可通过提高工作效率、提高服务质量、提高菜肴质量等措施,使餐座的周转率和人均消费水平得以提高,最终使餐饮部的营业收入达到最大值。

即使从部门盈利来讲,虽然餐饮部的成本开支大,其盈利仍可占到饭店利润总额的10%~20%左右,对于一家年利润上千万元的饭店来讲,这个比例就相当可观了。

3. 餐饮部管理、服务水平直接影响饭店声誉

美国饭店业的先驱斯塔特勒先生(Mr. Statler)曾经说过:"饭店从根本上说,只销售一样东西,那就是服务"(笔者认为,这是广义的服务)。提供劣质服务的饭店是失败的饭店,而提供优质服务的饭店则是成功的饭店。饭店的目标应是向宾客提供最佳服务。

餐饮服务水平的高低仅仅是种表象,是宾客能够直接感受和体会到的,而决定服务水平高低的因素则是餐饮管理水平的高低,服务水平的高低是管理水平的最终表现。餐饮的有形产品不仅可以满足宾客最基本的生理需求,还可以从色、香、味、形、器等方面使宾客得到感官上的享受。当宾客在典雅舒适的就餐环境中受到热情款待和周到服务时,他们可在精神上得到享受和满足。

饭店餐厅的服务人员与宾客直接接触,其一举一动、片言只语,均会在宾客心目中留下深刻的印象。宾客可以根据餐饮部为他们提供的食品、饮料的种类、质量和分量,服务态度及方式来判断一个饭店服务质量的优劣和管理水平的高低。所以,餐饮管理与服务水平的好坏直接关系到饭店的声誉和形象。

4. 餐饮部的经营活动是饭店营销活动的重要组成部分

在日趋激烈的饭店市场竞争中,餐饮部占有极其重要的地位,一直充当饭店营销的先锋。相对于饭店的其他营业部门来说,餐饮部在竞争中更具有灵活性、多变性和可塑性。现代饭店如果是同星级的,其客房设施标准相对比较接近,而餐饮和其他服务设施常被客人作为挑选饭店的重要因素。餐饮经营还可为本地消费者提供良好的就餐场所。上海锦江集团所属的饭店大部分是解放前建造的,虽经过设备、设施等的更新改造,但在硬件方面与同星级的新建饭店仍存在一定的差距。但锦江人扬长避短,发挥自己经营历史悠久、特色鲜明的优势,使每家所属饭店的餐饮独树一帜,如锦江饭店的川菜、粤菜,和平饭店的淮扬菜,国际饭店的京鲁菜,金门大酒店的闽菜等,都在餐饮业中独执牛耳,成为同行瞩目的领头羊。餐饮业经营的红红火火,又反过来促进了饭店其他部门的生意。

除此之外,饭店餐饮部还可以根据自身的优势和环境的状况,举办各种食品节等餐饮推广、义卖活动等,树立饭店的市场形象,增加饭店的餐饮收入。

5. 餐饮部是饭店用工最多的部门

饭店业属于劳动密集型行业,而餐饮部通常又是饭店中使用员工数量最多的部门。餐饮部的工作岗位多,目前这些岗位对员工的文化要求不高,因而很受社会上普通劳动力的欢迎。

(二)餐饮部的任务

饭店餐饮部主要承担着向国内外宾客提供优质菜肴、饮料、点心和优良服务的重任,并通过满足用餐者的各种需求,为饭店创造更多的营业收入。

1. 向宾客提供以菜肴等为主要内容的有形产品

这是餐饮部的最基本的任务,也是首要任务。餐饮部是饭店惟一生产实物产品的部门。各种档次、各种风格的饭店,依据自己的市场定位和经营策略,组织餐饮部提供满足客人所需的优质产品。

2. 向宾客提供满足需要的、恰到好处的服务

餐饮部是饭店惟一生产、提供实物产品的部门,但这些实物产品价值的实现还取决于饭店餐饮服务人员向就餐者提供令人满意的服务。在用餐过程中,客人更多注意的是烹饪技艺、服务态度与技巧、用餐的环境与气氛等无形产品。就餐者在购买餐饮产品的同时,更期望得到与有形产品同时销售的服务,并期望获得方便、周到、舒适、友好、愉快等精神方面的享受。这种服务和精神享受必须是恰如其分和恰到好处的,惟有如此,服务才是有效的。恰到好处的服务首先应该是及时的,其次是具有针对性的,再次必须是洞察客人心理的。

3. 增收节支,开源节流,搞好餐饮经营管理

增加餐饮收入与餐饮利润是饭店餐饮部的主要目标。餐饮部应依据饭店所在地的市场变化情况以及饭店本身的状况,设定经营范围、服务项目和产品品种。充分利用各种节日、会议、重大活动等进行推销。通过举办各种食品节、推广新颖的餐饮产品和用餐方式等,加强食品饮料的销售;也可以采用扩大用餐场所,增加餐饮接待能力,用外卖、上门服务等方法扩大餐饮服务的外延,来提高餐饮销售量,以达到增加餐饮收入的目标。

现代星级饭店的餐饮收入虽占整个饭店营业收入的38%~40%左右,但餐饮成本所占的比重却相当高。在一家三星级饭店,餐饮原料成本占餐饮销售收入的50%左右;餐饮产品从原料到成品经历的环节较多,成本控制的难度较大,从而造成的浪费和损失较多。这需要餐饮部制定出严密、完整的操作程序和成本控制措施,并加以监督、执行。

4. 为饭店树立良好的社会形象

餐饮部与客人的接触面广、量大,且又是直接接触,面对面服务时间长,从而给宾客留下的印象最深,并直接影响客人对整个饭店的评价。

从餐饮角度为饭店树立良好的社会形象,必须加强餐饮部自身形象建设。形象建设主要通过硬件和软件建设两个方面体现出来。就硬件建设而言,首先应从餐饮设施的功能着手,确定各类餐厅、宴会厅、酒吧及餐饮与娱乐相结合的设施是否齐全;其次要看这些设施的档次高低、先进与否;再者是看这些硬件设施的风格与整个饭店的经营目标是否一致。餐饮部的软件质量主要体现在管理水平、服务质量和员工的素质等方面。

二、饭店餐饮部的经营特点

餐饮部的经营不同于饭店的其他服务部门,也有别于工业生产部门。

(一)工业产品、商品、餐饮产品经营过程对比

1. 工业产品的经营过程

2. 商品的经营过程

3. 餐饮产品的经营过程

(1)饮品

(2)菜肴

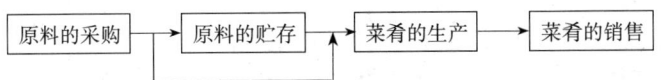

以上通过方框程序图的形式,对工业产品的经营过程、商品的经营过程、餐饮产品的经营过程分别作了展示。可以看出:就环节的多少而言,工业产品经营过程环节最多,共有五个环节;商品经营过程环节最少,仅有三个;餐饮产品经营过程的环节数居于这两者之间。就一般管理而言,环节越多,意味着管理难度越大。就餐饮产品的经营过程而言,菜肴与饮品生产加工完毕后,都无贮存这个环节,这在客观上对餐饮产品的销售提出了非常迫切的时间要求。餐饮产品中的菜肴经营过程与工业产品的经营过程相似;而饮品的经营过程与商品的经营过程相似,其管理方法也是相似或相近的。

(二)餐饮部的生产、销售、服务特点

1. 餐饮生产特点

餐饮部作为饭店惟一生产产品的部门,既生产有形的实物产品,如各色美味佳肴,又生产无形的服务产品,如优良的进餐环境和热情周到的接待服务等。与其他产品生产相比,餐饮产品生产有其不同的特点。

(1)餐饮生产属个别订制生产,产品规格多、批量小

餐厅销售的菜肴是客人进入餐厅后个别点菜然后将其制成产品的,它与工业产品大批量、统一规模生产的产品是不同的,这给餐饮产品质量管理和统一标准带来了许多问题。

(2)餐饮生产过程时间短

餐饮生产是现点、现做、现消费,就餐者从点菜至消费的时间相当短暂,一家生意兴隆的餐厅,只有依靠经验丰富的厨师,才能满足客人的需求。

(3)餐饮生产量难以预测

与工业产品的生产不同,只有就餐者上门,餐厅才有生意做,而就餐者到来的时间、人数、消费要求很难准确预估,产量的随机性很强,且难以预测。

(4)餐饮原料、产品容易变质

餐饮原料、产品门类众多,大多数原料又是鲜活货,有很强的时间性和季节性,处理不当极易腐烂变质。而餐饮产品也同样具有如此鲜明的特征,餐饮原料及成品的质量与时间成反比例关系。

(5)餐饮生产过程的管理难度较大

餐饮部的生产从食品原料的采购到验收、贮存保管、领用、粗加工、切配、烹饪、销售服务和收款,整个过程中的业务环节很多,任何一个环节出现差错都会影响产

品质量,所以也就带来了管理上的困难。

2. 餐饮销售特点

(1) 餐饮销售量受餐饮经营空间大小的限制

餐饮部接待客人的人数受到餐饮经营面积的大小、餐位数多少的限制。因此,必须在已确定的硬件条件下,改善就餐环境,提高服务质量,增加餐饮的销售量。

(2) 餐饮销售量受餐饮就餐时间的限制

人们的就餐时间大致相同。进餐时间一到,餐厅宾客盈门,高朋满座;而时间一过,席终人散,餐厅则门可罗雀。餐饮就餐时间、经营状况呈现明显的间歇性。餐饮部应在正常就餐时间之外做文章,如延长营业时间,以提高餐饮销售量。

(3) 餐饮经营毛利率较高,资金周转较快

饭店餐饮部的综合毛利率一般都较高,以三星级饭店为例,其毛利率一般在50%左右,四、五星级饭店的餐饮毛利率更在70%左右。如果做好有关费用的管理,则能产生出相当部分的纯利润。另外,餐饮的销售收入中相当一部分以收取现金为主,而餐饮原料中的半数以上是当天采购、当天生产并销售的,因此,资金周转也较快。

(4) 餐饮经营中固定成本占有一定比重,变动费用的比例也较大

各种餐厨设备、贮存设备的投资,使得餐饮经营活动中的固定成本占有一定比重。另外,餐饮变动费用、员工的报酬、水电煤等燃料消耗、餐饮原料的支出等均占有相当幅度。餐饮工作人员必须尽量减少原材料消耗,降低各项费用指标,以节支的方法达到增收的目的。

3. 餐饮服务特点

餐饮服务可分为直接对客的前台服务和间接对客的后台服务。前台服务是指餐厅、宴会厅、酒吧等营业场所面对面为宾客提供服务;后台服务则是客人视线不能及的地方,如厨房、管事部等为生产、服务进行的工作。前台服务与后台服务相辅相成,后台服务是前台服务的基础,前台服务是后台服务的继续和完善。只有高质量的菜点,没有良好的服务不行;只有良好的服务,没有高质量的菜点也不行。因此,美味佳肴只有配以恰到好处的服务,才会受到宾客的欢迎。

餐饮服务有如下特点:

(1) 无形性

同其他任何一种服务一样,餐饮服务不能够量化。无形的餐饮服务只能在就餐宾客购买并享用餐饮产品后,凭生理和心理满足程度来评估其质量的优劣。餐饮服务的无形性给餐饮部经营带来诸多困难,况且餐饮服务质量的提高是无止境的,这就需要前台、后台一起抓,服务态度、服务技能一起抓,全方位提高餐饮服务水平。

(2) 一次性

餐饮服务的一次性是指餐饮服务只能当次使用、当场享受,这同饭店的客房、客机的座位一样,如当日租不出去,或当班没满座,那么饭店或航空公司所失去的收入是无法弥补的。因此,餐饮部应接待好每位宾客,在接待中注意自己的每一个言行举止,给客人留下美好的印象,从而使宾客再次光顾,使头回客成回头客,最终使回头客成为常客。

(3)同步性

餐饮部的绝大多数产品其生产、销售、消费几乎是同步的,餐饮产品的生产过程也就是就餐者的消费过程。同步性决定了餐饮部应搞好餐饮销售环境,使每位餐饮服务员上岗之后全身心地投入到推销与服务中去,为企业售出更多的产品。

(4)差异性

餐饮服务的差异性主要从两个方面反映出来:一方面,餐饮服务员由于受年龄、性别、性格、受教育程度、培训程度及工作经历等不同条件限制,他们为就餐者提供的服务肯定不尽相同;另一方面,同一名服务员在不同的场合、不同的时间和不同的情绪中,其服务方式、服务态度等也会出现一定的差异。餐饮部应制定出餐饮服务质量标准、操作程序标准,使员工的服务工作尽可能规范化、标准化,同时在管理上要做到制度化。

第二节 饭店餐饮部的组织机构、职能及对从业人员的素质要求

饭店餐饮部所辖面很广,各营业点分散于饭店的不同区域和楼面。作为饭店惟一生产实物产品的部门,集生产加工、销售服务于一身,管理过程全、环节多。从人员结构讲,餐饮部员工数居饭店首位,且工种多、文化程度差异大。可以说,餐饮部是饭店最难管理的一个部门。

要将这样一个复杂的部门管理好,首先必须建立合理、科学、有效的组织网络,进行科学分工,使各部门各司其职;其次,按照饭店的要求选择员工,并加以严格培训,使其达到饭店提出的素质要求。

一、不同规模饭店餐饮部的组织机构和职能

(一)组织机构

为便于管理,饭店餐饮部均配有组织机构图,其主要作用有:

(1)可以清楚地反映每个部门和个人的职责。

(2)可以防止重复工作。

(3)可以直观地反映每个员工对谁汇报工作,避免越级或横向指挥。

(4)使每个员工清楚自己在本部门中的位置和发展方向。

饭店餐饮部的规模、大小不同,其组织机构也不尽相同。

图1-1是一家小型饭店餐饮部组织机构图。其结构应比较简单,分工也不宜过细。图中清洗主管的职能类似大中型饭店管事部主管的职能。

1. 小型饭店的餐饮部组织机构

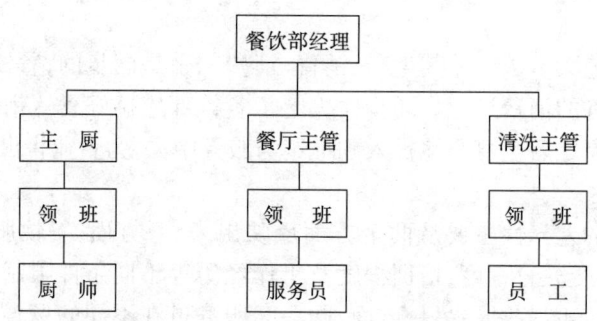

图1-1 小型饭店的餐饮部组织机构

2. 中型饭店的餐饮部组织机构

图1-2为一家中型规模的饭店餐饮部组织机构图。相对于小型饭店,分工更加细致,功能也较全面。

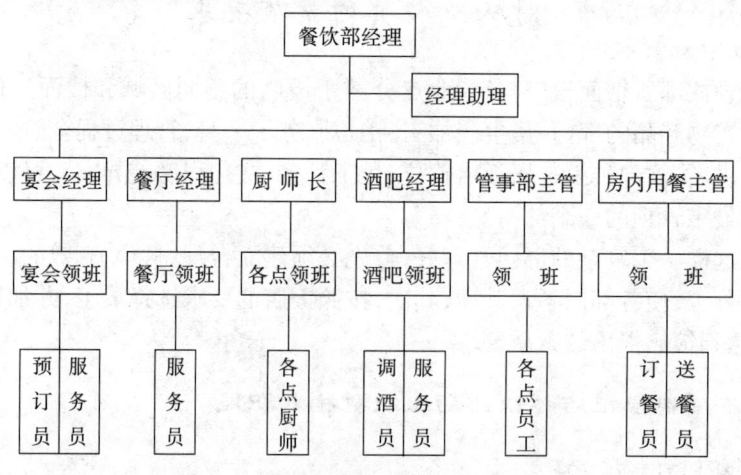

图1-2 中型饭店的餐饮部组织机构

3. 大型饭店的餐饮部组织机构

图1-3为一家大型饭店的餐饮部组织机构图。其结构复杂,层次多,分工明确细致。图中餐饮部的采购,主要指鲜活原料、副食品的采购。

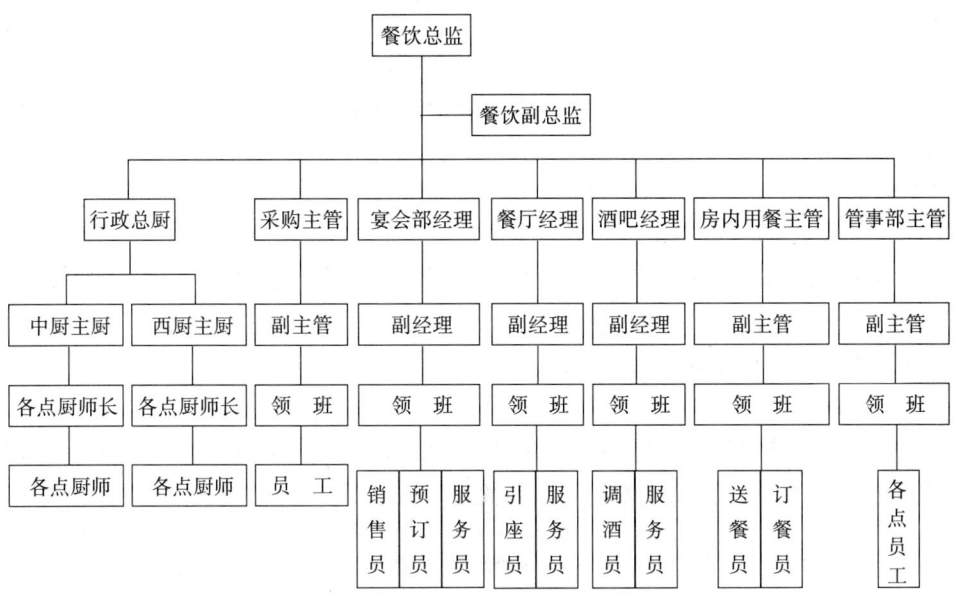

图1-3 大型饭店的餐饮部组织机构

(二)饭店餐饮部各业务功能模块的职能

前面我们按饭店的规模大小,列举了三种餐饮部组织机构图。如进一步研究,就不难发现,不管餐饮部的规模大或小,其基本职能与作用是相同或相似的。

图1-4所示,无论饭店规模是大是小,餐饮部主要在下述四块业务功能模块中进行运转与相互联系。

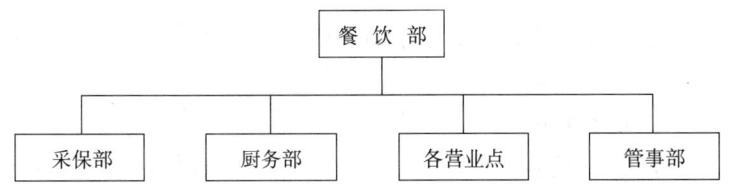

图1-4 餐饮部主要业务功能模块

1. 采保部(Purchasing and Storing Department)

在餐饮部领导下,负责餐饮部门生产原料的采购与保管工作。这些原料可以是须入库存放的可贮存物品,但主要是采购进店后直接进入厨房加工成菜肴的鲜活品(需要特别指出的是,国内外大部分饭店将此功能模块归于饭店财务部)。

这一业务功能模块又可分采购与保管两部分。目前,国内仍有部分饭店的餐饮部采用这种原料采购与保管的组织机制。

2. 厨务部(Kitchen)

负责餐饮产品中的菜肴、点心等的烹饪加工。从过程上看,从原料的粗加工直到菜肴的成菜出品,均由厨务部负责完成。从产品质量方面看,厨务部依据不同的消费档次,制定并执行不同的制作质量标准。

3. 各营业点(Outlets)

饭店餐饮部的营业点是餐饮部直接对客服务部门,包括各类餐厅、宴会厅、酒吧、房内用餐服务部等。这些营业点的服务水平高低、经营管理状况好坏,最终关系到餐饮产品能否变为商品。

4. 管事部(Steward)

管事部是餐饮运转的后勤保障部门,担负着为前后台运转提供物资用品、清扫厨房、清洁餐具厨具和保障餐饮后台环境卫生的重任。

二、饭店餐饮部从业人员的基本素质要求

(一)从业人员的职业思想素质

1. 树立牢固的职业思想

要做好餐饮服务工作、提高餐饮质量,必须要有一支相对稳定的专业队伍。餐饮从业人员应热爱自己的工作,有意识地培养对职业的兴趣,不断学习,开拓创新。

2. 培养高尚的职业道德

餐饮从业人员应结合餐饮业的特点和要求,将饭店利益和消费者权益放在第一位,提供尽善尽美的服务,为企业创声誉、创效益。

3. 要有良好的纪律观念

从业人员自觉地遵守店规和部门的各种规章制度,培养良好的组织纪律性。

(二)从业人员的业务素质

1. 具有良好的文化素质

良好的文化素养、专业素养和广博的社会知识,是做好服务工作的基础,有利于从业人员形成高雅的气质和坚忍不拔的意志。

从业人员应了解和掌握菜肴知识、烹饪知识、食品营养与卫生知识、心理学知识、电器设备的使用保养维修常识、文史知识、美学知识、音乐欣赏知识、民俗和法律知识、外语知识及电脑知识等。

2. 懂得各种服务礼节

餐饮服务礼节(如问候、称呼、迎送等)贯穿于各个服务环节。从业人员要掌握各种礼节,做到礼貌待客,以体现饭店服务水准。

3. 熟练掌握专业操作技能

这是做好服务工作的基本条件。餐饮服务的每一项工作、每一个环节都有特定的操作标准和要求,许多工作无法用机器来代替,如摆台、上菜、分菜等,因此从业人员要努力学习、刻苦训练,以熟练掌握餐饮服务的基本技能,懂得各种服务规范、程序和要求,从而达到服务规范化、标准化和程序化。

(三)从业人员的身体素质

1. 健康的体格

从业人员"日行百里不出门",站立、行走、托盘等都要有一定的腿力、臂力和腰力,所以要有健康的体魄才能胜任此项工作。另外,从业人员向顾客提供饮食产品,为防止"病从口入",要求从业人员定期体检,确保没有传染性疾病。

2. 端庄的仪表

从业人员仪表端庄大方、和蔼可亲,会给客人留下美好的第一印象。

(1)服饰

①上班时间应穿着规定的制服,并保持整洁、挺括。②应将制服的所有纽扣扣好、拉链拉好。③皮鞋光亮,以黑色为宜。④上班不宜佩戴项链、戒指及其他饰物。⑤工作时要按规定佩戴名牌。

(2)仪容

①头发整齐、清洁,不擦重味的头发油,必要时戴帽子。②常修指甲,女性不宜涂有色指甲油。③男士常刮胡子,不留鬓角。④经常洗澡,勤更衣。⑤女士化淡妆,保持朴素、优雅之外观。

(3)仪态、举止

服务态度要和蔼可亲、面带笑容,服务动作要敏捷,服务程序要准确无误,服务时要精神饱满。

①立态:不可叉腰、弯腿、靠墙等。②坐态:腿合拢。③步态:轻盈平稳,不做作,力求自然。④谈吐:大方有礼,不可大笑但要自然地微笑,说话以对方能听到为宜,避免谈个人私事。

第三节 饭店餐饮部各营业点的表现形式

一、中餐厅(Chinese Restaurant)

中餐厅通常是我国饭店的主要餐厅,是饭店餐饮部门主要的销售服务场所。我国的星级饭店几乎无一例外地设置一个到几个不同风味的中餐厅,主营粤、川、苏、鲁、浙、湘、徽、闽、京、沪等菜系,向宾客提供不同规格、档次的餐饮服务。中餐厅除了向宾客提供中式菜点外,其环境气氛和服务方式也均能体现中华民族文化和历史传统特色。

二、西餐厅(Western Restaurant)

西餐厅大都以经营法、意、德、美、俄式菜系为主,同时兼容并蓄、博采众长,可以说是西方饮食文化的一个缩影,其中又以高档法式餐厅(习惯称作扒房)最为典型。扒房具备了豪华餐厅的一些基本特征,是饭店为体现餐饮水准、满足高消费需求、增加经济收入而开设的,它是豪华大饭店的象征。扒房以法式大餐为菜品核心,美食佳酿相映生辉,烹饪技术水平高超精湛,擅长客前烹制,以渲染美食气氛。

三、咖啡厅(Coffee Shop)

咖啡厅是小型的西餐厅,在国外称为简便餐厅,主要经营咖啡、酒类饮料、甜品点心、小吃、时尚美食等。饭店咖啡厅营业时间长,一般24小时全天候营业,服务快捷,并以适中的价格面向大众经营。

四、自助餐厅(Buffet Restaurant)

我国四、五星级饭店一般都设有自助餐厅,一日三餐以经营自助餐为主,零点为辅。这类自助餐厅的餐台通常是固定的,装饰精美,极具艺术渲染力,配以调光射灯,使菜点更具美感和质感,从而增进人的食欲。自助餐厅中西菜点丰富,装盘注重装饰,盛器注重个性,摆放注重层次。烤肉等大菜的服务常配有值台厨师,帮助宾客烹制、切割、装盘。自助餐厅也是饭店举办美食节的主要场所,在周日常举办香槟午餐。

五、大宴会厅(Ballroom)和多功能厅(Function Hall/Multi-Function Room)

大宴会厅和多功能厅是宴会部的重要组成部分,是宴会部经营活动的重要场所。通常以一个大厅为主,周围还有数个不同风格的小厅,与之相通或相对独立,一般可根据客户的要求,用隐蔽式的活动板墙调节其大小。这一类宴会厅是多功能的,活动舞台、视听同步翻译、会议设备、灯光音响设备等应有尽有,为宴会部举办各种大型餐饮活动、会议、展览、文娱演出等提供了良好的条件。

六、特色餐厅(Specialty Restaurant)

特色餐厅是餐饮文化发展、传播到一定阶段的产物,具有鲜明的地域、宗教、历史、文化等人文特征,它对餐饮文化或是继承,或是发展,或是创新,或是反思,代表了目前菜肴制作水平和餐饮企业经营策略的较高水准,也体现了管理者的经营思想和对市场的敏感程度。图1-5给出了常见特色餐厅的主要类别。

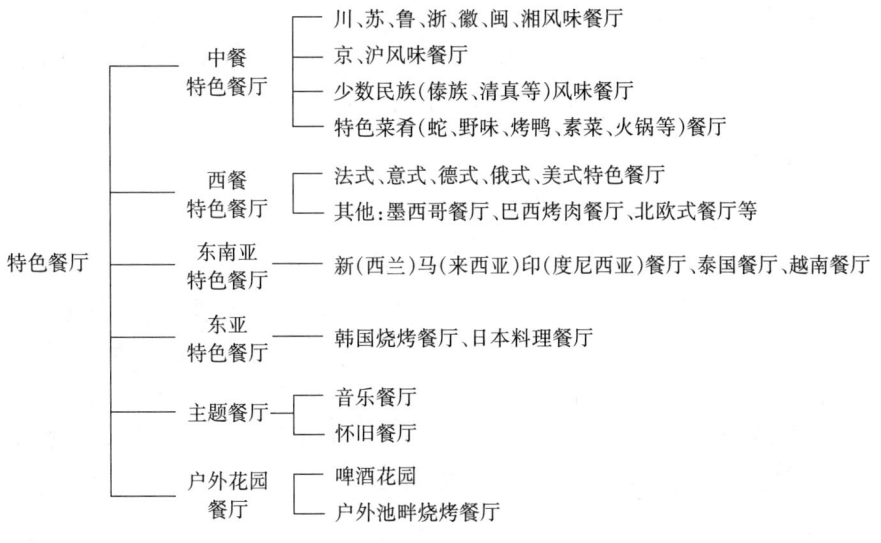

图 1-5 特色餐厅的分类

七、各类酒吧(Bar)

酒吧一词的英文为 Bar,原意为栅栏或障碍物。19 世纪中叶,随着旅游业的发展和饭店业的兴起,酒吧作为一种特殊的服务业进入了饭店的经营中,其多功能、多元化的不断发展,在饭店服务中显示出越来越重要的作用。酒吧在英文中也称 Pub,意指公众聚会之所,可以独立经营。经过发展的酒吧已成为出售酒品、让公众休息聚会的场所。此种酒吧必须具备三个条件:一是要配备种类齐全和数量充足的酒水并要按照贮存要求陈列摆放;二是要有各种用途不同的载杯;三是配备供应酒品必需的设备和调酒工具。饭店中常见的酒吧种类有:

主酒吧(Open Bar 或 Main Bar)。主酒吧又称英美式酒吧。这类酒吧的特点是客人直接面对调酒师坐在吧台前,调酒师的操作和服务完全在宾客的目视下完成。主酒吧装饰典雅、格调别致,通常也是豪华大饭店的标志性的餐饮场所。

酒廊(Lounge)。酒廊有两种形式:一是大堂酒廊(Lobby Lounge),又称为大堂吧,设在饭店大堂,格调与大堂相似,主要让客人暂时休息、等人或等车;二是夜总会酒廊(Night Club Lounge),通常附设于饭店娱乐场所,向客人提供各类酒水饮料和小吃果盘等。

服务酒吧(Service Bar)。服务酒吧设在各类中、西餐厅中,调酒师根据宾客订单提供酒水。中餐厅酒吧以中国酒为主;西餐厅酒吧要求较高,根据西餐厅菜单的要求,提供各类餐酒,并按照酒水贮存的要求设立冷库和贮酒架。

宴会酒吧(Banquet Bar)。宴会酒吧是根据宴会的形式、规格和人数临时设立的酒吧。宴会酒吧变化多样,常设置于鸡尾酒会、冷餐会上和贵宾厅、主题餐饮活动中,注重气氛的设计。

除了上述四种以外,饭店中酒吧的种类还有:游泳池酒吧(pool-side bar)、客房小酒吧(mini bar)、啤酒吧(beer bar)、水吧(sode bar)、色拉吧(salad bar)、贵宾酒廊(VIP lounge)等。

八、房内用餐服务(Room Service)

客房送餐服务是星级饭店为方便宾客,迎合宾客由于生活习惯或特殊要求如起早、患病、会客、夜宵、聚会等需要而提供的服务项目。此项服务不仅可以增加饭店的经济收入、减轻餐厅压力,而且体现饭店的档次。客房送餐部通常是饭店餐饮部下属的一个独立部门,一般提供不少于 18 小时的服务;中小型星级饭店的客户送餐组常设置于咖啡厅。客房送餐服务的主要项目有:早餐、全天候送餐、下午餐点、各种酒水饮料、房间酒会、VIP 客人赠品等。

第四节 饭店餐饮主要经营环节

一、餐饮计划的制定环节

饭店餐饮计划的制定是饭店经营运转的第一个步骤。它包含了餐饮的总体市场定位;餐饮经营档次、风格的定位;餐饮经营场所的选择;餐饮经营产品的确定等。

(一)餐饮经营的总体市场定位

餐饮市场定位就是根据市场的竞争情况和企业自身的条件,寻找属于自己的那部分市场。市场定位准确与否,直接关系到餐饮经营的成败。准确的市场定位可以帮助企业及时把握市场机会,制定相应的营销计划,采取有效的竞争策略和手段,树立企业及产品形象,迅速占领目标市场。

餐饮市场定位一般要以市场细分作为基础,通过对细分层的各个子市场进行分析比较,从中选择最适合自己进入和占领的子市场。餐饮市场一般可分成若干个细分市场,如正餐(中餐)可分川、粤、鲁等市场,要根据自身的特点、饭店整体要求及市场竞争状况,适时确定和调整市场定位。在选择定位战略时,应注意如下几个方面:定位方向是使自身获利;选取的细分市场是被其他竞争者所忽视或抛弃的;有能力保护自己的市场地位;能为整个饭店的经营发展服务。

(二)餐饮经营的档次、风格定位

1. 餐饮经营档次定位。主要应确保餐饮在整体上与饭店的档次相一致。五星级豪华饭店,应该具有与之相适应的高档餐饮功能;一、二星低星级的经济饭店,应追求大众化的餐饮市场定位。

2. 餐饮经营风格定位。首先应考虑经营何种菜系;其次应考虑餐饮经营必须与饭店的经营性质(所在饭店是商务饭店、会议饭店、旅游饭店、度假饭店或者其他类型的饭店)相匹配;最后应确定餐饮的经营特色(咖啡厅、风味厅、主题餐厅等)。

(三) 餐饮经营场所的选择

饭店餐饮经营场所的选择与社会餐饮经营场所的确定既有联系又有区别。同社会餐饮经营场所相类似,饭店的咖啡厅与大堂酒吧因提供快捷的餐饮服务,一般位于进出饭店比较方便的门厅或大堂附近;而饭店中的团队会议餐厅和大宴会餐厅在二、三层的居多;饭店中高档的主题餐厅或高级宴会厅,一般位于整个饭店观景最佳处。当然,选择饭店餐饮经营场所时,一般应服从、服务于整个饭店的总体利益需要。

(四) 餐饮经营产品的确定

餐饮经营产品的确定指餐厅决定所提供的菜肴等产品。事实上,上述三个方面的问题解决之后,只要具备相应的厨师制作力量和经营管理能力,餐饮产品的确定就会变得极其容易。

二、餐饮原料的采购环节

餐饮原料的采购是为厨房等加工部门提供适当数量的食品等原料的过程。它是饭店餐饮经营活动的重要环节之一,通过这一过程,保证每种原料的质量符合使用规格和标准,并力争采购价格和费用为最低,使餐饮原料成本处于最理想状态。

三、餐饮原料的库存环节

餐饮原料经采购、验收之后,大部分原料直接进厨房进入生产阶段,另有少部分原料进入食品原料仓库,转为库存环节。在该环节,首先要使所有食品原料"对号入座",进入对应的仓库,在合适的库存环境中保存;其次,在库期间,要保证所有原料在保质期内获得应有的"呵护";第三,保证库存食品原料与这些原料所代表的资金价值量处于合理可控状态;最后,向厨房等用料部门提供相应的发料服务。

四、餐饮产品的加工制作环节

是将食品原料按企业规定的方式,加工成菜肴等成品的过程。在这一环节中,核心问题是确保出品菜肴等成品符合企业设定的质量标准并使加工过程的成本费用处于最低状态。

五、餐饮产品的市场促销环节

饭店餐饮产品的促销系指餐饮产品的经营者经过一系列努力,将产品介绍给消费者,并力争使消费者知晓、接受餐饮产品的过程。饭店餐饮经营管理人员与市场营销部的工作人员通过店内、店外两个促销阵地,采用人员推销、媒体促销、重大事件活动促销以及公共关系等手段,将企业的餐饮产品推介给市场。

六、餐饮服务环节

餐饮服务是饭店餐饮员工为就餐客人提供餐饮产品(广义的产品)的一系列行为的总和。这一环节的核心问题是如何为客人提供适合其需求的优质服务。

七、餐饮营运财务管理环节

饭店餐饮营运财务管理是饭店餐饮获取利润、走向成功的重要环节。通过对餐饮成本费用的预算编制,可使餐饮经营在起始阶段就按预期设定的计划进行;通过对餐饮营运阶段的实时控制,可使餐饮经营成本费用处于理想状态;通过对餐饮营运状况的财务评价,可以及时掌握营运的实际情况,便于管理者总结经验、吸取教训。

饭店餐饮经营运行的主要环节可用图1-6来描述。

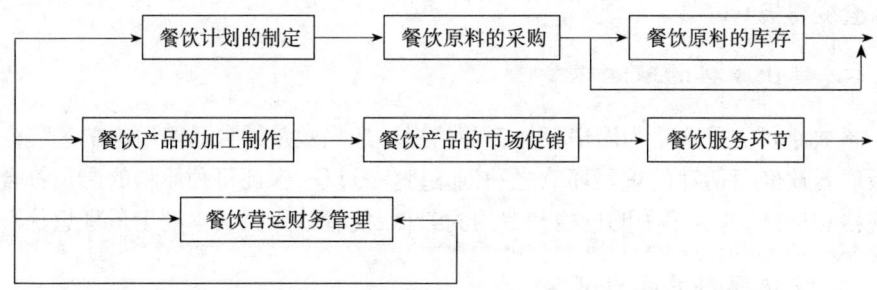

图1-6 餐饮经营运行的主要环节

本章小结

> 饭店餐饮部不仅是饭店的一个主要营业部门,同时也是衡量现代饭店经营管理水平高低的重要标志;与饭店的其他业务部门比较,饭店餐饮部有其自身的地位、特点与运行环节。

思考与练习

1. 餐饮部在饭店整体经营中扮演了怎样的角色?
2. 从功能上说明饭店餐饮部下属的分支机构及营业场所有哪些业务任务。
3. 饭店餐饮部的从业人员应具备哪些基本素质?
4. 饭店餐饮运营有哪些主要环节,各个环节的核心任务是什么?

第 2 章

菜单的筹划与设计制作

课前导读

　　菜单筹划是餐饮经营活动的第一道环节。餐厅所使用的菜单,无论在种类和形式上,还是在内容和菜肴品种选择方面以及设计制作上,均应经过科学的分析与决策。

　　读者在本章的学习中,应着重掌握菜单的种类及各自的特点,结合具体实例,理解菜单在餐饮经营中的作用,学会分析菜单的结构,能对菜品的取舍做出合理的判断,并能从餐饮经营角度对菜单的设计提出自己的看法。

教学目标

- 了解不同种类菜单的特点和适用范围
- 深刻理解菜单在餐饮经营中的地位、作用
- 能依据菜单筹划和设计的一般原则,结合本地餐饮业的实际情况进行菜单设计

第一节　菜单的种类及作用

　　在高星级饭店的各类餐厅中,我们会发现各类不同的菜单,每类菜单有各自的特点,它们适应不同消费对象在不同餐别的就餐需求。菜单筹划是餐饮业务的第一道环节,菜单反映了餐厅的经营方针,标志着餐厅菜肴特色和水准,是餐厅宣传自己形象的重要手段。

一、菜单的种类

　　菜单(Menu),又称餐单,通常有两种含义:第一种是指餐厅中使用的可供顾客选择的所有菜目的一览表。也就是说,菜单是餐厅提供商品的目录。餐厅将自己提供的具有各种不同口味的食品、饮料按一定的程式组合排列于特定的载体上(如纸张),供顾客从中进行选择。其内容主要包括食品饮料的品种和价格。菜单

的第二种含义是指某次餐饮活动中菜肴的组合。例如,宴会菜单的设计,其重点并不是如何设计印刷精美的菜品一览表,而是设计该宴会应为顾客准备哪些菜品或饮品。因此,在不同的情况下应正确理解菜单的不同含义。

很多餐厅都把菜单和菜谱混为一谈,其实二者有着明显的区别。菜谱是指描述某一菜品制作方法及过程的集合。很明显,当您走进餐厅,服务员所呈递给您的是菜单,而不是菜谱。

菜单是一个总称,它通常分为各种不同种类。常用的分类方法有:

(一)根据餐饮形式和内容分类

1. 早餐菜单。习惯上分为中式早餐菜单、西式早餐菜单。可供选择的菜点较为简单。

2. 午餐菜单和晚餐菜单。大多数餐厅将两者合二为一,称为正餐菜单。午晚餐菜单必须品种齐全,丰富多彩,富有特色。

3. 宴会菜单。宴会菜单讲究餐饮规格,富有传统特色并汇聚名菜。

4. 团体菜单。团体菜单需经济实惠,搭配有致。

5. 冷餐会菜单和自助餐菜单。食物要丰盛,讲究食物造型,能烘托气氛。

6. 餐后甜品单。需有强烈的诱惑力。

7. 客房送餐菜单。菜点种类简单明了,菜品选择可包罗万象。

8. 泳池餐桌菜单。以风味小吃、低酒精饮料为主。

9. 宵夜点心单。

10. 国际菜单。应不失其异国餐饮的风格特色。

11. 特种菜单(如儿童菜单、家庭菜单等)。必须有确定的市场和针对性的餐饮内容。

上述各类菜单体现了一家饭店可能提供的各种餐饮形式和餐饮内容,用途专一,各具功能。相互间不能代替使用是这些菜单的共同特点。

(二)根据市场特点分类

1. 固定菜单(Static Menu)

也称标准菜单,是一种菜肴和内容标准化而不作经常性调整的菜单,是旅游饭店餐厅通常采用的菜单形式。与其他形式的菜单相比,固定菜单有以下长处:

第一,有利于食品成本控制。由于每天都使用同样的菜单,供应相同的菜式,使得当天未能用完的原料在第二天还可以销售,不致造成浪费而增加食品成本。

第二,有利于控制原料采购、减少库存。由于供应的菜式固定不变,所需的食品原料种类也必然固定不变。因此,饭店只需要采购、贮存那些必要的原料,不像使用循环菜单那样由于提早采购、贮存下一星期需要的食品原料而产生各种问题,从而可有效地控制原料采购,减少原料库存量。

第三,有利于企业正确选择、确定所需的设备用具,而且能使设备用具的种类和数量降至最低程度,防止盲目购置设备和闲置设备所造成的浪费。

第四,有利于职工劳力的安排和设备用具的充分使用。由于每天供应的菜式相同,劳力和设备的合理调配、核算控制相应地变得容易,从而使饭店能更合理、更有效地使用人力和物力。

第五,有利于菜肴质量的稳定和提高。俗话说熟能生巧,经常反复生产同几种菜肴,可使操作者积累经验,提高技巧。

另一方面,固定菜单也有其不足之处:

第一,正因为菜式固定不变,饭店必须无条件地购买烹制各道菜式所需的食品原料,即使食品原料价格上涨,也必须购买。在这一点上,饭店的盈利能力会受到成本的牵制。而且,由于菜式固定不变,饭店也不能因为临时得到廉价原料而随意更换菜式,而只能临时增加品种以利用廉价原料。

第二,固定菜单不仅不够灵活,难以提供多种风格的餐饮,而且容易使厨房和服务员产生厌倦感。

2. 循环菜单(Cyclical Menu)

循环菜单是按一定天数的周期循环使用的菜单。这类菜单适宜旅游饭店团体餐厅、长住型饭店的餐厅以及企业和事业单位食堂餐厅使用。

饭店必须根据周期天数,拟定各不相同的数份菜单,每天使用一份。当菜单从头至尾用了一遍后,就算结束了一个周期,然后周而复始,开始下一轮循环。

循环菜单使用周期的长短视市场特点而定。如果就餐宾客变换不多或固定不变,如某些度假疗养型、长住型饭店的宾客和学校、机关、工厂的食堂餐厅用膳者,那么循环菜单的周期应该适当放长,一般以10天至15天为一个周期比较合适,以避免相同的菜式经常重复出现。旅游饭店餐厅如使用循环菜单,其周期则可缩短,一般以一周左右为宜,因为大多数旅游者不会在饭店逗留一周以上。

与固定菜单相比,循环菜单较易设计得丰富多彩,宾客与职工都不会感到菜式单调,宾客对菜式品种的需求容易得到满足。然而,使用循环菜单一般比使用固定菜单需要较高的劳力成本,因为循环菜单供应更多的菜式品种,饭店厨房必须拥有庞大的厨工队伍。同时,使用循环菜单的餐厅对当天未销售完的菜肴很难再推销,因为头一天的菜式不大可能在第二天的菜单上再出现。此外,由于菜式品种众多,饭店必须贮藏大量的食品原料。

3. 当日菜单和限定菜单

当日菜单指仅供当日使用的菜单,它既不固定,也无循环周期。除其中一小部分为保留菜式外,其他菜式皆根据当时情况决定,通俗地说就是有什么卖什么,什么合适就卖什么。当日菜单相当灵活,使饭店能及时地采购使用廉价原料和时鲜食物,也有利于饭店充分利用当天未推销完的食物和菜肴。这类菜单常为规模较小的餐饮企业采用。这些餐馆供应的菜式一般不多,但往往很有特色,就餐者也往往是该餐馆的常客。旅游饭店餐厅如提供自助餐服务,使用的也应是当日菜单,以充分利用其灵活的长处。

限定菜单指菜式品种相当有限的菜单。限定菜单一般只有 8~10 道主菜,不像其他几种菜单那么丰富甚至包罗万象。因此,餐馆在职工种类和人数、设备种类和数量、仓库面积、食品成本等等方面都较容易管理和控制。这种类型的菜单一般多为特种餐馆、快餐馆或点心小吃店等所采用,因为这些餐馆往往只经营几种有特色的餐饮产品。

(三)根据菜单价格形式分类

1. 零点菜单

零点菜单是餐厅的基本菜单,其特点是菜单上所列菜肴种类较多,许多还图文并茂。中式零点菜单通常按内容如冷盘、禽肉、水产、蔬菜、汤、饭、面点等分门别类,并按菜点之大、中、小份定价;西式零点菜单每道菜中有很多选择,亦是每一份菜分别定价,菜单上的菜肴往往是在点菜后才进行烹调。

零点菜单上应有足够的选择项目,既要使客人一次选择余地较大,又可促使客人再来光顾。早餐的零点菜单一般比午、晚餐菜单简单,午、晚餐零点菜单上食品、饮料的品种多,除了固定菜肴外,还常常备一道应时新鲜菜品,给客人一种新鲜感。

一般来说,零点菜单适用于各类正餐厅、风味餐厅、咖啡厅等。受餐饮形式限制,零点菜单不适合于饭店的团体餐厅、自助餐厅,当然也不适合于宴会和酒会。

2. 套餐菜单

套餐也称定菜或和菜,西式套餐也称公司菜,它是在各类组菜中选配若干菜品组合在一起以一个包价销售。西式"公司菜"的价格是以主菜定价的,菜单上的菜肴可事先烹调好。

3. 混合式菜单

混合式菜单综合了零点菜单和定菜菜单的特点和长处。最初的混合式菜单是将零点菜单及定菜菜单印刷在一起,即一部分菜式以定菜形式进行组合,而另一部分菜式则以零点形式出现。但由于菜单过大,使用不便。现在使用的混合式菜单稍有变化。就西餐而言,有些餐厅的混合式菜单以定菜形式为主,但同时欢迎宾客再随意点用其中任何主菜并以零点形式单独付款。有的饭店使用的混合式菜单则以零点形式为主,但凡主菜皆有两种价格:一为零点价格,一为定菜价格,吃定菜的宾客在选定主菜后可以在其他各类菜中选择价格控制在一定限额内的菜式作为辅菜。

(四)宴会菜单

宴请是一种社交手段,宴请的目的多样、形式各异,菜单设计者要根据宴请对象、客人意见等安排合适的菜点内容。宴会菜单一般是预订宴席时,根据客人要求确定其内容的,整个设计过程称得上是一种技巧和艺术的组合。

制定宴会菜单要注意：

1. 首先要了解客人的意图,满足客人需要。
2. 考虑成本与利润,定出合理的价格。
3. 注意宴席的惯例和菜点的搭配,上下道菜要作巧妙的安排,中餐宴席由下酒菜开始,口味先浓后淡。适时安排点心。
4. 席间菜肴品种应多样化,避免内容重复,用料、营养成分、味道、色彩等都不宜重复、雷同。
5. 一席菜点分量要足,切忌席间不够分。
6. 菜单制定以后,应将菜单之内容、要求讲解给厨房及餐厅服务人员,以利布置和服务。

(五) 特种餐菜单

餐饮工作人员为适应人们多种就餐口味和就餐方式的需要,推出各色各样的特种餐以提高餐饮销售额。最常见的有：早茶菜单、火锅菜单、自助餐菜单、客房送餐菜单、儿童菜单、航空菜单等。

二、菜单的作用

(一) 菜单反映了餐厅的经营方针

餐饮工作包括原料的采购、食品的烹调制作以及餐厅服务,这些都以菜单为依据。一份合适的菜单,是菜单制作人员根据餐厅的经营方针,经过认真分析客源和市场需求,方能制定出来的。菜单一旦制定成功,该餐厅的经营目标也就确定无疑了。

(二) 菜单标志着餐厅菜肴特色和水准

餐厅有各自的特色、等级和水准。菜单上的食品、饮料的品种、价格和质量告诉客人本餐厅商品的特色和水准。近年来,有的菜单上甚至还详细地写上了菜肴的原料、烹饪技艺和服务方式等,以此来表现餐厅的特色,给客人留下了深刻的印象。

(三) 菜单是沟通消费者与接待者之间的工具

消费者根据菜单选购他们所需要的食品和饮料,而向客人推荐菜肴则是接待者的服务内容之一,消费者和接待者通过菜单开始交谈,信息得到沟通。这种"推荐"和"接受"的结果,使买卖行为得以成立。

(四) 菜单是研究菜肴的资料

菜单可以揭示本餐厅所拥有的客人的嗜好。菜肴研究人员根据客人点菜的情况,了解客人的口味、爱好,以及客人对本餐厅菜点的欢迎程度等,从而不断改进菜肴和服务质量,使餐厅盈利。

(五) 菜单既是艺术品又是宣传品

菜单可以揭示本餐厅的主要广告宣传品,一份精美的菜单可以提高用餐气氛,能够反映餐厅的格调,可以使客人对所列的美味佳肴留下深刻印象,并可作为一种艺术欣赏品予以欣赏,甚至留作纪念,引起客人美好的回忆。

(六) 菜单是餐饮企业一切业务活动的总纲

1. 菜单是餐饮企业选择购置设备的依据和指南

餐饮企业选择购置设备、炊具和餐具的种类、规格、质量、数量,无不取决于菜单的菜式品种、水平和特色。炒勺难以烹制地道的牛排,烤板不适宜炒青菜;制作北京烤鸭需使用挂炉,烤乳猪和烤羊肉却常用明烤炉;上龙虾要配夹和叉,上蜗牛需配钳和签;没见过饭碗能装鸡尾酒,茶盅可作咖啡杯。显而易见,每种菜式都有相应的加工烹制设备和服务餐具。菜式品种越丰富,所需设备的种类就越多;菜式水平愈高愈珍奇,所需的设备餐具也就愈特殊。总之,菜单决定了厨房餐厅所使用的设备的数量、性能与型号等等,因而在一定程度上决定了餐饮企业的设备成本。

2. 菜单决定了对职工的技术水平、工种和人数的要求

菜单标志着餐饮服务的水准和特色,而要体现这些水准和特色,还必须通过厨房烹调和餐厅服务。烹饪和服务是艺术。既然是艺术,必有水平高低之分。因此,餐饮企业必须根据菜式制作和服务的要求,配备具有相应技术水平的厨师和服务人员。

3. 菜单的内容规定了食品原料采购和贮藏工作的对象

菜单类型在一定程度上决定着采购和贮藏活动的规模、方法和要求,例如,使用固定菜单的餐饮设施,由于菜式品种在一定时期内保持不变,企业所需食品原料的品种、规格等也便相应固定不变,这就使得企业在原料采购方法、采购规格标准、货源、原料贮藏方法、贮藏要求、仓库条件等方面能保持相对稳定;如果企业使用循环菜单或变换菜单,则会产生不同的情况,食品原料的采购和贮藏活动会变得繁琐复杂。

4. 菜单决定了餐饮成本的高低

菜单在体现餐饮服务规格水平、风格特色的同时,也决定了企业餐饮成本的高低。用料珍稀、原料价格昂贵的菜式过多,必然导致较高的食品原料成本;而精雕细刻、煞费苦心的菜式过多,又会增加企业的劳力成本。所以说,菜单制定得是否科学合理,各种不同成本的菜式的数量之间比例是否恰当,直接影响到餐饮企业的盈利能力。

5. 菜单影响着厨房布局和餐厅装饰

厨房内各业务操作中心的选址,各种设备、器械、工具的定位,应当以适合既定菜单内容的加工制作需要为准则。中餐与西餐厨房的布局往往大相径庭,这是因为它们烹制的内容不同,过程不同,所用的设备、工具不同。即使同是中餐厨房或西餐厨房，也会因各家菜单在菜肴特色、加工制作方法、品种数量比例等方面的差异而形成各自的特定布局。

餐厅装饰的目的是形成餐饮产品的理想的销售环境。因此，装饰的主题立意、风格情调以及饰物陈设、色彩灯光等等，都应根据菜单的特点来精心设计，以达到环境体现餐饮风格，氛围烘托餐饮特色的效果。

第二节 确定餐饮品种的依据和原则

菜单筹划并不是餐饮管理人员的凭空想像，它应是在详尽的市场调查的基础上，综合顾客需求、市场环境和餐饮企业自身情况等方面因素，提出可供收录到菜单的菜肴品种，再根据一定的原则来选择，经过版面设计和美化，最终形成顾客看到的成品菜单。

一、确定餐饮品种的依据

(一) 菜系的风味和独特性

1. 保持风味餐厅的新颖性

我国几千年饮食文化的发展形成了众多的具有地方风味特色的菜系。在菜系选择上，餐厅可以采取两种策略：一种策略是单纯经营某一种风味的菜品，例如，所有菜单项目都是地道的川菜，这样，只要顾客想吃川菜，马上会想起这家餐厅；另一种策略是以某一种菜系风味为主，兼营其他菜系的菜品。这样，餐厅既可保持其经营特色，又可为顾客提供较大的选择余地。菜单设计者可以根据本地区的具体情况和经营者的理念来决定自己的菜单项目。

2. 突出地方名菜的特点

在目前公认的中餐八大菜系中，每一个菜系都有其代表菜，如果餐厅选定某一地方菜系，就必须突出这一菜系名菜的特点。从另一个角度看，餐厅在制定菜单时可以考虑本地的特色菜品。

3. 继承、发扬与创新

菜品创新是历史发展的必然，没有菜品的创新，就没有饮食文化的发展。任何一个餐厅在设计菜单时除了保持其风味特色和传统特色外，还要不断开发新品种，创本店名菜，树立本店的形象。有不少餐厅将其创新菜品冠以本店的名称，这是一个值得借鉴的做法。

4. 融合中西

中西餐菜品的融合也是设计菜单时要考虑的因素。餐厅可以西菜中做，也可以中菜西吃，以满足顾客的多品位需求，为餐厅创造更多的利润。过分强调正宗菜品和正宗风味不一定收到理想效果。

(二)食品原料的供应情况

1. 凡是列入菜单的菜品,厨房必须无条件保证供应

这是一条非常重要但又极易被忽视的餐饮管理原则。有些餐厅为了吸引各种顾客,显示其品种丰富多彩,在菜单上罗列了上百种甚至几百种不同的菜品,可当顾客点完某些菜品后,得到的回答却是:"对不起,今天这道菜刚售完,您能不能点些别的菜品?"如果这种"对不起"用得太多,只会说明餐厅的管理水平低下。在设计菜单时必须考虑食品原料的供应情况,如果某些原料因市场供求关系、采购和运输条件、季节、餐厅的地理位置等客观条件而不能保证供应的话,餐厅最好不要把需要用这些原料制作的菜品放到固定的印刷菜单上。可以考虑以当日特选菜或季节菜单的形式呈现给客人。

2. 根据时令节气,及时调整菜单,增加时令菜品

餐厅的菜单并不是固定不变的,而应根据季节的变化,及时调整菜单,增加时令菜品,这也是出自对食品原料供应情况的考虑。由于餐饮原料大都是农畜产品,有较强的季节性。旺季来临时,进货价格较低;而在淡季,许多食品原料进价上涨,进货成本增加,如果不对菜单进行调整,肯定会造成利润的减少,这是从餐厅角度看的。从顾客的角度看,及时提供时令菜品,也会满足顾客的需要。

(三)食品原料品种的平衡和多样化

1. 不应重复味道相同或相近的菜品

在设计菜单时,尤其是在设计宴会菜单时,一定要注意不要重复味道相同或相近的菜品。一般情况下,顾客的口味需求呈多样化发展趋势,即使顾客喜欢吃酸辣的菜品,如果菜单项目都是这样的菜品,顾客也会感到不适应。

2. 原料品种应多样化

有些风味餐厅为体现其经营特色,只经营某一大类的菜品,如海鲜餐厅,通常经营各种不同的海鲜产品。对于一般的餐厅来说,菜单项目应尽量满足顾客对各种原料菜品的需求。

3. 形状、色彩、质地也应多样化

(1)形状多样化。食物的形状与外观对吸引就餐者有很大作用。形状涉及两个方面:一是菜品的形状,即装盘后成品菜肴的形状;二是菜品主要原料的形状。中餐菜品比较讲究造型,在厨师考级中有拼盘造型菜。但从近年人们的消费观念看,造型在总体评价中的权重已有所下降。造型的原则体现在简单、快捷。菜品的功能是供人食用的,过分讲究造型不仅会造成污染,也会增加人工成本。

(2)色彩多样化。色彩与食物的造型一样,都可以给人以视觉上的美感。菜单设计者的任务是要使顾客一读菜单,脑海里就浮现出色泽娇艳、外形美观、香味四溢的各种菜式,使其食欲大振。如果菜单上尽是些清炒、清蒸、清炖、白灼、白切的顺色菜,而食物的本色也都十分素淡,那么顾客只能得到一个"白"的印象。同样,如果菜单上列有过多的红烧、红焖、糖醋、炸熘的菜品,顾客只能得到一个"红"的印象。菜品的色彩除了食品原料本身及调料的颜色以外,还必须通过装饰点缀来完成。不过,同造型一样,菜品也不宜过分强调五彩缤纷,只要能起到色彩对比和衬托的作用就可以了。

(3) 质地多样化。质地是指菜品的软、硬、韧、脆等。宴会菜品组合和个人套餐组合应充分考虑菜品的质地。以西餐为例,如果开胃品是果酱,汤是菜泥汤,色拉是土豆色拉,主菜为烤肉配土豆泥,甜食是冰淇淋,这样,就犯了重复质地相同的菜品的错误。

(四) 要考虑餐厅设备条件和烹饪技术水平

1. 根据厨房内设备制定相应菜单

菜单制约着餐厅设备的选择和购置,这一论点与现在所讲的根据厨房设备设计菜单并不矛盾。前者所考虑的是在餐厅开业准备期间菜单对于设备选择购置有指导意义;而后者所考虑的是在餐厅营业期间所进行的菜单设计。餐厅不可能为了某一个宴会而购置大型设备,因此,设计菜单只能根据现有的生产设备和条件来进行。如果厨房中仅有中餐炉灶,就不可能将烤酿馅猪排写入菜单。

2. 厨师技术水平

中餐不同于西餐,它对厨师的技术水平要求非常高。此外,消费者对菜系与厨师籍贯的一致性看得很重。如果在北京开设一家经营粤菜的高级餐厅,那么其厨师也应从广东或香港聘请。这并不是说只有广东人或香港人才会做粤菜,北方厨师也完全可以学会制作地道的粤菜,但消费者对本地的厨师不认可,因为"外来的和尚会念经",这种观念已经根深蒂固。这样,厨师的技术水平就成为设计菜单时不得不考虑的问题。如果现有的厨师只能制作川菜,那么菜单上就不宜增设其他菜系的菜品。

3. 操作速度

操作速度并不是指厨师的技术不熟练,而是指厨房的生产能力。一个大型宴会要求众多的菜品同时上齐,或者在最短的时间内上齐,这对于厨房的生产能力和操作速度是一个考验。因此在设计这种菜单时,一定要考虑这些菜品能不能做到同时服务。

4. 菜单上各类菜式之间的比例要合理

菜单上各类菜式之间的比例要合理,以免造成厨房中某些设备使用过度,而某些设备得不到充分利用。这种情况在西餐中较易出现。西餐设备功能相对单一,烤箱只能用于烤制食品,而不像中餐的炒勺那样功能多,无论是煎、炒、烹、炸,还是煮、煨、焖、炖,都可以用炒勺完成。除了考虑设备的利用情况外,合理的菜式比例能避免造成某些厨师负担过重,而另一些厨师闲着无事。

（五）食品原料成本及菜式的盈利能力

菜单设计是饭店餐饮部门为获取利润所必须进行的第一步计划工作，菜单计划人员必须自始至终明确饭店餐饮部的成本对象，即目标成本或目标成本率，这在食品原料进货价格经常上涨的情况下尤为重要。如果选择的菜品中高成本菜式较多，该饭店即使有完善的食品控制措施，也难以获得预期的利润。

根据菜品的畅销程度和毛利额高低，餐厅的所有菜品可分为以下四类：

1. 畅销且利润高

即销售额高于同类菜的平均销售额且毛利额高于同类菜的毛利额。

2. 虽畅销但利润低

即销售额高于同类菜的平均销售额但毛利额低于同类菜的毛利额。

3. 不畅销但利润高

即销售额低于同类菜的平均销售额但毛利额高于同类菜的毛利额。

4. 不畅销且利润低

即销售额低于同类菜的平均销售额且毛利额低于同类菜的毛利额。

一般来说，没有盈利能力或盈利能力较小的菜品，如第二类和第四类菜品，不应选入菜单或应及时更换。而对于第一类菜品应予以保留和发扬。

总之，菜单设计者在决定某一菜品是否应列入菜单时，应综合考虑以下三点因素：

（1）菜品的原料成本、售价和毛利。

（2）菜品的畅销程度。

（3）菜品销售对其他菜品销售所产生的影响。

（六）食物的营养成分

随着生活水平的提高，人们对食物营养也有了不同的看法。过去，人们关心的是能否得到足够的营养。而现在，人们考虑更多的是如何防止摄取过多的营养，以保持合适的体重、健美的身材和良好的健康状况。餐厅在设计菜单时应适应这一新的要求，考虑人体营养需求这一因素。

使用零点菜单的商业型餐厅，顾客可以任意选择菜单上的菜品，因而餐厅没有必要考虑每一道菜的合理营养搭配。相比之下，厂矿、医院、学校、幼儿园、监狱、军营等单位餐厅，以及使用套餐菜单的商业型餐厅，则必须考虑菜品的营养价值与搭配组合。营养不足、营养过剩、营养搭配不合理都属于营养不良。

（七）符合国家的环保要求和有关动植物保护法规

环境保护与可持续发展是当今社会的重要议题。菜品的制作应符合国家有关环境保护的制度和规定。值得说明的是，为迎合顾客求新、求异的消费需求，餐厅也极力推出一些奇特菜品。如一些餐厅为获取暴利，迎合某些顾客的病态饮食需求，将受国家保护的一、二类野生动物也搬上了餐桌，这就违反了国家野生动物保护法规。这些饮食需求都不应提倡。饮食不仅体现了民族文化,也体现了一个民族的素质。

二、菜品选择的原则

(一)迎合目标顾客的需求

菜单上应列出多种菜品供顾客挑选,这些品种要体现餐厅的经营宗旨,迎合某类目标顾客的需求。如果餐厅的目标顾客是收入水平中等、喜欢吃广东菜的群体,餐厅就应经营中档粤菜,而不要将不相干的烤鸭、涮羊肉都编进菜单,使菜单反映不出经营宗旨;以享受性就餐的高收入顾客为目标市场的餐厅,应提供一些做工精细、服务讲究的高级菜品;以流动性人群为主要对象的餐厅,菜单上应设计制作简单、价格适中、服务迅速的菜品;以家庭群体为目标顾客的餐厅,菜单上的品种应丰富多彩并且讲究美观和变化。

(二)与总体就餐经历相协调

菜品并非越精细越好,而是必须和总体就餐经历及其他部分相协调。一家设计美观、建筑成本高的豪华餐厅,人们指望那里提供高级的菜品,如果菜单上只是一些加工粗糙的普通菜,人们便会大失所望,产生很坏的印象;相反,一家设计简单、布置朴素的餐厅,人们希望吃到价廉的普通菜,如果餐厅提供高价的特色菜,人们会觉得菜品的价格不值。

(三)品种不宜过多

一家好的餐厅,应保证供应菜单上列出的品种,不应缺货,否则会引起顾客的不满。但菜单所列的品种不宜太多。品种过多意味着餐厅需要很大的原料库存量,由此会占用大量资金和高额的库存管理费用,菜品品种太多还容易在销售和烹调时出现差错;还会使顾客挑菜决策困难,延长挑菜时间,降低座位周转率,影响餐厅收入。因此,菜单上的品种应该少而精,为将来更换菜品留有余地。

(四)选择毛利额较大的品种

菜品计划应使餐厅获得可观的毛利,因此,设计菜品时要重视原料成本。影响原料成本的因素不仅包括原料的进价,还包括加工和切配的折损、剩菜和其他浪费等损耗因素。如果菜品因原料成本高、价格贵而难以售出,则这类菜不宜多选。要选择一些能产生较大毛利额的菜品和那些组合起来能使餐厅达到毛利指标的菜品。

(五)经常更换菜品

为了使顾客保持对菜单的兴趣,应经常更换菜单上的品种,防止顾客对菜单发生厌倦而易地就餐。这对长住顾客和回头顾客较多的饭店餐厅更为重要。

更换菜品要注意尽量减少浪费,要检查库房有哪些食品贮存时间较长,哪些菜不能继续贮存,要设法换上一些能用这些原料的菜品。更换菜品还要分析菜单,留下盈利大、受顾客欢迎的菜品,换去一些不受顾客欢迎且收入少的菜品。更换菜品时要尽量补上新产品,即:过去不存在的产品,过去虽有但又经改进的菜,曾有但被遗忘而又重新出售的产品。餐饮人员要注意学习其他餐馆的新菜,经过模仿和改进,补充到自己的菜单里去。

(六)菜肴品种要平衡

菜单尤其是餐饮部下属的零点餐厅的菜单,应尽量满足不同的消费口味。因而,在选择菜肴时要考虑以下因素:每类菜肴的价格平衡;原料的搭配平衡;烹调方法平衡;口味、口感平衡;营养平衡。

(七)突出烹调技术的独特性

如果菜单上的品种太普通,餐厅是不会创出名气的。"独特",是指某餐厅特有而其他餐厅没有或比不上的某类、某个品种,某一种烹调方法,某种供餐服务方法等。例如某家咖啡厅由于讲究冲咖啡用泉水而创出自己的独特性;北京全聚德因烤鸭技术出色而创出名气;丁山宾馆的餐厅因丁香排骨而出了名。

具有独特性的菜品能突出餐厅形象,使餐厅有与众不同之处而创出名气。这需要餐饮工作者具有创造性和想像力,但是太陌生的、人们闻所未闻的菜也往往会使顾客产生不安全和畏惧心理。

在计划菜品时,必须考虑本餐厅的厨师有什么特长,要选择一些能发挥他们特长的菜而不能选他们力所不能的菜。同时,还要考虑厨师烹调技术的适应性。对于那些烹调技术高或经过培训对新技术接受能力较强的厨师,可计划安排一些烹调难度大、需新技术的新品种。

第三节 菜单的设计与制作

菜单设计是一项艺术性和技术性都较强的工作。一份好的菜单,既能满足各种宾客的餐饮需求,又能保证餐饮部取得良好的经济效益,同时它又是一份精美的宣传品和艺术品。菜单是餐饮部工作人员和企业形象策划人员、版面设计师等共同精心研究的成果。

一、菜单设计者

(一)菜单设计者

菜单设计在很大程度上受到设计者态度和能力的限制。设计者要富有创造力和想像力并对菜肴本身和饮食烹饪有特殊的兴趣,不应把设计菜单看作是一项日常杂务性工作,而应充分认识到菜单对内部成本控制、招徕宾客等方面的重要作用。

菜单设计一般由餐饮部门的经理和厨师长承担,也可以设置一名专职菜单设计者。总之，菜单设计者应具有权威性和责任感，并具有如下职业素质：

1. 具有广泛的食品原料知识。了解各种食品原料的性能、营养价值、制作方法等。

2. 有一定的艺术修养。对于食物色彩的调配以及外观、质地、温度等的调配，有感性和理性知识。

3. 善于捕捉信息，并善于了解宾客需要、了解厨房状态。

4. 有创新意识和构思技巧，勇于尝试，有所创新。

5. 有立足为宾客服务的思想意识。

(二) 菜单设计者的主要职责

1. 与相关人员(主厨、采购人员)研究并制定菜单，按季节新编时令菜单，并进行试菜。

2. 根据管理部门对毛利成本等要求结合市场行情制定菜品的标准分量、价格。

3. 审核每天进货价格，提出在不影响食物质量的情况下降低食物成本的意见。

4. 检查为宴席预订客户所设计的宴席菜单。了解宾客的需求，提出改进和创新菜点的意见。

5. 通过各种方法，向客人介绍本餐厅的时令、特色菜点，做好新产品的促销工作。

二、菜单设计、制作及使用中常见的问题

1. 制作材料选择不当

许多菜单采用各色簿册制品，其中有文件夹、讲义夹，也有影集，而非专门设计的菜单。这样的菜单不但起不到点缀餐厅环境、烘托餐厅气氛的效果，反而与餐厅的风格格格不入，显得不伦不类。

2. 菜单太小，装帧过于简陋

许多菜单内芯以16K普通纸张制作，这个尺寸无疑过小，造成菜单上菜肴名称等内容排列过于紧密，主次难分，有的菜单甚至只有练习本大小，但页数竟有几十张，无异于一本小杂志。绝大部分菜单纸张单薄，印刷质量差，无插图，无色彩，加上保管使用不善，显得极其简陋，肮脏不堪，毫无吸引人之处。

3. 字号太小，字体单调

不少菜单为打字油印本，即使是铅印本，也大都使用1号铅字。坐在饭店餐厅中不甚明亮的灯光下，阅读由3毫米大小的铅字印就的菜单，其感觉绝对不能算轻松，况且油印本的字迹往往会被擦得模糊不清。同时，大多数菜单字体单一，没有用不同大小、不同字体等变化的手法来突出、宣传重要菜肴。

4. 随意涂改菜单

随意涂改菜单是菜单使用中最常见的弊端之一。涂改的方法主要有：用钢笔、

圆珠笔直接涂改菜品名、价格及其他信息；或用电脑打印纸、胶布遮贴。菜单上被涂改最多的部分是价格。所有这些，使菜单显得极不严肃，很不雅观，会引起就餐客人的极大反感。

5. 缺少描述性说明

每一位厨师长或餐饮经理都能把菜单菜肴的配料、烹调方法、风味特色、有关菜肴的掌故传说讲得头头是道，然而一旦用菜单形式介绍时就大为逊色。尤其是中餐中的那些传统经典菜和创新菜，不少菜品虽然形象雅致、引人入胜，但绝大多数就餐者少有能解其意的，更不用说来自异国他乡的国际旅游者。即使许多菜单附有英译菜名，但由于缺少描述性说明，外国游客在点菜时仍觉不便。

6. 单上有名，厨中无菜

凡列入菜单的菜肴品种，厨房必须无条件地保证供应，这是一条相当重要但易被忽视的餐饮管理规则。不少菜单表面看来可谓名菜汇集，应有尽有，但实际上往往缺这个少那个。

7. 不应该的省略

有些菜单居然未列价格，读来就像一本汉英对照的菜肴名称集。有的菜单未把应列的菜肴印上，而代之以"请询问餐厅服务员"。

8. 遗漏

许多菜单上没有饭店地址、电话号码、餐厅营业时间、餐厅经营特色、服务内容、预订方法等内容。显而易见，为使菜单更好地发挥宣传广告作用和媒介作用，许多重要信息是不能省略遗漏的。

三、菜单设计的程序

(一) 菜单应具备的内容

作为计划书，菜单内容的取舍和分类要方便厨房安排生产和进行销售统计。作为推销工具，菜单一定要清楚、有逻辑地将信息正确而迅速地传递给顾客，同时通过内容的编写、顺序的安排及艺术处理吸引顾客购买。一张菜单通常由四个部分组成。

1. 菜品的品名和价格

菜品的名字会直接影响顾客的选择。顾客未曾尝试过某菜，往往会凭品名去挑选菜肴。菜单上的品名会在就餐客人的头脑中产生一种联想。顾客对餐饮产品是否满意在很大程度上取决于看了菜单品名后对菜品产生的期望能否得到满足。

编写菜品名和价格要符合下述要求：

(1) 菜品名和价格应具真实性。具体包括：

①菜品名真实。菜品名应好听，但必须真实，不能太离奇。国际餐馆协会对顾客进行调查发现，故弄玄虚而离奇的名字以及顾客中不熟悉或名不副实的名字，不

容易被顾客接受,只有小型的、以常客为主的餐厅可用不寻常的名字。向大众开放的餐厅应采用朴实并为顾客熟悉的菜名。

②菜品的质量真实。菜品的质量真实包括原料的质量和规格要与菜单的介绍相一致。如菜品名为炸牛里脊,餐厅就不能供应炸牛腿肉;产品的产地必须真实,如果品名是烤新西兰牛排,那么原料必须从新西兰进口;菜品的份额必须准确,菜单上介绍份额为300克的烤肉,其分量必须是300克;菜品的新鲜程度应一致,如果菜单上写的是新鲜蔬菜,就不应该提供罐头或速冻食品。

③菜品价格真实。菜单上的价格应该与实际供应的一样。如果餐厅加收服务费,则必须在菜单上加以注明,若有价格变动要立即改动或更换菜单。

④外文名字正确。菜单是餐厅质量的一种标记。如果西餐厅菜单的英文或法文名搞错或拼写错误,说明西餐厅对该国的烹调根本不熟悉或对质量控制不严,这样会使顾客对餐厅产生不信任感。

⑤菜单上列出的产品应保证供应。有些餐厅管理人员认为凡餐厅能制作的菜品应该全部列在菜单上,多给客人选择的余地,但是当产品原料不能保障供应,客人点菜时菜品无货,就会使菜单不可靠、不严肃。

(2)菜品名要文雅、引人深思。粗俗的名字往往会同餐饮场所不合拍。

2. 菜品介绍

菜品介绍的内容有:

(1)主要配料及一些独特的浇汁和调料。有些配料要注明规格,如肉类注明是里脊还是腿肉等,有些配料需注明质量如新鲜橘子汁、活鱼等。

(2)菜品的烹调和服务方法。对具有独特的烹调方法和服务方法的菜品必须进行介绍。

(3)菜品的份额。有些菜品要注上每份的量。如果以重量表示是指烹调后菜品的重量。

介绍菜品便于推销菜品。要引导顾客去消费那些餐厅希望销售的菜肴,同时,还要介绍一些名称与菜肴关联不是很直接的菜。

菜品的介绍不宜过多,非信息性介绍会使顾客感到厌烦,而拒绝购买或不再光顾餐厅。但一张菜单就像产品的目录那样刻板地列出菜名和价格,也会因过于枯燥无法吸引顾客。

3. 告示性信息

告示性信息必须十分简洁,一般有以下内容:

(1)餐厅的名字。通常安排在封面。

(2)餐厅的特色风味。如果餐厅具有某些特色风味而餐厅名又反映不出来,就要在菜单封面的餐厅名下列出其风味。例如:天龙餐馆(闽菜风味)。

(3)餐厅地址、电话和商标记号。一般列在菜单的封底。有的菜单还列出餐厅在城市中的地理位置。

（4）餐厅经营的时间。列在封面或封底。

（5）餐厅加收的费用。如果餐厅加收服务费要在菜单的内页上注明。例如在菜单上注上这样一句话："所有价目均加收 10% 的服务费。"

4. 机构性信息

有的菜单上还介绍餐厅的质量、历史背景和餐厅特点。例如肯德基家乡鸡餐馆的菜单介绍了这个国际集团的规模、炸鸡的烹调特点以及肯德基家乡鸡餐厅的产生和历史背景。

5. 特色菜推销

（1）需要特殊推销的菜品

一家成功的餐厅很少将菜单上的菜品"同样处理"。无论哪一类别，如果每个菜品与其他菜品作同样处理就显示不出重点。一张好的菜单应有一些菜得到"特殊处理"，以引起顾客的特别注意。从餐厅经营的角度出发，有两类菜品应得到特殊处理：

①能使餐厅扬名的菜品。一家餐厅总要有意识地计划几种菜品使餐厅出名，这些菜应有独特的特色且价格不能太贵。

②愿意多销售的菜品。价格高、毛利大、容易烹调的菜是管理人员最愿意销售的菜。西菜中的开胃品、主菜、甜品一般盈利较大并容易制作，应列在显目的位置。

特殊菜品的推销主要有两大作用：对畅销菜、名牌菜作宣传；对高利润但不太畅销的菜作推销，使它们成为既畅销利润又高的菜。

（2）特殊推销菜品的类别

①特殊的菜品。指一种畅销或高利润的菜。这种特殊菜品可以是经常服务的某种菜品，也可以是时令菜。时令菜容易吸引客人，也能获取高利润。

②特殊套餐。推销一些特殊套餐能提高销售额，增强推销效果。例如北京丽都饭店在各国国庆节推出的各国的风味套餐，并配合演出各国的文娱节目，吸引了驻京的各国朋友。

③每日时菜。有的时令菜单上留出空间来加上每日的特色菜和时令菜，以增加菜单的新鲜感。

④特色烹调菜。餐厅以独特的烹调方法来推销一些特殊菜。例如有的餐厅推出主厨特色菜：主厨特色汤、主厨特色色拉、主厨特色主菜等。

（3）特殊推销的方法

①用粗字体、大号字体或特殊字体列出菜名。

②增加对特殊菜品介绍的内容，对特殊菜进行较为详细的推销性介绍。

③要用框框、线条或其他图形使特色菜比其他菜更为令人注目。

④放在菜单引人注目的位置。

⑤列上菜品漂亮的彩色照片。

(二)菜单上的内容安排

1. 内容安排的总原则

菜单的内容一般按就餐顺序排列。顾客一般按就餐顺序点菜,也就希望菜单按就餐顺序编排,这既符合人们的思维方式,又能使客人很快找到菜肴的类别,不致漏点某些菜肴。如:西餐菜单的排列顺序一般是开胃品、汤、色拉、主菜、三明治、甜点、饮品;中餐的排列顺序则为:冷盘、热炒、汤、主食、饮料。

2. 西餐菜单表现形式及主菜的相应位置

西餐菜单通常有单页式菜单、双页式菜单(对折式菜单)、三页式菜单(三折式菜单)和四页式菜单(四折式菜单)。由于主菜的地位举足轻重、分量很大,应该尽量排在各种菜单的显要位置。根据人们的阅读习惯和餐馆同行们的经验总结,单页菜单主菜应列在菜单的中间位置;双页菜单主菜应放在右页的上半部分;三页菜单主菜须安排在中页的中间;四页菜单主菜通常被置于第二页和第三页上。

3. 中餐菜单的表现形式

中餐菜单的创新改造起步较晚,目前还少有专业人员对中餐菜单的表现形式加以关注。中餐菜单最常见的表现形式仍停留在书本杂志式上,一份中餐菜单形同一本薄薄的杂志,打开之后,菜名、菜价平铺直叙,无重点、无起伏,这就是中餐菜单亟待改进之处。

4. 重点促销菜肴的位置安排

重点促销菜肴可以是时令菜、特色菜、厨师拿手绝活菜,也可以是由滞销、积压原料经过精心加工包装之后制成的特别推荐菜,总之是饭店希望尽快介绍、推销给就餐者的菜。

既然是重点促销菜,就应该将这些菜肴安排在醒目之处。菜肴在菜单上的位置对于此类菜肴的推销有很大影响。要使推销效果明显,必须遵循两大原则:即将重点促销菜放在菜单的开始处和结尾处,因为这两个位置往往最能吸引人们的注意力,并在人们头脑中留下深刻的印象。有些饭店将盈利最大的菜肴放在第一眼和最后一眼注意的地方。经统计,顾客几乎总是能注意到同类产品的第一个和最后一个菜肴。菜单上有些重点推销的菜、名牌菜、高价菜和特色菜或套菜可以采用插页、夹页、台卡的形式单独进行推销。

另外,不同表现形式的菜单,其重点推销区域是不同的。单页菜单的上半部就是重点推销区;双页菜单的右上角为重点推销区;三页菜单对菜肴推销很有利,中间部分是人们打开菜单首先注意的地方,然后移至右上角,接着移至左上角,再到左下角,最后又回到正中。对人们注意力研究的结果表明,人们对正中部分的注视程度是对全部菜单注视程度的七倍。因而中页的中部是最显眼之处,应放上餐厅最需要推销的菜肴。

(三) 菜单设计的步骤

1. 准备所需的参考资料

(1) 各种旧菜单，包括企业正在使用的菜单。

(2) 标准菜谱档案。

(3) 库存信息和时令菜、畅销菜菜单等。

(4) 每份菜成本或类似信息。

(5) 各种烹饪技术书籍、普通词典、菜单词典。

(6) 菜单食品饮料一览表。

(7) 过去的销售资料。

2. 运用标准菜谱

只有运用标准菜谱，才可确定菜肴原料的各种成分及数量，计划菜肴成本，计算价格，从而保证经营效益。一份质量较好的标准菜谱有助于发挥菜单的设计成效，同时有利于员工了解食品生产的基本要求与服务要求，也可提高他们的业务素质。

3. 初步构思、设计

刚开始构思时，要设计一种空白表格，把可能提供给顾客的食品先填入表格，在考虑了各项影响因素后，再决定取舍并作适量补充，最后确定各菜式内容。

4. 菜单的装潢设计

已设计好的菜肴、饮料按获利大小顺序及畅销程度高低依次排列，综合考虑目标利润，然后再予以补充修改。召集有关人员如广告宣传员、美工、营养学家和有关管理人员进行菜单的程式和装帧设计。

四、菜单的制作

(一) 准备工作

制作一份菜单需要联系艺术设计师、文字撰写者以及印刷商。在这以前需要计划好餐厅拟经营什么餐别、提供什么服务和菜品。

1. 列出清单

在制作菜单前要将拟提供的菜品分类列出清单。其间，菜品的项目和价格通常需要改动好几次。分类列出菜品，可以帮助人们均衡所选菜品在原料方面、烹调法、价格方面和营养方面是否搭配得当。

2. 列出特色菜及套菜

在列完清单后，要写出拟重点推销的特色菜及套菜，这样既帮助管理人员计划重点推销的菜品，又帮助艺术设计师做好版面计划和艺术设计计划。设计师只有领悟餐厅管理人员的经营思想和推销意图后，才能将特色菜的版面位置、字体和图案等设计好。

每种特色菜要列出具体菜品名,并将推销意图写清楚。即使是最高明的艺术设计师和撰稿人,都不能帮助人们设计各类特色菜如何推销才能提高餐厅的利润。

3. 选择艺术设计师、撰稿人和印刷商

许多餐厅没有认识到菜单对餐厅的点缀作用、推销作用和标记作用。设计菜单一定要选专业设计师,可以从广告代理公司聘用,也可聘用商业艺术师、美术艺术师。另外要请一位善于文字写作的人员,对菜品名、菜品介绍等描述性的措辞进行推敲。印菜单一般采用活字印刷和胶印印刷。由于印刷的量一般不会太大,所以可聘用从事小量印刷并能在短期内交货的印刷商。

(二)菜单的制作材料

1. 纸张的选择

菜单设计应从选择纸张开始,因为纸张是设计的基础,一份精美菜单的说明、印刷效果等都要通过纸张来体现。由于纸张成本占印刷菜单成本的1/3,餐饮经营管理人员和菜单设计人员应重视纸张的选择。

选择纸张时主要需考虑菜单的使用期限,是最大限度地长期使用,还是一次性使用。一次就报废的菜单可印在轻型的、无涂层的纸上,这种轻型的、便宜的纸有不同的颜色及不同的形状;较长使用的菜单须印在重磅的涂膜纸上,这种纸经久耐用,经得起宾客频繁使用;长期使用的菜单可印在防水纸上,脏了可用湿布擦净,这种纸一般都是厚实的封面纸、优质纸等。

实际上,菜单封面一般用重磅涂膜纸,内页用价格较低的轻磅纸。在同一份菜单上使用不同类的纸张可起到强化其功能的作用,纸张厚薄和颜色的不同可以突出显示菜单的某一部分是餐厅推销的重点。

2. 菜单用纸和有关设计技术

(1)凹凸印刷。

(2)深色纸上采用淡色墨水。

(3)带色的纸上使用淡色和金属色。

(4)纸的立体使用。

(5)在透明的或半透明的纸上印刷。

(6)在同一菜单中使用不同种类的纸。

(三)菜单的尺寸大小

菜单的式样和尺寸有一定的规律可循:一般单页菜单以30厘米×40厘米大小为宜;对折式的双页菜单,菜单合上时,其尺寸以25厘米×35厘米为最佳;三折式的菜单,合上时,以20厘米×35厘米为宜。当然,其他规格和式样的菜单也非罕见,重要的是菜单的式样与餐厅风格相协调,菜单的大小与餐厅的面积、餐桌的大小和座位空间相协调。

菜单上应有一定的空白,这样会使字体突出、易读。如果菜单文字所占篇幅多于50%,会使菜单看上去又挤又乱,影响顾客阅读和挑选菜肴。菜单四边的空白应宽度相等,给人以均匀感。左边字首应排齐。

(四)菜单的形状、式样

因为大部分菜单印在纸上,所以应考虑所用纸可以折叠,可以被切成各种形状,并有不同的造型。

1. 菜单纸的折叠

最简单的方法是把一张纸从中间一折,便成菜单。采用折叠菜单时,应注意不是所有的纸都可以折,有些纸一折就裂,从而降低了菜单的使用寿命。在大量印刷菜单之前,应检查一下纸张的"可折度"。

2. 菜单的形状

菜单的形状是根据餐厅经营需要、为迎合宾客心理而确定的。菜单可以切成各种几何图形和不规则的形状。另外,菜单不一定要平,两面用的纸也可以制成立体或金字塔式的。

菜单的尺寸大小没有统一的规定,用什么尺寸合适,主要从经营需要和方便宾客两个方面考虑。

(五)文字与字体

1. 文字

菜单必须借助文字向顾客传递信息。一份好的菜单,其文字介绍应详尽,令人读后增加食欲,从而起到促销的作用。一份精美流畅的菜单其文字撰写的耗时费神程度并不亚于设计一份彩色广告。

菜单的文字部分主要包括:①食品名称;②描述性介绍;③餐厅声誉宣传,包括优质服务和烹调技术。

一般说来,一页纸上的字与空白应各占50%为佳。字过多会使人眼花缭乱,前看后忘;空白过多则给人以菜品不足、选择余地少的感觉。

菜单上的菜名一般采用中英文对照的形式。字体印制要端正,要使客人在餐厅的光线下很容易看清。多数食品饮料采用小号字体,以增加可读性;分类标题和小标题可用大号字体;慎用古怪字体和"翻白"(即黑底白字)印刷;除非特殊要求,菜单应避免用多种外文来表示菜名,所有外文都要根据标准词典的拼法统一规范。

凡有可能,菜单应该铅印,当然中餐宴会菜单等也可手写,手写往往更能营造宴会气氛,但字迹必须娟秀、清楚。龙飞凤舞的书法必须以宾客认得清楚为准,否则就会失去本来的意义。菜单内容和价格应避免涂改,要使菜单"眉清目秀",容易辨读。

菜单上菜品的命名要力求名副其实,反映菜肴的全貌和特色,以便于顾客选用;菜名的音韵要和谐、文字要简练,以便于记忆和传诵;菜名既要朴实明朗,又要工巧含蓄。

2. 字体

要设计一份阅读方便和富有吸引力的菜单,使用正确的字体是非常重要的。假如不是用手写体的话,就一定要用印刷排版的方式。有许多菜单的字体太小,不便阅读;有的字体排得太紧,而且每项菜肴之间间隔小,几乎连在一起,使宾客选择菜肴时很费劲。选择字体应遵循下列原则:

①不要用小于 12 点的英文体或小于 4 号的中文字体。②用大号字体书写大标题和小标题。③选择的字体应与餐厅的特点相协调。④尽量少使用陌生的、奇异的字体。⑤用小号字体来书写菜肴项目便于阅读。⑥另起一行时,英文应空出五点,中文应空出两个字的位置。⑦若用带色字体,字体的颜色宜用深色。

(六) 菜单的颜色和照片

1. 菜单的颜色

菜单的颜色能起到推销菜品的作用,使菜单更具吸引力。但色彩越多,印刷成本越高,所以不宜用过多的颜色,通常用四色就能基本得到色谱中所有的颜色。

不同的颜色还能起到突出某些部分的作用。一些特殊推销的菜品采用不同颜色,会使它们突出出来。如果菜单设计中打算使用两种颜色,最简单的办法是将类别、标题,如海鲜类、甜品类等标题印成彩色如红色、绿色、棕色等,而具体的菜品名称和价格均印成黑色。总之,这里需要遵循一条原则:只能让少量文字印成彩色,因为大量文字印成彩色不便阅读。人类最容易辨读的是黑白对比色。

采用色纸能增加菜单的色彩,点缀和美化菜单而不增加印刷成本。

增加菜单颜色的另一种方法是采用宽宽的彩带,以纵向、斜角向或横向粘在或包在封皮上,这种彩带能改善菜单外观并起到装饰作用。

2. 菜单上的彩色照片

彩色照片配上菜名及介绍文字是一种对食品极好的推销方式。彩色照片能直接而真实地展示餐厅所提供的菜品。尽管印制彩色照片约需四色,比印单色或双色的印刷费用高出 35%,但一张优质的彩色照片胜过千言文字说明,能最真实地展现令人食欲大振的菜品。

印上彩色照片的菜肴应该是餐厅最愿意销售的、希望顾客最能注意到并决定购买的菜品。餐厅常把高价菜、名牌菜和受顾客欢迎的菜拍摄成彩照印在菜单上。另一类有彩照的菜是形状美观、色彩丰富的菜。这种照片会使菜单和餐厅增加光彩。

彩色照片的拍摄和印制质量很重要,若印制质量差,还不如不印。彩照实例能否激起客人的食欲取决于彩照是否逼真美观。

许多菜单上的彩色照片没有对号入座,即没有将彩色照片、菜品名、价格及文字介绍列在一起。使用彩照的一个最简单的办法是用黑色线条框起来或用小块彩色面突出来配上照片及菜名和价格。

(七)菜单封面

封面是菜单的门面,一份设计精良、色彩丰富、漂亮又实惠的封面往往是一家经营有方的餐厅的点缀和醒目的标志。

首先,封面的图案要体现餐厅经营特色,色彩要与餐厅环境相匹配。如果经营的是古典式餐厅,菜单封面要反映出古典色彩。菜单封面要视作餐厅室内的点缀之一。菜单放在桌上,分散在顾客的手中,其颜色要么跟餐厅色彩相近,形成一个体系;要么互成反差,使之相映成趣,犹如万绿丛中的花朵,增加色彩。

菜单封面要恰如其分地列出餐厅名称、营业时间、电话号码,使用信用卡支付的信息可列在封底,有的菜单封面上还传递外卖服务信息。

菜单封面应使用塑料薄膜压膜的厚纸,这样可防水或油腻,也不易留下痕迹,四周不易卷曲。设计得再漂亮的菜单,如果弄脏了就会失去设计的价值。

(八)突出主体菜式

1. "特色菜肴"用有别于一般的较大黑体字排印。
2. "特色菜肴"应有更详尽的促销性文字介绍。
3. 采用方框或彩色色块或别的图形突出"特色菜肴"。
4. "特色菜肴"应用更丰富的色彩点缀并用彩色实例照片衬托。
5. 把"特殊菜肴"放在同类菜的第一个或最末一个位置。

本章小结

> 本章着重介绍了菜单的种类及作用,决定菜单菜肴品种的依据和原则以及菜单设计制作过程中的一些技术性问题,如菜品的选择、菜单的制作要求、重点菜肴的推荐、菜单内容的排列、菜单材料的选用等等。学员在理解掌握基本原理的基础上,应结合本地实际,收集当地餐饮企业的各类菜单,分析它们的成功之处或存在的不足,达到活学活用的目的。

思考与练习

1. 简述菜单的定义和作用。
2. 菜单的种类有哪些?
3. 固定菜单与循环菜单各自有哪些优点?
4. 设计宴会菜单应注意哪些问题?
5. 确定菜肴品种时应考虑哪些因素?
6. 如何在菜单中突出重点推销菜肴?
7. 菜单设计、制作及使用中应避免哪些问题?
8. 拟定一份2800元/桌的中餐宴会菜单。

第 3 章

原料管理

课前导读

餐饮部在饭店中是惟一向客人提供实物形式的消费品的部门，因此，除了与其他部门一样向客人提供优质服务外，还要注意实物产品即菜肴的质量。现代人更注重菜肴原料的鲜、活、奇、营养、无污染等特性。通过对餐饮原料的严格管理，可以为菜肴质量奠定坚实的基础，同时通过制定落实采购、验收、保管、领发、盘存制度，尽可能保证原料的质地，减少原料的不合理使用，为做好餐饮企业的成本控制提供条件，也为餐厅向消费者让利赢得空间。

教学目标

- 掌握原料的采购数量控制、质量控制及价格控制的方法
- 熟悉验收的程序，学会正确运用各种表单管理验收过程
- 了解不同原料的储存要求，掌握不同库房的管理工作要点
- 了解发料管理制度，并能正确划分和统计餐饮用料成本

第一节 原料的采购管理

原料的采购是餐饮业务正常开展的前提，采购管理的目的是保证为厨房等加工部门提供适当数量的食品饮料原料，保证每种原料的质量符合一定的使用规格和标准，并保证采购的价格和费用最为低廉，使餐饮原料成本处于最理想状态。

采购工作是餐饮成本控制的第一道环节，又是较难控制的一道环节。因而，餐饮部必须制定和落实严格的规章制度，对采购的模式、原料的质量和数量、采购的价格等进行严格的管理。

一、制定采购制度

（一）采购职能在饭店中的归属

1. 餐饮部负责所有餐饮原料的采购

这种形式在我国中资饭店中最为常见。由于采购员隶属于餐饮部，便于专业化管理，原料的供给和生产信息反馈迅速，在采购的及时性、灵活性和原料质量的可靠性方面能得到保证。但是，该体制下，难以掌握采购的数量、资金及成本控制，同时往往缺乏严格的监督机制，容易造成管理上的漏洞。因此，餐饮部管理者要订立相应的规章制度，严把质量、数量、价格关，使采购的成本费用降至最低水平。

2. 饭店采购部负责所有餐饮原料的采购

一些高星级、较大规模的合资、独资饭店往往采用这种模式。由于原料的采购者与使用者归属于两个不同的部门，对采购的管理就比较严，便于总经理和财务管理人员对采购资金、采购成本进行直接控制。这种方法的缺点是：采购周期较长，餐饮部不能灵活根据市场原料价格的变化调整购买的品种、数量。

3. 饭店餐饮部和采购部共同管理食品采购工作

餐饮部和采购部对采购工作进行分工。一般而言，餐饮部负责鲜活原料的采购，而采购部负责可贮存原料的采购；或者食品采购员由餐饮部选派，受采购部管理。这种方法的优点是采购员较熟悉业务，而大宗货物的采购成本受到采购部、财务部的及时监督与控制；缺点是往往造成多头管理，职能上划分不清，给协调工作带来不少麻烦。

（二）采购的目标与指导思想

1. 采购的目标

（1）找到正确的商品。并非所有的最高等级的原料一定对饭店的餐饮生产合适。为了保证菜肴质量始终如一，必须使用品质始终如一的食品原料。餐饮部要对各种原料做出详细的规定，制定出食品原料采购规格标准以指导采购工作。

（2）得到最好的价格。在保证质量的前提下，采购时要充分考虑价格因素，做到"货比三家"，或者通过减少供货环节、现金支付、自行运输、合理扩大采购量等方法获得较低的采购成本。

（3）得到最佳的品质。采购时还要考虑原料的储存能力，以免造成原料在运输、储存过程中品质快速下降；此外，配合季节时令采购也是明智的方法，不但原料的品质好，价格也较便宜。

（4）找到最佳的供应商。在供应商的选择方面，应该考虑其地理位置、设备条件、财务状况及诚信原则等。

阅读材料3.1　选择供应商必须考虑的条件

根据 Riegel 和 Reid（1980）两位博士对美国 61 个餐饮业者作的一项调查显示，选择供应商必须考虑以下条件：

(1) 补货的正确性　　　　　(2) 品质的维持
(3) 准时的运送　　　　　　(4) 共同解决问题的诚意
(5) 危急时的反应　　　　　(6) 合理的单价
(7) 合理的前置期　　　　　(8) 运送的频率
(9) 技术上的能力　　　　　(10) 最低的单价
(11) 合理的付款条件　　　　(12) 数量折扣
(13) 销售员的知识　　　　　(14) 销售员的最小订购量
(15) 地理上的距离　　　　　(16) 立即付款的折扣
(17) 独家供应商的能力　　　(18) 物品使用的训练
(19) 折货试用的意愿　　　　(20) 提供食谱

以上条件的重要性依次序递减。

资料来源：Carl D Riegel and R. Dan Reid, "Standards in Food - Service Purchasing", The Cornell HRA Quarterly Feb, 1990.

（5）在最适当的时间进货。目前国内饭店餐饮经营的一个趋势是尽可能减少库存量及在库时间。这样，为了保证原料的不间断供应，对采购时间的要求就更高。

2. 采购的指导思想

（1）"以销定进"。采购是为了销售，是为了卖而买。因此，采购与市场调研要结合起来，买什么、买多少要符合顾客的需求。

（2）"以进促销"。采购要发挥引导消费、扩大销售的能动作用，采购部应扩大采购来源，配合餐饮部推出新的菜肴品种，以刺激消费，增加营业机会。

（三）采购的运作程序

首先，由餐饮部和仓库填写采购申请单向采购部门提出订货要求。餐饮部的订货品种是除仓储之外的食品，通常为鲜活原料，而仓库订购的是需储存保管的食品。仓库保管员在某种原料的现存量低于规定数量时提出采购申请。采购部门收到订货申请后，开出正式的订购单，向供货单位订货，同时给验收部门一份副本，以备收货时核对。当货物运到饭店后，由验收部门对货物的品种、数量、价格、质量对照订购单和原料规格标准进行验收，对厨房订购的新鲜食品应立即通知厨房通过申领手续领出，其他原料填单后入库。验收结束货物发票验签后，连同订单一起交采购部，采购部再交财务部门审核，然后向供货单位付款。采购程序见图3—1。

（四）对采购人员的要求

一个合格的采购人员，必须具备以下素质：

（1）思想品质好,诚实可靠,不以权谋私。
（2）了解市场供应情况,熟悉供应商。
（3）掌握原料知识,了解加工方法,熟悉原料质量标准。
（4）严格执行财务制度。
（5）善于交际,有较强的谈判能力。

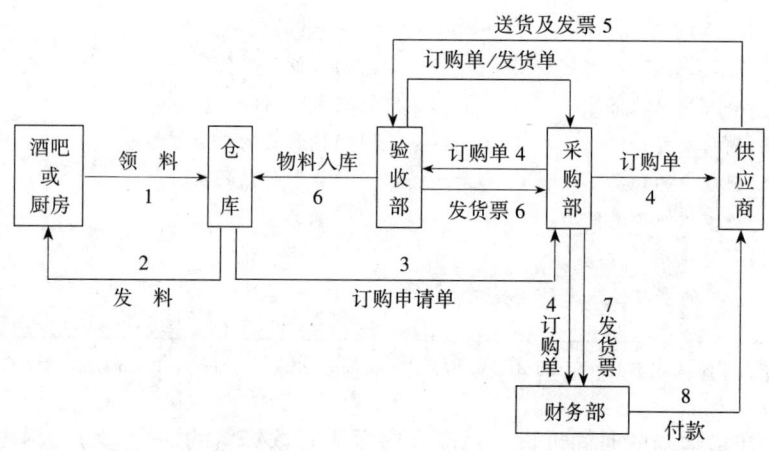

图 3-1　餐饮原料采购程序

二、确定采购方式

1. 直接市场采购

对大多数中、小餐饮企业而言,采购员往往拿着现金直接在食品市场或农贸市场进行交易。此种方法虽然未必能得到最优惠的价格,但是库存可以降至最低,原料的新鲜程度得到保障。

2. 供应商报价采购

对于供货次数频繁的生鲜食品原料,往往由采购部门将其列成表单,要求供应商（至少是三个）报价,然后选择其中原料质量适宜、价格最优的供货单位,通常还要求供货商在送货时自动清点存货,以保证存量的合理性。

3. 直接至产地采购

此方式一是可以保证原料的新鲜度,二是易取得较低的价格。如有的海鲜餐厅直接到渔港与船主交易,更有大型餐饮企业自己在城郊建立原料基地如养鸡场、鱼塘等。

4. 招标采购

它是大型餐饮企业、集团公司等采购大宗货物时采用的规范化的采购方法。采购单位以投标邀请的形式将需采购的原料名称及规格标准寄给有能力的供货单位,由后者进行报价投标。

5."一次停靠"采购

餐饮原料的品种繁多,供货渠道各异,各个供应商对同一种原料的报价有高有低,如果饭店仅以最低报价为依据决定向谁购买,势必花大量的人力、时间处理票据和验收进货。为了减少采购、验收和财务处理的成本费用,饭店将原料进行归类,同类原料向一个综合报价较低的供应商购买。

6. 其他采购方式

两家以上的餐饮企业联合采购同标准的原料,以取得供应商的批发价优惠,我们称之为合作采购;某些饭店集团或联号建有地区性采购办公室,为旗下同属该地区的饭店集中采购。

三、规定采购质量

原料的质量是指食品原料是否适用,是对原料的新鲜度、成熟度、纯度、质地、颜色等的综合评价;原料的规格是指原料的种类、等级、大小、份额和包装等的规定。

餐饮管理人员应根据企业经营目标,在确定菜单时规定原料的质量标准,列出需采购的食品原料目录,并用采购规格标准的形式加以明确。

(一) 采购规格标准应包括的项目与样式

采购规格标准是根据饭店的特殊需要,以书面形式对餐饮部要采购的食品原料的质量、规格等做出的详细具体的规定。制定出采购规格标准后,应分送采购员、供应商、验收员和餐饮经理办公室。

在采购规格标准(见表3-1)中,一般根据原料的特性有选择地列出以下项目:产品的通用名称或常用商业名称、用途、产地、等级、部位、色泽与外观、报价单位或容器、容器中的单位数或单位大小、重量范围、最小或最大切除量、加工类型和包装、成熟程度、交货时间要求、防止误解所需的其他信息。

(二) 采购规格标准的作用

1. 促使管理人员事先确定每一种食品原料的质量要求。
2. 可避免采购人员与供应商之间对原料质量发生分歧与矛盾。
3. 避免每次订货时都向供应商解释质量要求,提高了工作效率。
4. 可作为验收的质量标准。
5. 向各供应商分发采购规格标准,可便于他们投标。

表 3-1　××饭店采购规格标准

制定规格书时间：　　年　　月　　日

1. 原料名称
2. 原料用途（如葡萄用于榨汁或用于水果拼盘）
3. 原料的一般概述（列明原料的一般质量要求。如葡萄酸甜适中，中等和大型椭圆或圆形，紫色，无可见斑点或皮伤）
4. 详细说明（有选择地列明下列有助于识别的因素） 　　※产地　　※规格　　※比重　　※品种　　※容器　　※商标 　　※等级　　※净料率　※包装　　※稠密度　※类型　　※份额大小
5. 原料检验程序
6. 特别要求（如交货和售后服务要求）

（三）采购规格标准的编写

采购规格标准是根据菜单提供的菜品要求而编制的。在日常的经营活动中，餐饮部往往要使用成百上千种原料，因此，粗看起来，编写一整套采购规格标准工作量非常大，事实上，大部分原料已有政府或行业标准，企业只要对少量的食品原料进行测试和选择，以便根据这些质量标准编写采购规格标准。

在编写采购规格标准时，还要考虑一些因素，如企业的档次和类型、客人对原料的要求、现行的行业标准、现有设备对原料的加工能力、市场环境与原料使用的可行性等。

大型饭店一般专门成立测试委员会，由高层管理人员挂帅，餐饮部经理、厨师长、食品饮料会计师、验收员、仓库管理人员、公共关系经理等饭店员工和受邀请的顾客代表组成。测试委员会的主要任务有：

1. 根据企业对食品原料质量的要求，协助编写采购规格。
2. 协助做出自制或购买决策。
3. 执行测试方案，检查本企业使用和供应食品的成本、质量、味道和外形。

使用固定菜单的餐厅，在一段时间内其产品相对稳定，原料的采购规格也相对稳定。如果菜单变化或市场条件发生变化，采购规格标准就应部分调整、修改或重新制定。

四、控制采购数量

采购规格标准一经确定，在一段时间内相对固定，而采购数量却是每天或经常变化的，它与采购的间隔时间有密切关联。在日常采购管理中，要根据各方面的因素，确定每次采购的合理数量。采购数量过多，会占用大量资金，使原料积压引起质量下降或变质，同时还会增加仓储成本及被偷盗的机会；采购数量过少，则可能造成库存不足,原料无法正常供应而影响企业的经济效益和社会效益,并增加紧急采购成本。

(一)影响采购数量的因素

(1)菜肴与酒水等的预计销售量。采购数量总是与之成正比关系。

(2)仓储场地与仓储能力。会限制原料的采购数量。

(3)原料的价格变动趋势。如果某原料的价格呈上升趋势,就可以多买一些,反之,应少订购一些。

(4)采购点的距离远近。如果采购点远,可以增加批量,减少批次,以节约运费,防止原料断档;如采购点近,则减少批量,增加批次。

(5)目前库存情况。如目前库存量较大,则应减少采购数量。

(6)原料的市场供应情况。当某种原料的市场供应不稳定时,可以增加采购量。

(7)供应商的政策。有时,供应商往往会规定最少订货量、最低送货起点、整包装销售等政策。

(二)采购对象的分类管理

1. 鲜活原料

指的是蔬菜、鲜鱼、鲜肉、水果和新鲜奶制品等,这些原料一般在购进后的当天或短时间内使用,用完后再购买,所以,采购的频率较高,一般采用日常采购法和长期采购法。

2. 可储存原料

通常指的是干货或冷冻储存的不易变质的食品原料,如大米、面粉、盐、糖、罐头、调味料及冷冻类的肉类、水产品等,此类原料一般用定期采购法或永续盘存法来控制采购数量。

(三)鲜活原料采购数量控制

鲜活原料必须遵循先消耗再进货的原则,因此,要确定某种原料的当次采购量时,必须先掌握该原料的现有库存量(通常在厨房反映出来),并根据营业预测,决定下一营业周期所需要的原料数量,然后计算出应采购的数量。实际操作中,可以选用以下方法:

1. 日常采购法

日常采购法多用于采购消耗量变化大,有效保存期较短因而必须经常采购的鲜活原料。每次采购的数量用公式表示为:

$$应采购数量 = 需使用数量 - 现有数量$$

式中,需使用数量指在进货间隔期内对某种原料的需要量。它要根据客情预测,由行政总厨或餐饮部经理决定。在确定该数字时,还要综合考虑特殊餐饮活动、节假日客源变化、天气情况等因素。

现有数量是指某种原料的库存数量,它通过实地盘存加以确定。

应采购数量是需使用量与现存量之差。因为鲜活原料采购次数频繁,有的几乎每天进行,而且往往在当地采购,所以一般不必考虑保险储备量。

日常采购原料可以用饭店自行设计的"市场订货单"(见表3-2)来表示。表中的原料名称可以事先打印好以免每次重复填写,其余几栏则要每次订货时根据需使用数量和现有存量的实际情况填写。

表3-2 ××饭店市场订货单

_____年___月___日

原料名称	需使用量	现有存量	需购量	市场参考报价		
				甲	乙	丙
花菜						
芹菜						
番茄						
土豆						
…						

2. 长期订货法

某些鲜活类食品原料的日消耗量变化不大,其单位价值也不高,宜采用长期订货法。一是饭店与某一供应商签订合约,由供应商以固定的价格每天或每隔数天向饭店供应规定数量的某种或某几种原料,直到饭店或供应商感到有必要改变已有供应合约时再重新协商;二是要求供应商每天或每隔数天把饭店的某种或某几种原料补充到一定数量。饭店对有关原料逐一确定最高储备量,由饭店或供应商盘点进货日的现存量,以最高储备量减去现存量得出当日需购数量。

表3-3 采购定量卡

原料名称	最高储备量	现存量	需购量
鸡蛋	5箱	2箱	3箱
鲜奶	100kg	20kg	80kg
…			

长期订货法也可用于某些消耗量较大而需要经常补充的饭店物资(如餐巾纸)。这些物品大量储存会占用很大的仓库面积,不如由供应商定期送货更经济。

(四)干货及可冷冻储存原料的采购数量控制

干货属于不易变质的食品原料,它包括粮食、香料、调味品和罐头食品等。可冷冻储存的原料包括各种肉类、水产品原料。许多饭店为减少采购成本，求得供应商的量大折扣优惠，往往以较大批量进货。但这样也可能造成原料积压和资金占用过多，因此，必须对这类原料的采购数量严加控制。

确定干货及可冷冻储存的原料的采购数量一般有两种方法，即定期订货法和永续盘存卡法。

1. 定期订货法

定期订货法是干活原料采购中最常用的一种方法。因为餐饮原料品种多，使用频繁，为减少进货次数，使食品管理员有更多的时间去处理鲜活类原料的采购业务，饭店通常把同类原料或向同一供应商采购的原料，定期在同一天采购。也就是说，不同类的原料和向不同供应商采购的原料的进货尽量安排在不同的日期，使验收员和仓库保管员的工作量得到平均分布。

定期订货法是一种订货周期固定不变，即进货间隔时间（一周、一旬、半月或一月等等）不变，但每次订货数量任意的方法。每到某种原料的订货日，仓库保管员应对该原料的库存进行盘点，然后确定本次采购的订货数量，其计算方法如下：

$$需订货数量 = 下期需用量 - 实际库存量 + 期末需存量$$
$$下期需用量 = 日需要量 \times 定期采购间隔天数$$

日需要量指该原料平均每日消耗量，一般根据以往的经验数据得出；实际库存量为订货日仓库实物盘存得到的数字。

期末需存量指每一订货期末饭店必须储存的足以维持到下一次送货日的原料储备量。用公式表示为：

$$期末需存量 = 日需要量 \times 订购期天数 + 保险储量$$

决定期末需存量，一方面要考虑发出订货单至原料入库所需的天数（由合同或口头约定，在这里称为订购期天数）和原料的日均消耗量，另一方面还要考虑各种意外原因可能造成的送货延误，要有一个保险储存量。保险储存量的多少视原料的供应情况而定，一般饭店把保险储存量定为订购期内需用量的50%。

期末需存量也称最低储量。因为当某些原因造成一定品种原料在某一阶段的实际用量大大超过以往的日均消耗量时，如不及时采购，就可能造成原料的断档。为避免这种失误，仓库保管员如在发货时发现某种原料虽然没有到订货日期，但它的现存量已非常接近于最低储量时，就要立即采购。

例：某饭店一月一次采购菠萝罐头。菠萝罐头的消耗量为平均每天15听，正常订货周期为4天。在当月的订货日，经盘点尚存100听。饭店确定菠萝罐头的保险储量为订购期内需用量的50%，则菠萝罐头的最低储量和需订货数量为：

$$最低储量 = 15 听/天 \times 4 天 + 15 听/天 \times 4 天 \times 50\% = 90 听$$
$$需采购量 = 15 听/天 \times 30 天 - 100 听 + 90 听 = 440 听$$

2. 永续盘存卡订货法

永续盘存卡订货法也称订货点采购法或定量订货法，它是通过查阅永续盘存卡上原料的结存量,对达到或接近订货点储量的原料进行采购的方法,一般为大型饭店所采用。

使用永续盘存卡订货法的前提是对每种原料都建立一份永续盘存卡(见表3-4),每种原料还必须确定最高储备量和订货点量。

表3-4 永续盘存卡

食品原料永续盘存卡		编号:3112	
品名:西红柿罐头		最高储备量:250听	
规格: 单价:		订货点量: 120听	
日期	订单号	进货量(听)	发货量(听)	结存量(听)
26/4				135(承前)
27/4	345678		15	120
28/4			17	103
29/4			16	87
30/4			17	70
01/5			15	55
02/5		210	16	249
…		…	…	…

原料的最高储备量指某种原料在最近一次进货后可以达到但一般不应超过的储备量。它主要根据原料日均消耗量以及计划采购间隔天数,再考虑仓库面积、库存金额、供应商最低送货订量规定等因素来确定。

订货点量也就是该原料的最低储存量(即定期订货法中的期末需存量)。当原料从库房中陆续发出,使库存减少到订货点量时,该原料就必须采购补充。这时,订货数量为:

订货数量=最高储备量-订货点量-日均消耗量×订货期天数

例:某饭店采购西红柿罐头,该罐头日均消耗量为16听,订货期为5天,最高储备量为250听,保险储存量定为订购期内需用量的50%,则:

订货点量=日均消耗量×订货期天数+保险储备=16×5+16×5×50%=120听

订货数量=最高储备量-订货点量+日均消耗量×订货期天数=250-120+16×5=210听

永续盘存卡订货法的优点是,原料不足时能及时反映并采购。由于每项原料都规定最高储备量,所以数量上不会多购,有效地防止了原料的过量储存或储存不足;此外,永续盘存卡上登记了各种原料进货和发货的详细信息,仓库保管员不必每天库存盘点,只要翻阅永续盘存卡即可,这样能节省人力;同时,以该方法采购,可使采购数量比较稳定,不需每次决策,管理上比较方便。但是,永续盘存卡采购一般是不定期进行,采购运输的工作量较大,卡片的登记比较费时。因此,许多饭店把定期采购法和永续盘存卡采购法结合使用。

五、控制采购价格

餐饮原料的价格受多种因素的影响,如市场供应状况、采购数量、原料质量、供应渠道、供应商的垄断程度、季节、消费趋势等等,许多品种的原料在不同时间价格波动大。在菜单确定的情况下,餐饮企业的经营利润更多取决于原料的采购成本。因此,在餐饮经营中要采用多种手段来实施采购价格的控制。

(一)规定采购价格

在调查了解市场行情的前提下,饭店对某些餐饮食品原料提出购货限价,规定在一定的幅度内进行市场采购。限价品种一般是采购周期短的原料而且限价是有一定有效期限的,往往一周或十天后要根据市场价格波动情况再做出修正。

(二)控制贵重原料和大批量原料的购货权

贵重原料和大批量原料所耗的采购成本往往占所有采购成本的大部分,因此,在这类原料的采购上,有些饭店由餐饮部、采购部门提供建议和信息,由饭店决策层决定购买的数量、方式和供应对象。

(三)提高购货数量和改变购货规格

大批量购货可以得到供应商的价格优惠,但是大量购入某种原料又会占用大量资金,使这些资金不能用于其他能产生收益的地方。大批量购货还会加大仓储成本,这也是决策前需考虑的。

一般而言,如果大批量采购得到的价格折扣率 > 银行贷款月利率 × $\frac{原料使用月数-1}{2}$,则从资金使用角度而言,对饭店是合算的。

例:饭店如一次性购买价值 3 万元的原料,可得到 3% 的价格折扣,这批原料预计使用 6 个月,当前银行贷款月利率为 1%,则折扣率 3% > 1% × $\frac{6-1}{2}$ = 2.5%,所以一次性购买较为合算。

(四)规定供货渠道和供应单位

对那些日常采购的原料,饭店经过比较选择,已预先同供应商议定了价格,采购部门只能向那些指定的供应单位或供货渠道采购,当然,对方提供的价格也会比较优惠。

(五)减少供应环节

对日常使用量大的原料,饭店应绕开不必要的供应环节,直接到原料的产地进行采购,当然,在人员、运输方面的花费会比较大,但价格能优惠,且原料的新鲜度得到了充分保证。

(六)根据价格变动趋势调整采购数量

在储存条件足以保证原料质量的前提下,当某种原料的市场价格趋于上升时,可以加大采购数量,以减少价格上涨时的开支;某些时令原料刚上市时,价格往往较高,采购数量应以满足厨房当时生产为好,等价格稳定时,再适当减少采购批次,加大采购数量。

第二节 原料的验收管理

如果仅对原料的采购进行控制,而忽视验收这一环节,往往会使对采购的各种控制前功尽弃。事实上,供货单位的实际送货量可能超过或低于订购量,原料质量可能不符合饭店的要求,而原料的价格也可能与原来的报价大有出入。因此,加强原料的验收管理非常重要。

食品原料的验收是指根据饭店或餐饮部制定的食品原料验收程序与食品原料质量标准,检验供应商发送的或由采购员购买的食品原料质量、数量、单价和总额,并将检验合格的各种原料送到仓库或厨房,并记录检验结果的过程。

一、验收体系

1. 验收员与财务部和营业部门的关系

食品原料作为资金的实物形态,应该由财务部进行管理。因此,许多大型餐饮企业中,验收员作为财务部门的正式员工,由总会计师直接领导,并得到餐饮部领班的帮助。

目前,国内许多饭店的食品验收员归属于餐饮部。这样虽然便于业务联系,但验收员的权威性没有保障。因此管理人员必须给验收员一定的自主权,明确其与采购员、厨师及其他管理人员工作交往上的特权。

2. 对验收员的要求

验收员做到严格把关,不徇私情,诚实认真,有丰富的原料知识,了解原料采购规格,并熟悉饭店的财务制度。在餐饮企业中应设专人负责食品饮料的验收工作,即使是一个小企业,验收员也不能由厨师长或餐饮部经理兼任,更不能由采购员兼职。如果要节约人力,验收工作不妨由仓库保管员兼任。

3. 设备和工具

验收员办公室和验收处应尽量靠近验收台,并接近食品饮料库房。验收办公室的设计要能让验收员方便地观察到每样货物的进出。验收办公室和验收场地要灯光明亮、清洁卫生、安全有保障。

验收部应有足够数量和多种型号的称量工具,如磅秤、天平秤、电子秤等,并定期校准,以保证精确度。验收办公室还应备有多种验收单、验收便签、贷方通知单、无购货发票收货单、整套的验收标准等表单以及尺、温度计、纸板箱切割工具、铁皮条切割工具、刀、榔头以及足够数量的档案柜。

4. 监督检查

饭店管理人员要定期或不定期地检查验收工作,确保验收标准的实施,协调验收员与其他有关部门的工作,使验收员了解管理人员非常关心和重视他们的工作。

二、验收程序

制定科学合理的验收程序是提高验收工作效率,保证验收工作质量,减少失误与差错的关键。

(一) 验收部门的业务活动

验收工作的性质决定了绝大部分饭店的验收员是日班工作。在时间安排上,验收员的班次要同供应商的交货时间一致。所以,验收员、采购员和供应商要商定一个几方都能接受的交货时间表。此外,在确定采购间隔时间时,还应尽可能把不同供应商的交货日期错开,使每天的到货量大致相同,验收工作量分布均匀,防止大批量食品原料集中于同一天或同一时段交货。

对于验收员上班时间以外的交货,则作为紧急交货处理。验收员应对餐饮部负责临时接收、检查这些原料的人员做出明确、具体的批示。如果某段时日内紧急交货频繁,验收员要报告有关管理人员。

验收办公室应张贴一整套采购规格标准,以便送货人、验收员和协助验收工作的每一个人都能看到。

(二) 验收程序

1. 根据订货单检查进货

验收员要核实到货的品种、数量是否与订货单相符。凡未办订货手续的原料不予受理。这样可避免不需用的食品原料进入仓库。

2. 根据发货票检查进货

凡发货票与实物名称、型号规格、数量、质量不相符的不予验收。发货票与实物数量不符,但名称、型号、规格、质量相符的可按实际数量验收。但如果实物数量超过订货数量较多时,超额部分作退货处理。

3. 验收并受理货品

(1) 数量验收。验收员要检查实物与订货单和发货票上的数量是否一致。在清点数量时要注意:

- 有包装的要将包装拆掉,再称重量以核实原料的净重。
- 带包装及商标的货物,在包装上已注明重量,要仔细点数,必要时抽样称重,对用箱包装的货物要开箱抽查,检查箱子是否装满。

● 无包装的货物要视单位价值的高低用不同精度的称重工具称量。

● 对单件货物有重量、大小要求的,除称总重量外,还要检查单件货物是否符合验收标准。

(2)质量验收。质量验收往往是最关键也是最可能引起争议的一项工作。验收员要不断丰富自己的原料知识和验收技能,在验收时,考虑到采购员、餐饮经理、厨师长的意见。如果验收员对食品原料的质量有怀疑,就应请有关人员帮助检验,以免发生差错。

(3)价格验收。要认真检查账单上的价格与订货单上的是否一致。有些不诚实的供应商在订购时答应了较低的价格,但在开发票时又偷偷提价。验收人员若不仔细检查,往往会被蒙混过关,使企业受损。

4. 在发货票上签名或盖章,接受送达的货物

在验证无误的送货发票上盖上验收章,并填妥有关项目。对无发票的货物,应填写无购货发票收货单。

5. 在货物包装上注明货物信息

在包装上标明收货日期,有助于判断存货流转方法是否有效;标明单价、重量等,在存货计价时就不必再查验收时的报表或发票。

在验收时,验收员还须对冷冻原料加系存货标签。使用存货标签有以下优点:

(1)要填写标签,验收员就必须对原料的重量进行称量。

(2)发料时,可将标签上的数额直接填到领料单上,便于计算成本。

(3)对标签编号,有助于了解储存情况,防止偷盗。

(4)便于存货流通工作,简化存货控制程序。

6. 尽快将到货送库储存

通常将鲜活原料通知各厨房营业点直接领走,故把这类原料称为"直拨原料",送到各类仓库的原料则称为"入库原料"。验收员应在发货票上注明各种食品原料属于哪一类,以便填写验收日报表。

7. 填写有关报表

填妥验收日报表,作为进货的重要控制依据。有的饭店还要求验收员填写验收记录单、验收单、贷方通知单、无购货发票收货单等。

三、验收表单

实施表单管理对加强内部控制、协调餐饮部内外沟通有重要作用。以下就验收过程中的表单作一说明:

1. 发货票或收货凭证

发货票和收货凭证都是供货单位的供货证明,其不同之处在于:发货票由送货单位提供,随货物送到饭店验收处,由收货单位有关人员签字证明货物收妥无误;而收货凭证是由收货单位提供的收货证明。

发货票应一式二联。送货人在验收员验货后要求验收员签字,一联留收货单位,另一联交还供货单位,以证明收货单位已收到货物。在与收货单位结账时,凭有验收人签字的发货票和有关人员签字的税务发票到收货单位的财务处领取货款。

收货凭证一般有四联,一联给供货单位作为财务付款凭证,一联交验收单位财务部,一联留验收处,一联给采购部。

表3-5 收货凭证

编号	品名	规格	数量	单价	金额	申请单号	备注
		总额					

付款方式:现金□　　挂账□　　支票□
供应商签字:
收货部门:　　　　　库房:　　　　　收货人签字:

2. 验收记录和验收单

验收记录就是验收员每天记录验收部收到哪些货品,这些货品的票据情况、账款的应收应付情况及验收部发出货物的情况。

表3-6 验收记录

供应单位	品名	发货票	订购量	实际量	单价	发货票金额	应付款	出库量	备注
A	酱肉	有	30kg	31kg	20	600	20	16kg	
B	腌肉	无	40kg	40kg	24	960		15kg	

验收单是验收员填写的同一天内同一供应单位供应的原料名称、数量、单价及金额的单据。验收单应一式三联,一联送总会计师,一联留验收部,一联送食品成本控制员。

3. 验收日报表

验收日报表由验收员按日期填写,记录所有进货的有关信息。有的饭店也把

食品原料与酒水等分开填写,成为饮料验收日报表(表3-8)和食品验收日报表(表3-9)

表3-7 验收单

编号:		日期:	
供货单位:		单位地址:	
订购单编号:		供给: 部	

订购单编号	项目	运输方式: 1. 普通货车 2. 邮 件 3. 快 运 4. 市内运输	付款方式: 1. 预先付款 2. 货到付款 3. 货到一个月后付款
		费用: 合计: 重量:	

验收员:

项目	数量	金额
合计		

年　月　日　由　　　　部盘点、检查、入库

表3-8 饮料验收日报表

　　　　　　　　　　　　　　　　　　　　　　　　　年　月　日

品名	供应商	发票号码	箱数	每箱瓶数	每瓶容量	每瓶单价	每箱单价	金额小计
总计								

表 3-9 食品验收日报表

日期　年　月　日　No.12345

货品名	供应商	发票号	数量	单价(元)	金额(元)	直接采购食品 一厨房 数量	直接采购食品 一厨房 金额(元)	直接采购食品 二厨房 数量	直接采购食品 二厨房 金额(元)	库房采购食品 一号库 数量	库房采购食品 一号库 金额(元)	库房采购食品 二号库 数量	库房采购食品 二号库 金额(元)	库房采购食品 三号库 数量	库房采购食品 三号库 金额(元)
特级猪排		14210	50kg	10.00	500.00					50kg	500.00				
特级小牛肉		14210	40kg	15.00	600.00					40kg	600.00				
一级猪里脊		14210	25kg	12.00	300.00					25kg	300.00				
3#西红柿罐头		31626	5箱	40.00	200.00							5箱	200.00		
2#菠萝罐头		31626	4箱	35.00	140.00							4箱	140.00		
活鲫鱼		01012	10kg	10.00	100.00			10kg	100.00						
活河虾		01012	15kg	30.00	450.00			15kg	450.00						
鲜猪肉		14210	30kg	10.00	300.00	10kg	100.00	20kg	200.00						
青菜		29812	50kg	2.00	100.00	25kg	50.00	25kg	50.00						
洋葱		29812	5kg	8.00	40.00	5kg	40.00								
葡萄		29812	20kg	10.00	200.00	10kg	100.00	10kg	100.00						
合计					2930		290.00		900.00		1400.00		340.00		

验收日报表有以下作用：

(1)分别计算食品成本和饮料成本,为编制有关财务报表提供资料。

(2)分别计算各营业点厨房的"直拨原料"总额,以便计算各厨房当日食品成本。

(3)大型企业配有数名验收员和保管员。使用日报表便于将收货控制的责任由验收员转至保管员。

4. 验收章

为便于监控结账过程和明确责任,企业应使用验收章(表3-10)。原料验收合格后,应在发货票或收货凭证上加盖验收章,并请有关人员在相关栏目内签字。手续完备后,财务部门才能支付货款。

表3-10 验收章

验收日期	_____
采购员签字	_____
验收员签字	_____
成本核算员签字	_____
同意付款签字	_____

5. 冷冻原料存货标签

在验收时,验收员应给冷冻肉类或海产品加上存货标签(表3-11)。使用存货标签的工作程序为:

(1)验收员应为每一件冷冻原料填写单独的标签。

(2)标签应分为两个部分,一部分系在原料上,另一部分送食品成本核算师。

(3)厨房领用原料后,解下标签,加锁保管。原料用完后,将标签送交成本核算师,核算当天冷冻原料的成本。

(4)食品成本核算师核对由其保管的另半张标签,根据未使用的标签,盘点存货。如存货短缺,应分析是否存在偷盗,或是否记错金额。

表3-11 冷冻原料存货标签

标签号:	标签号:
收货日期:	收货日期:
项目:	项目:
重量/单价/成本:	重量/单价/成本:
发料日期:	发料日期:
供货单位:	供货单位:

6. 贷方通知单

有时,在验收中会遇到原料数量不足、质量不符合要求等问题。这时,验收员应填写贷方通知单(表3-12)一式二联。

表3-12 贷方通知单

编号:				
发货方:		收货方:		
下列项目应予贷记:				
发货票号码:		发货票日期:		
项目	单位	数量	单价	小计
			合计	
原因:				
送货人签名: 制表人签名:				

工作持续如下:

(1)在发货票或收货凭证上注明哪些原料存在问题。

(2)填写贷方通知单,要求送货人签字,并把一联贷方通知单交送货人带回。

(3)将贷方通知单存根贴在发货票或收货凭证背面,在发货票或收货凭证正面填上正确的数额。

(4)电话通知供应单位,本企业已使用贷方通知单修正发货票金额。

(5)如果供应单位补发或重发货物,新送来的发货票应按常规处理。

(6)将有差错的发货票或收货凭证单独存档,直至问题解决。

7. 无购货发票收货单

验收员收到无购货发票货物时,应填写无购货发票收货单(表3-13)。该单一般一式二联,一联送财务部,一联作为存根留在验收处。

表3-13 无购货发票收货单

××饭店			
无购货发票收货单			
编号:	发货单位:		日期:
项目	数量	单价	小计
		合计	
采购员:		验收员:	

四、验收控制

企业不仅要建立良好的验收体系,制定并遵守科学的验收程序,还应指定专人负责验收控制工作。

1. 明确验收体系的负责人

验收体系的控制一般归口于财务部和总会计师。验收员与成本控制员是验收体系中的两个主要岗位。它们之间既要互相监督,又分工负责,共同向总会计师汇报工作。

2. 全方面、多角度地对验收工作进行检查和协助

在管理严格、岗位职责明确的餐饮企业里,与验收工作有关的人员应依据自己所承担的岗位职责,定期或不定期地检查采购原料的数量、质量,了解原料价格及变动趋势,并对验收工作予以帮助和指导。

(1)采购员。采购员与验收员既是一种上下道工序的协作关系,同时又是一种互相监督的关系。采购与验收之间的信息沟通非常重要。

(2)厨师长。厨师长也应经常检查食品原料的质量,了解食品成本,掌握原料价格变化趋势,以便在原料订购时有的放矢。

(3)总会计师作为验收体系的总负责人,在每天的工作时间内应抽空到验收处检查工作。

(4)饭店总经理、餐饮部经理和餐厅经理也应每天或不定期检查验收部的工作。

(5)在大型企业里,还经常请企业外部人员如会计师事务所不定期检查验收部的工作。

许多企业的验收部办公室使用一本来访登记簿。总经理希望会计师、厨师长、采购员、仓库主任、餐饮经理和宴会经理经常到验收处走一走,一方面表示他们对验收工作的重视,另一方面也使验收员知道自己的工作每时每刻都会受到有关人员的检查。验收员必须要求每一个来检查工作的人在来访登记簿上签名,写明来访日期和时间。总经理通过查阅来访登记簿,可了解上述人员是否经常到验收处检查工作。

3. 做好验收环节的防盗控制

由于验收环节工作紧凑,原料品种复杂、数量多,去向不一,因此容易发生偷盗现象。

防盗工作的基本原则是:

(1)指定专人负责验收工作,而不是谁有空谁验收。

(2)验收员与采购员不得兼任。

(3)如果验收员还兼任其他工作,应尽可能将交货时间安排在验收员比较空的时候。

（4）原料应运到指定的验收场地。

（5）不允许推销员、送货员进入储藏室或食品生产区域。验收处应靠近原料入口。

（6）验收后，应尽快将原料送入储藏室。

（7）入口处大门应加锁，大门外安装门铃。送货人到达后，先按门铃。

（8）在验收过程中，验收员应始终在场。

第三节　原料的贮藏管理

贮藏通常是验收后的下道工序。当验收员完成检查进货的手续后，有关人员须将原料正确储存。鲜活原料由用料部门直接领走，其余的原料则应按规定存进仓库或储藏室。本节讨论的是原料在仓库贮藏期间的管理要求。

为保证餐饮经营活动持续、稳定地进行，餐饮原料有适量存储的必要。仓库管理人员的主要工作是通过科学的管理手段和措施，尽量减少自然损耗，防止原料变质或被偷盗；及时接收、储存和发放各种食品原料并将有关数据送到财务部门以保证餐饮成本得到有效控制。

一、原料的贮藏要求

仓库是食品原料的储存区域，它的位置、容量、温度、湿度、通风条件、原料堆放方式、卫生条件、安全措施等方面都直接影响原料质量和仓储成本。

（一）仓库的分类

由于不同原料要求在不同的温度、湿度条件下保存，因此，饭店应设置不同功能的储藏库房。根据不同的分类依据，饭店库房通常有以下几类：

1. 按地点分类

（1）中心库房。即饭店的总库房。

（2）各餐饮营业点库房。一般设在各厨房或酒吧，只储存短期内使用的原料。

2. 按物品的用途分类

（1）食品库房。

（2）酒类饮料库房。

（3）非食用原料库房。

3. 按储存条件分类

（1）干藏库房。主要存放各种罐头食品、干果、粮食、香料及一些干性食品原料。

（2）冷藏库房。主要存放蔬菜、水果、蛋、黄油、牛奶及那些需要保鲜的禽、鱼、肉类原料。

（3）冻藏库房。主要存放需较长时间保存的冻肉、水产品、禽类和已加工的成品或半成品食物。

（二）仓库的面积和位置

在规划餐饮场所时，仓库往往是最容易被忽略的地方。它经常让步给餐厅、厨房等要害部门，其实这样做会造成餐饮运作环节管理效益的低下。因此，在整个餐饮功能划分中，要充分考虑仓库的位置与面积。

1. 仓库的位置

仓库应设在原料验收处和厨房之间，三者离得越近越好，这样可以减少原料的搬动距离，减少人流、物流的拥挤，避免延误原料供应。实际上，由于不同饭店建筑结构上的原因，各个厨房与验收处往往不在同一楼层。这时，就应考虑把库房设在验收处附近以方便及时地把验收后的原料入库储存；或者考虑设在地下室内，因为地下室避光的储存条件和相对容易控制的温度、湿度对原料的保存是有利的。

在中心仓库与各厨房相距较远时，要求厨房制定出较为周密合理的用料计划，尽量减少领料次数。

2. 仓库的面积

仓库的面积和容量必须充裕。就具体餐饮企业而言，要根据自身的类别、规模、菜单特点、客流量、原料市场供应状况、采购方针及订货周期等因素来确定仓库面积。菜单丰富或经常变换的餐厅，仓库面积应大些；订货周期长，采购批量大的餐厅，所需的仓库面积也大；快餐厅、咖啡厅及供应品种有限的餐厅，仓库面积可小些。

仓库面积过大，会增加能源费用和维修保养费用，也可能造成存货过多，同时增加安全保卫的难度；仓库面积过小会使原料存放混乱，保管人员不易整理，仓库清洁工作困难。

那么，仓库面积究竟应该多大才算合适呢？下面给出两种比较常用的推断方法：

一种方法是根据餐厅的餐位数和开餐次数来推算仓库面积。通常每天每个餐位每供应一餐约需仓库面积 $0.1m^2$。假如某饭店有 500 个餐位，日均供应三餐，则该饭店所需的仓库面积为：$500 \times 3 \times 0.1 = 150m^2$。

另一种方法是根据饭店实际储备量和需要量来确定仓库面积。一般把维持两个星期营业所需的原料储备作为前提，计算出储存这些原料所需的仓库面积。

在确定了总的仓库面积后，还要对不同的仓库类别进行面积分配。表 3-14 给出一个参考方案。

表 3-14　各类库房面积分配参考表

仓库类别	占总面积百分比	总面积(m²)	应分配面积(m²)
干藏仓库	40%	150	60
冷冻库	10%	150	15
肉类冷藏库	8%	150	12
水果、蔬菜冷藏库	10%	150	15
乳制品冷藏库	5%	150	7.5
酒类饮料库	20%	150	30
走道等面积	7%	150	10.5
合计	100%		150

（三）仓库的温度、湿度、照明、通风等要求

食品原料保质期的长短与储存过程中的温度、湿度、光照、通风等条件密切相关。仓库管理员应熟悉各种原料的储存要求，使原料处于最佳储存状态。

1. 温度要求

（1）干藏库。干藏库房一般不需要供热和制冷设备，其最佳温度为15~20℃。一般而言，温度低些，食品的保存期可以长些，如果库房不设空调设备的话，应选择远离发热装置的位置，且有较好的防晒措施。

（2）冷藏库。细菌一般在4℃以下活动能力有限，15~49℃最宜繁殖，在高温（90℃以上）下易被杀死。冷藏是利用低温抑制细菌繁殖的原理来延长食品的保存期和提高保存质量的。饭店常用冰箱、冷藏室对食品进行低温保存。

由于食品的类别不同，对贮藏的温度、湿度条件的要求也各异。表3-15列出了常见原料的储存温度、湿度参考值。

表 3-15　食物最适宜的冷藏温度和相对湿度

食品原料	温度	相对湿度
新鲜肉、禽类	0~2℃	75%~85%
新鲜鱼、水产类	-1~1℃	75%~85%
蔬菜、水果类	2~7℃	85%~95%
奶制品类	3~8℃	75%~85%
一般冷藏品	1~4℃	75%~85%

（3）冻藏库。冻藏的温度应在-18℃以下，而且温度要稳定。冻藏原料的保

存期也不是无限期的,它们一般不超过3个月。

2. 湿度要求

仓库的湿度也会影响食品原料储存时间的长短和质量的高低。湿度太大,微生物容易繁殖,原料会迅速变质;湿度过小,会引起食物干缩、失鲜。不同原料对湿度的要求也不一样。

(1)干藏库。相对湿度控制在50%~60%为宜。要防止库房的墙、地面返潮,管道滴水等引起湿度的增加。干藏库应挂有湿度计和温度计以供保管员随时观察。

(2)冷藏库。相对湿度应保持在75%~85%之间,蔬菜、水果的储存湿度可略高些(见表3-15)。

3. 仓库照明

强烈的光照对原料的保存不利。仓库如有玻璃门窗,应尽量使用毛玻璃。在选用人工照明时,应尽可能选用冷光灯,亮度以每平方米2~3瓦为宜。

4. 通风

仓库应保持空气的流通。不管何种仓库,原料的存放都不能贴墙,也不能直接堆放在地上或堆放过密。干藏库的空气每小时应交换四次。通风良好有助于保持适宜的温度和湿度。

5. 对设备、器材的要求

(1)货架。货架应有一定的高度以提高单位面积的使用效率。干货仓库宜用结实的钢质或铁质货架,最好还能调节搁板的高度以适应不同原料的存放需要。冻藏库的货架以选用不易导热的木质货架为好。

(2)容器。散装原料必须有相应的能密封、防虫的不锈钢容器盛装,并在容器上标明原料信息。

(3)搬运工具。仓库应有金属手推车,用于搬运较重的货物,还要配备坚固的梯子,以存取位置较高的货物。

(4)称量工具。仓库应配有不同精确度的称量工具如磅秤、台秤、电子秤等,以便掌握发料的重量。

(5)其他设备。如防盗报警装置等。

二、库存管理

库存管理工作内容很多,既包括原料入库工作,也包括原料出库工作,更包括库房内部工作,具体而言,主要有以下内容:

(一)落实各项管理制度

与仓库管理有关的制度主要有:仓库管理员的岗位职责;仓库安全保卫制度;仓库清洁卫生制度;原料入库验收制度;原料储存记录制度;原料定期盘存制度;原

料领用制度。

(二)掌握科学的存放方法

对原料科学合理地存放,可以保持较高的工作效率,便于原料的入库上架、清仓盘点和领用发放。

1. 分区分类

根据原料的类别,合理地规划货品摆放的固定区域。同一品种的原料不能放在两个不同的位置上,否则容易被遗忘,也给盘点带来麻烦,甚至可能引起采购过量。

2. 四号定位

"四号定位"就是用四个号码来表示某种原料在仓库中的存放位置。这四个号码依次是库号、架号、层号和位号。任何原料都要对号入位,并在该原料的货品标牌上注明与账页一致的编号。如西式火腿在账页上的编号是 2-1-1-3,即可知它存放于 2 号库、1 号架、第 1 层的第 3 号货位上。

"四号定位"法便于存料发料、盘点清仓,也便于新来的仓库保管员尽快掌握贮藏业务。

3. 立牌立卡

对定位、编号的各类原料建立食品存货标签(料牌)和永续盘存卡。料牌上写明原料的名称、编号和到货日期,卡片上记录物品的进出情况和结存数量。

4. 五五摆放

根据分类后的物资形状,对包装较为规范的罐、瓶、盒、箱装的原料,以五为计量基数堆放,即做到"五五成堆、五五成行、五五成排、五五成串、五五成捆、五五成层"。

(三)各类贮藏的共性要求

不论是干藏、冷藏还是冻藏,在原料的保管储存中都要做到以下几点:

1. 储存的各种货物不应接触地面和墙面,一般做到离地 15 厘米、离墙 5 厘米以上。
2. 非食用原料不能储存在食品库房内。
3. 标明各种货物的编号、名称、入库日期等有关信息。
4. 常用的或单位重量较大的货物放在离出口近的地方或货架的下部。
5. 确保货物的循环使用,即执行"先进先出"的原则。
6. 对滞压货物要进行报告,请厨师长及时使用。
7. 定期清洁仓库或储藏室。
8. 将开封的原料放在加盖并有标识的容器内。
9. 定期检查仓库的温度、湿度是否合宜。

(四)冷藏库的储存管理注意事项

1. 原料在验收后应尽快收藏。
2. 温热的成品和半成品在冷藏前应先冷却再冷藏,否则易损坏制冷设备。
3. 应拆除原料外包装后放入冷藏箱。因为外包装上往往有污泥及细菌。
4. 有强烈或特殊气味的原料或食物应在密闭容器内冷藏。
5. 冷藏设备的底部及靠近制冷管的地方一般温度较低,宜放肉类、禽类、水产类等原料。
6. 当制冷管外的冰霜厚度超过0.5厘米时,应进行除霜处理以提高制冷效果。
7. 重视冷藏库、冰箱的卫生,定期清洁打扫。
8. 已加工的食品和剩余食物应密闭冷藏,以免受冷干缩或有异物混入,并防止与其他食物串味。

(五)冻藏库的储存管理注意事项

1. 冻藏原料在验收时必须处于冰冻状态。
2. 冻藏自制半成品和成品时最好先使用速冻设备,使之迅速降温,保持原料质量的鲜美。
3. 温度保持在-18℃以下,且温差要小。要求存料、发料有计划性,尽量减少冰库的开门次数和时间。
4. 冻藏的原料尤其是肉类,应用抗挥发性的材料包装,以免原料失水引起变色、变质。
5. 冻藏原料的解冻处理要得当。在解冻过程中不得受到污染。各类食品应分别解冻。解冻一般在室温下进行,也可用塑料袋包妥后在冷水中冲洗。
6. 冻藏原料一经解冻,不得再次冷冻储存,否则食物内复苏的微生物会引起食物腐败变质,而且,再次冰冻会破坏食物内部组织,影响外观、营养和食物香味。
7. 冷冻的蔬菜、面点类食品不用解冻即可直接烹饪。这些食品不经解冻反而能更好保持色泽和外观。

(六)酒水库的储存管理注意事项

1. 分类存放,便于清点。
2. 避免阳光直射,否则会引起酒水失色。
3. 防止震动,否则酒味会发生变化。
4. 不可与其他有特殊气味的物品一起存放,以免受到污染并产生异味。
5. 注意放置的方式。有软木塞的酒应平放,使软木塞充分吸收酒液膨胀,隔绝瓶内外空气流通;烈性酒应竖放。
6. 注意不同酒水的存放温度要求。一般而言,温度过高对酒水的质量会产生不利影响。
7. 不同的酿造酒均有自己的保质期,存放时要先进先出,并经常检查。

8. 名贵酒应单独存放。

三、发料管理

各厨房、酒吧等营业点使用的原料均须经过领料(发料)这一环节。对这一环节的管理要达到三个目的,即保证各营业点用料得到及时充分的供应;控制各营业点用料数量;正确记录各营业点的用料成本。

(一)直接进料的发放管理

直接进料也即验收日报表中所列的直拨原料,主要指鲜活的或是应在短时间内使用的易坏性原料。这些原料通常从验收处直接输送到各用料单位,其价值按直拨原料价格直接计入当日的食品成本。食品成本核算员在计算当日各厨房的直接进料成本时,只需抄录验收日报表中的直拨原料金额即可。有时一批原料当天未必用完,但作为原料发料和成本计算,则按当天的进料额计入成本。

(二)仓库原料的发料管理

对那些验收后入库储存的原料,其价值首先在财务账册中反映在流动资产的原料贮藏项内,被厨房等部门领用后,其领用原料的价值就从原料贮藏转移到餐饮成本中。因此,发料要做记录。

每日库房发出的原料都要登记在"库房食品饮料发料日报表"上(表3-16),日报表上汇总每日库房发料的品名、数量和金额,并明确原料价值分摊的部门,注明领料单号码。每月末,将"库房食品饮料发料日报表"上的发料总额汇总,便得到本月库房发料总额。

表3-16 库房食品饮料发料日报表

日期＿＿＿＿＿

货号	品名	数量	单价(元)	金额(元)	成本分摊部门	领料单号	备注
AI-3023	3#蘑菇罐头	20听	12	240	中厨房	2345	
AI-3019	2#瓶装玉米笋	30听	6	180	中厨房	2345	
…	…	…	…	…	…	…	…

本日发料汇总＿＿＿＿＿＿＿ 发料项目数＿＿＿＿＿＿＿ 总金额＿＿＿＿＿＿＿

制表人＿＿＿＿＿＿＿

为搞好贮藏管理和餐饮成本的核算,库房发料要符合以下要求:

1. 定时发料

一般要求领料部门提前一天送交领料单,并在规定的时间段内到仓库领料,其他时间除紧急情况外不予领料。定时发料的优点是:

(1)促使领料部门对次日的顾客流量进行预测,做出周密的用料计划。

(2)使仓库管理人员有充分的时间整理库房,检查各种原料的贮藏情况。

(3)使仓库管理人员有充分的时间提前备料,避免和减少差错。

(4)减少领料人员的等候时间,提高领料效率。

2. 凭单领料

为记录每一次领用原料的数量及其价值,以正确计算食品成本,仓库原料发放必须坚持凭领料单(表3-17)发料的原则。

表3-17 食品原料领料单

领料部门:　　　　　　日期:

仓库:	干藏库□	冷藏库□	冻藏库□		
品　名	货号	请领数量	实发数量	单价(元)	食品金额	饮料金额
3#番茄酱	1305	20听	20听	3.50	70.00	
355ml雪碧	4021	48听	48听	3.00		144.00
1.25L可口可乐	4112	12瓶	12瓶	6.00		72.00
领料人:　　部门主管:				小计	70.00	216.00
发料人:				本单领料金额		286.00

领料单由领料部门主管人员核准签字,然后送仓库领料。仓库凭单发料后,收料人和发料人都应在领料单上签字。领料单上如有剩下空白处,应当着收料人的面划掉,以免仓库管理人员私自填写。领料单必须一式三份,一联随发出的原料交回领料部门,一联库房留底,一联由仓库转财务部。

3. 正确计价

原料从库房发出后,仓库保管员应在领料单上列出各种原料的单价,小计每种原料的金额并汇总每份单据上的总金额。

因为原料的进价常有波动,在价值计算中,可以根据饭店的财务制度,选择实际进价法、先进先出法、最后进价法、后进先出法、平均价格法等计价方法中的一种(请参见本节"贮藏控制"中的有关内容)。

(三)酒水的发放

发放酒水除了遵循食品原料发放的原则外,还有一些特殊的要求。

由于酒水饮料容易丢失,且一些名贵酒的价值较高,为了减少被偷盗的机会,饭店往往对每个营业点确定一个标准储量(一般是日均消耗量的2~3倍)。在一般情况下,不允许酒吧领用超过储量的酒水。因此,一些名贵酒的领用,不仅要有领料单,还要凭酒吧和餐厅退回的空瓶或整瓶销售报告单。

这种做法能使酒吧(餐厅)对名贵酒的存量保持在标准储量的水平上。每天退回的空瓶数应是昨日的消耗量,每日领取的数量实际上是补充前一日耗用的数量。假如大堂吧轩尼诗 XO 的标准储量是 5 瓶,用完 2 瓶的空瓶在领料时送回仓库,再领取 2 瓶,这样,大堂吧每天营业开始时,轩尼诗 XO 始终保持 5 瓶的标准储量。

如果有的客人将酒整瓶买走,服务员不能收回空瓶,就须填写整瓶销售报告单,在领料时以它代替空瓶作为领料的凭证。

在一些特殊的销售活动(如宴会)中,无法设立标准储量,一般领取的酒水数量大于实际使用量。这些活动结束后,应将未销售完的酒水退回,退回的酒水填写在食品饮料调拨单上。

(四)食品饮料内部调拨

大型饭店往往设有多个厨房、酒吧。厨房之间、酒吧之间经常会相互调拨食品和酒水。为了明确成本与收入的对应关系,使各部门的成本核算尽可能准确,饭店有必要使用"食品饮料内部调拨单"(表 3 – 18)以记录所有的调拨往来。在统计各部门的成本时,要减去该部门调出原料的金额,加上调入原料的金额。

表 3 – 18　食品饮料内部调拨单

编　号:3422		日　期:	
调出部门:酒吧		调入部门:主厨房	
品　名	数量	单价(元)	金额(元)
绍兴加饭酒	2 瓶	6	12
威龙干红葡萄酒	1 瓶	25	25
金额总计			37
发货人:发货部门主管:			
收货人:收货部门主管:			

食品饮料内部调拨单应一式三份或四份,调入与调出部门各一份,另一份交财务部,有的饭店要求另一份给仓库记账。

四、库存控制

(一)库存盘点

餐饮企业原料的流动性大,为了及时掌握原料库存流动变化的情况,避免物品短缺丢失和超储积压给企业带来损失,就必须对物品流动变化的情况进行控制和检查。通过库存盘点,可以使管理人员掌握原料的使用情况,分析原料管理过程中各环节的现状。

1. 盘点的时间

(1)财务核算周期末(每年、季、月末)。

(2)新开饭店营业前。
(3)关、停、并、转企业的清算时期。
(4)仓库管理人员更换交接之际。
(5)定期检查。
(6)不定期检查。

2. 盘点的内容与程序

(1)内容

盘点工作主要由仓库管理人员和财务部人员联合进行。通过实地清点库房内的物品,检查原料的实物数与账面结存数是否相符,不相符的找出原因;计算和核实每月末的库存额和餐饮成本消耗,为编制每月的资金平衡表和经营情况表提供依据。

(2)程序

①盘点和制作清单。即按不同类别的仓库,依原料的编号大小,在清单上填好货号、品名、单位、单价等基本数据。

②库存卡结算。在库存卡的结存栏内,根据历次进货和发货数量,计算出应有的结存量和库存金额。

③库存实物盘点。即实地点数,并将实物数量填入盘点清单。

④库存卡结算结果与库存实物盘点结果进行核对。

⑤计算盘点清单上的库存品价值。该价值为实际库存金额,它如与账面库存额有出入,要复查。

实际库存金额在月末作为月末库存额记入成本账,并自然结转为下月的月初库存额。

(二)库存原料的计价方法

在盘点结束后,要计算出原料的价值。理论上讲,某种原料的库存总值应该等于实物数量乘以原料的单价。但是,由于原料在不同时间购入的价格存在差异,所以,确定原料的单价就不那么简单了。

在财务处理中,往往选择以下方法之一来确定原料的库存价值:

1. 实际进价法

大型饭店一般都在库存的原料上挂有货物标牌,标牌上写有进货价格,这样采用实际进价法来计算库存原料的价值就较为容易,也最为客观。

例:某饭店6月底库存番茄酱50听,根据货物标牌,它们的进价分别是:

6月1日进货剩余	10听×2.5元/听=25元
6月10日进货剩余	20听×2.6元/听=52元
6月20日进货剩余	20听×2.8元/听=56元
合　　计	133元

2. 先进先出法

如果仓库内没有用货物标牌注明原料的单价,可按照进料日期的先后,采用先进先出法计价。这种方法的思路是:原料发放是以先进先出为原则,即先购进的价格,在发料时先计价发出,而剩余的原料都是最近进货,以最近价格计算。

例:某饭店在 6 月份的番茄酱进货信息如下:

6 月 1 日	月初结存	30 听 × 2.50 元/听 = 75 元
6 月 10 日	购　进	40 听 × 2.60 元/听 = 104 元
6 月 20 日	购　进	30 听 × 2.80 元/听 = 84 元
	合　计	263 元

如 6 月底番茄酱的结存量为 50 听,按照先进先出法计算的库存额为:

30 听 × 2.80 元/听 = 84 元
20 听 × 2.60 元/听 = 52 元
合计　136 元

3. 后进先出法

一般而言,市场上价格呈上升趋势,采用后进先出法可使计入成本的原料价格较高,而计入库存的价值较低,企业可以在未来的经营中减少压力。按照后进先出法,上例中 50 听番茄酱的月末库存额为:

30 听 × 2.50 元/听 = 75 元
20 听 × 2.60 元/听 = 52 元
合计　127 元

需要说明的是,后进先出法只是原料价值计算的一种财务处理方法,在实际发料过程中,还是应坚持原料实物的先进先出原则,既先购进的原料先发出,以避免原料的积压。

4. 最后进价法

对进货记录不全的饭店,可采用最后进价法来估计期末原料的库存价值。当然,该方法计算的月末库存额不太精确。上例的库存额若以最后进价法计算,番茄酱的库存额为:

50 听 × 2.80 元/听 = 140 元

5. 平均价格法

平均价格法中的单价是以全月可动用原料的总价值除以总数量得出。上例采用平均价格法计算如下:

$$单价 = \frac{263 \text{元}}{1000 \text{听}} = 2.63 \text{元/听}$$

库存金额 = 50 听 × 2.63 元/听 = 131.50 元

(三) 厨房库存物品的价值计算

饭店的厨房内,仍有相当多的原料、半成品和成品的储存。如果对这些物品不加清点,会使它们处于失控状态,同时会使财务报表上的数据失真。

由于厨房一般没有建立库存记录统计制度,没有库存卡,原料的单价难以掌握,而且这些原料品种多、数量少、耗用频繁,客观上盘点计算比较困难,因此,对这些原料价值的计算方法有别于库房原料。

厨房盘点计算原料价值的原则是:对主要原料进行盘点核算;对辅料、调味品等单位价值较低的原料做出估算。

具体方法是:首先根据原料单位价值的高低把原料分为主要原料和价值较小的原料两大类,逐步积累需精确盘点的主要原料占总储存额百分比数据,再在每个月的月末盘点出主要原料的价值,最后通过主要原料的价值推算出全部原料库存的大约金额。这里的关键是找出主要原料占总储存额的百分比,这往往需要经过较长时间的观察统计。

$$厨房总储存金额 = 主要原料价值 \div 主要原料占总储存额百分比$$

(四)库存指标控制

1. 库存短缺率的控制

按照原料实际盘点数量和一定计价方法得出库房月末实际库存额后,为控制实际库存额有无短缺及短缺的程度,需将实际库存额与账面库存额作一比较,分析短缺额和短缺率。

其中:
$$库存短缺额 = 账面库存额 - 实际库存额$$
$$账面库存额 = 月初库房库存额 + 本月库房采购额 - 本月库房发料额$$

上述公式中各项目的数据来源是:

月初库房库存额:来自于上月末的实际库存额结转;

本月库房采购额:来自于本月验收日报表中库房采购原料金额的汇总;

本月库房发料总额:来自于本月领料单上的领料金额的汇总。

例:某餐厅 8 月底经月末库存实物盘点,实际库存额为 15700 元,该月库存相关数据如下:月初库房库存额为 15000 元,本月库房采购额为 46000 元,本月库房发料额为 45000 元。

则:月末账面库存额 = 15000 元 + 46000 元 - 45000 元 = 16000 元

库房库存短缺额 = 16000 元 - 15700 元 = 300 元

库房库存短缺率 = 300 元 ÷ 45000 元 × 100% = 0.67%

根据国际惯例,库存短缺率不应超过 1%,否则为不正常短缺,应查明原因。

2. 库存周转率

库存周转率反映原料在库存中的周转情况,即消耗量与平均库存量的比例。用公式表示为:

$$库存周转率 = \frac{月原料消耗额}{平均库存额} = \frac{月初库存额 + 本月采购额 - 月末库存额}{(月初库存额 + 月末库存额) \div 2}$$

上例中,该餐厅 8 月份库存周转率为 45300 ÷ (15000 + 15700) ÷ 2 = 3.0

库存周转率大,说明每月库存周转次数多,相对库存的消耗量来说库存量较少。库存周转率应为多大,取决于多种因素,如饭店所处的地理位置,采购的方便程度,企业需储备的原料量等等。对管理者来说,重要的是库存周转率的变化。如果饭店正常周转率为每月2次,但某月周转率增加或降低很多,就要查明原因。库存周转率太快,有时储备的原料就会供不应求;周转率太低,又会积压过多资金,因此,管理人员应经常分析周转率的变化,保证适度的库存规模。

本章小结

本章主要阐述了餐饮原料自采购至验收、储存、发放等诸环节的管理工作要点。通过学习,应重点掌握原料的采购数量控制、质量控制及价格控制的方法;熟悉验收的程序,学会正确运用各种表单管理验收过程;了解不同原料的储存要求,掌握不同库房的管理工作要点;能够严格遵循发料管理制度,并能正确划分和统计餐饮用料成本;运用不同方法对库房贮藏原料和厨房贮藏原料进行盘点及库存额计算,理解库存指标的含义和意义。

思考与练习

1. 什么是采购规格标准,使用采购规格标准的意义是什么?

2. 某餐厅对菠萝罐头采用每两周一次的定期订货法。近期该罐头的正常消耗量为每周28听,菠萝罐头的发货周期为3天,饭店要求有一周的保险储量,在采购日,库房尚余30听。请计算本次应采购的数量。

3. 某餐厅崂山矿泉水的月销量为9000听,该矿泉水的订货周期为6天,保险储量为500听,求该矿泉水的订货点。

4. 验收主要围绕哪些环节展开?如何通过验收控制采购原料的数量、质量和价格?

5. 餐饮原料的储存用到哪些类别的库房?这些库房需要什么样的储存条件?

6. 某饭店4月份牛排的进货日期和价格如下:

进货日期		数量(kg)	单价(元)	进货日期		数量(kg)	单价(元)
4月1日	月初结存	30	20.00	4月18日	购进	90	20.40
4月8日	购进	80	20.20	4月28日	购进	100	20.60

至4月30日库房的牛排结存量为130kg,根据货品标牌,其中30kg的单价为20.20元,40kg的单价为20.40元,60kg的单价为20.60元。请分别计算:

(1) 按实际进价法计算的月末库存额;

(2) 按先进先出法计算的月末库存额;

(3)按后进先出法计算的月末库存额；
(4)按平均价格法计算的月末库存额；
(5)按最后进价法计算的月末库存额。

7. 经统计，某餐厅厨房主要原料的价值一般占厨房全部库存额的65%，在2月份厨房库存盘点时，主要原料的价值为3250元，那么2月份厨房库存总额应为多少？

8. 某饭店3月份食品原料仓库相关统计数据如下：

月初库房库存额	30000元	本月库房采购额	90000元
本月库房发料总额	87000元	月末实际盘点库存额	32000元

请计算该饭店3月份库房短缺率是否属正常范围，并计算其库存周转率为多少？

第 4 章

餐饮生产管理

课前导读

餐饮生产也称厨房生产，餐饮生产管理是对餐饮菜点生产加工总过程的管理，包括餐饮活动的计划、生产计划、生产质量指导、监督、控制和调整。本章我们所要学习的餐饮生产管理，主要包括餐饮组织结构和人员配置、厨房生产流程、餐饮生产质量和成本管理等内容。餐饮生产管理是餐饮管理的重要部分之一，厨房生产产品的质量优劣直接影响到餐饮的经营和销售，会对餐饮的经济效益产生积极和消极的作用，从长远看则影响餐饮品牌的建立和发展。

教学目标

- 掌握餐饮生产组织、人员配置的基本知识
- 了解厨房生产的流程及其各个环节
- 懂得餐饮生产的质量和成本管理的基本内容和方法

第一节 厨房组织机构与人员配置

每一个餐饮产品的生产都凝结着所有厨师的智慧和技术，因此，厨师技术的稳定性和统一性是餐饮产品质量得以保证的关键。餐饮产品质量的稳定和提高，不是靠厨师个人技术发挥好坏，而是靠科学的统一管理。设置、建立一个严密的、高效率的组织机构和合理地配置生产人员是餐饮生产正常运行、工作有序高效的保证。

一、餐饮生产组织机构的设置

饭店一般根据餐饮生产规模和产品特色，即餐饮接待能力和市场定位来设置餐饮生产的组织机构的。厨房作为餐饮生产的重要部分，它的机构设置必须遵循以生产为中心、以岗定编、有分工有协作、指挥控制得当、权责分明、高效的基本原则。

(一)现代大型厨房组织机构

现代饭店的大型厨房一般设立一个主厨房,承担所有厨房原料的初加工及配份,各分厨房直接向主厨房领取半成品原料进行生产。这种组织机构的最大优点在于:有效地控制原料加工的质量、配份,保持原料加工的统一性,最大限度地做到了物尽其用,有效地控制产品生产的质量与成本。并且由于主厨房承担了所有原料的加工,使分厨房的人员配置更加精简,工作效率得以提高,使厨房的管理更加简便有效。到20世纪90年代末,现代大型厨房的组织机构形式更加得到大型餐饮企业的重视,并且向现代化生产发展,使之更加适应于大型餐饮企业、集团化企业以及连锁企业的餐饮生产活动,成为餐饮生产的一个"配货中心"。现代大型厨房的组织机构如图4-1所示。

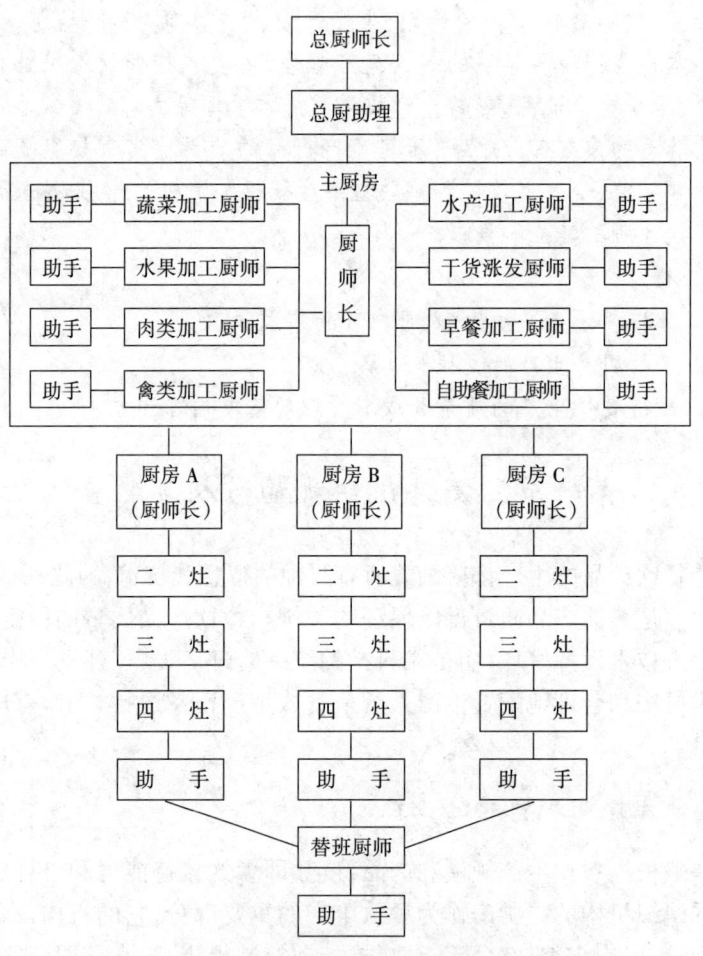

图4-1 大型厨房组织机构图

(二) 中、小型厨房组织机构

现代饭店的中型厨房大多分为中菜和西菜两部分,餐饮生产规模比较小,中、西菜厨房生产的产品有区别,因此每一个厨房的组织机构保持相对独立,各自负责原料的初加工、精加工、配份、烹制等全面的生产活动,承担生产计划、产品质量控制、人员调配、产品成本控制等管理职能。中型厨房组织机构如图4-2所示。

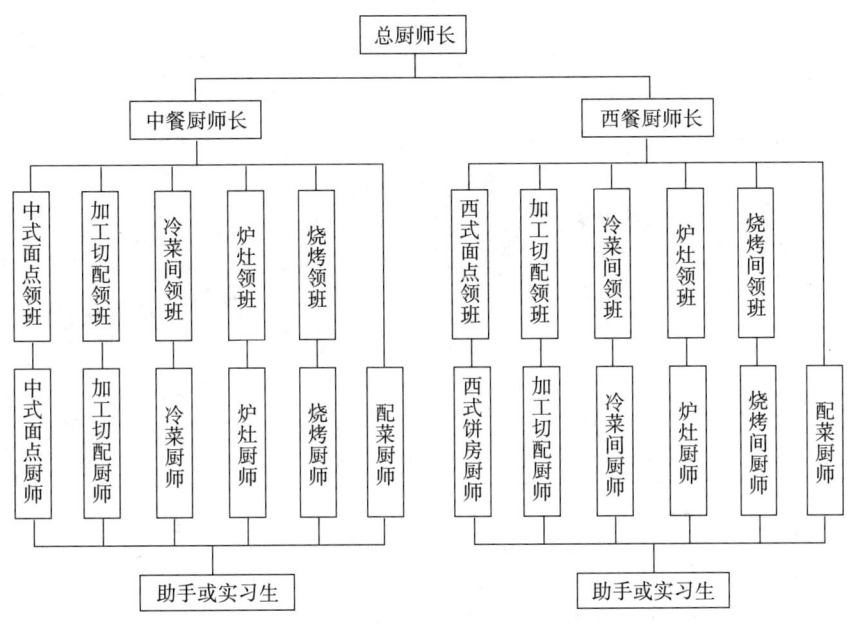

图4-2 中型厨房组织机构图

小型厨房由于其生产规模较小,组织机构一般根据厨房生产几个环节分成不同的工作岗位,不单独设立功能部门,实行岗位负责制,分工明确,层层管理,有效地控制餐饮产品质量、成本及人员配置。小型厨房组织机构如图4-3所示。

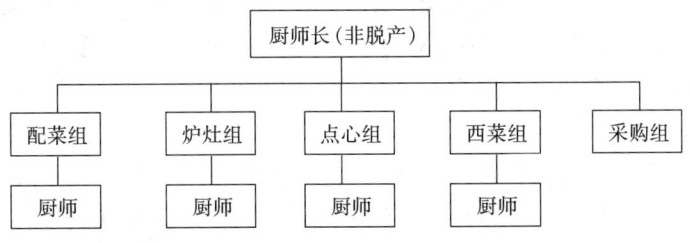

图4-3 小型厨房组织机构图

(三)粤菜厨房组织机构

从现代饭店餐饮经营菜肴的特色来看,中餐厅普遍经营的产品为粤菜,因此厨房组织机构大多具有粤菜传统的厨房特点。这种厨房的优点在于分工细致,职责明确,生产线条清晰,有利于现场督导与管理。机构如图4-4所示。

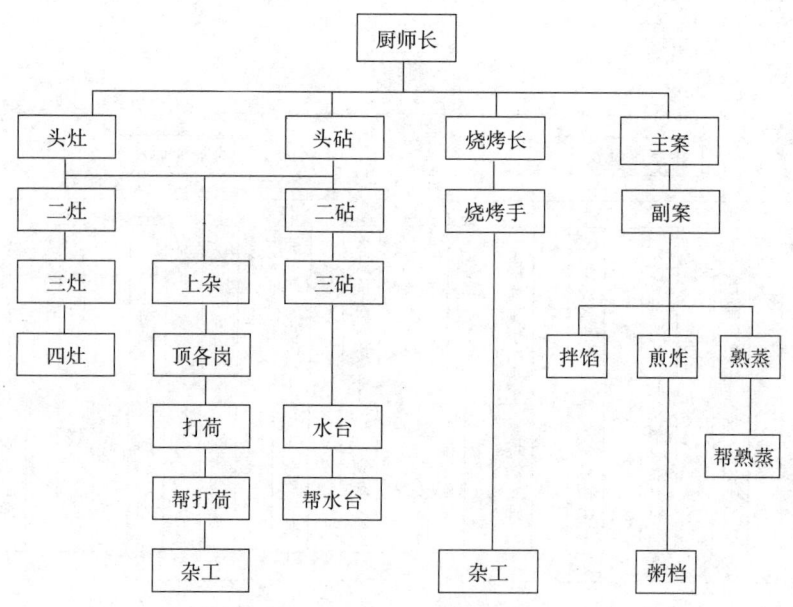

图4-4 粤菜厨房组织机构图

二、餐饮生产组织各部门的职能

(一)餐饮生产各部门功能示意图

餐饮生产各部门职能由于饭店规模、星级标准不同,其职能和任务也有区别。大型高级星级饭店餐饮厨房规模大、联系广,各部门功能比较专一(见图4-5)。中、小型饭店餐饮厨房的功能则相对简单,有些功能可以兼并,组织机构比较精简。

(二)餐饮生产各部门的职能

1.加工部门

主要负责菜肴原料的加工,向切配岗位提供净料。加工部门根据原料加工范围与程度的不同,分工要求有很大的区别,具体可以分成素菜间、宰割间、细加工间等。

(1)素菜间:专门负责各类蔬菜的加工。按照菜单要求加工各种原料,包括原料的净制、分类码放、保存、推陈贮新、防止腐烂变质。

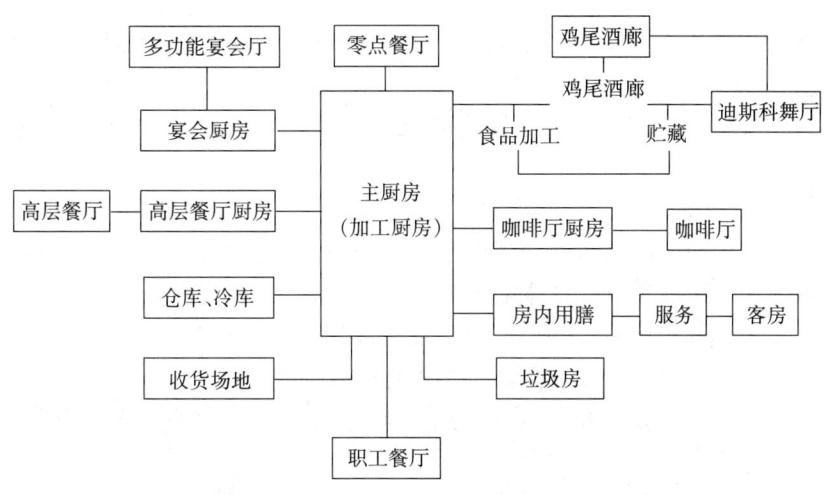

图 4-5　大型、高星级饭店厨房功能图

（2）宰割间：专门负责荤菜类原料的加工。按照菜单用料要求和原料加工特点进行加工，包括原料的净制、分类、贮存、防止原料之间互相串味。

（3）细加工间：负责便饭、宴会菜单的加工和配菜。

加工部门的基本工作要求是：

（1）根据进餐人数和菜单，定质定量进行领料加工，不得定少用多、定多用少，更不能定好用次、定次用好。

（2）凡属泡发、加工费时费工的原料，要提前加工成半成品，做好使用准备。

（3）加工细致、刀口要均匀，达到菜单的用料标准。

（4）对加工好的原料要严格检查质量，并且检查配料和小料是否齐全。

（5）应注意保管加工好的原料，尤其注意天气的变化引起原料变质等问题。

2. 配菜部门

负责餐厅零点、零卖的菜肴原料的切配工作。具有备料种类多、切配要求高、加工精细、速度快、配料准确的特点。具体包括按照点菜单准备切配、配料；记录菜肴的名称、份数和要求；对餐厅用餐、厨房备料情况做统计，做到备料准确，避免原料的短缺和浪费。

配菜部门还负责处理宾客的用餐要求：

（1）宾客有急事提出迅速就餐，应迅速切配加工以满足要求。

（2）宾客点要菜单以外的菜肴，应尽力解决，如确无原料，可要求服务员向宾客说明。

（3）宾客自备原料需加工的，应满足其要求，如属费时费工的菜应提醒宾客需耐心等待。

(4)宾客所点的菜肴无货或没有备料,应说明情况,并介绍1~2种口味相同的菜肴供宾客选择。

(5)要满足宾客的口味、用料等方面的要求。

3. 炉灶部门

它的职能是将配制好的半成品原料烹制成菜肴。它是餐饮产品生产的中心环节,要求加工的火候适当、口味纯正、出菜迅速、灵活细致,尽可能保持菜肴的色、香、味俱佳的优良品质。具体工作包括:

(1)检查烹饪用具、设备和卫生,备足备齐调料和小料。

(2)检查所烹制的菜肴原料的加工是否合乎要求。

(3)严格遵守操作规程,在保证菜肴质量的同时,做到随来随炒、现炒现吃、小锅小炒、急需优先。

(4)建立各工作岗位的质量负责制,严格遵守、互相监督。

4. 冷菜部门

负责冷菜的加工、制作、拼摆等工作。具有工作复杂、常备食品品种繁多、卫生要求高、讲究口味、刀工要求高、拼摆有艺术性等特点。具体包括:

(1)食品备用情况,检查室内、用具、器皿的卫生,检查消毒液的浓度等。

(2)根据点菜单领料加工制作,刀口均匀、排列整齐、分量准确、口味纯正、符合风味特色。

(3)制好的冷菜注意卫生、加强保管,防止食品之间互相串味。

(4)不断创新花色品种。

5. 点心部门

主要负责各类点心的制作和供应。具体工作包括:

(1)按照操作程序和工艺要求制作符合规格、标准的各种中、西式面点,为宾客提供品质优良、美味可口的面点食品。

(2)准确保存食品原料、半成品和成品。

(3)检查维护各种用具设备。

(4)保持工作间的卫生安全。

(5)不断开发各种款式面点,丰富新式面点品种。

三、餐饮生产人员配置

生产人员的选配包含两层含义:一是指满足餐饮生产需要的厨房所有员工(含管理人员)的配置,也就是厨房人员的定额;二是指生产人员的分工定岗,即厨房各岗位选择、安置合适人选。厨房员工的选配情况即定员定额是否恰当合适,不仅直接影响到劳动力成本的开支、厨师队伍的士气,而且对餐饮生产效率、产品质量以及餐饮生产管理都有着不可忽视的影响。

（一）影响生产人员定编的要素

不同规模、不同星级档次、不同规格的饭店厨房，其员工配备数量各不相同。即使同一地区、同一规模、同一档次饭店的厨房，配备的员工数量也不尽相同。影响员工配备的因素是多方面的，只能综合考虑以下因素，再进行生产人员的定额才是全面而可行的。

1. 餐饮生产规模

厨房的规模和生产能力对生产人员定额有着直接影响。厨房规模大，餐饮服务接待能力就大，生产任务无疑较重，配备的各方面生产人员就要多；反之，厨房规模小，餐饮生产及服务对象有限，厨房则可少配备一些人员。

2. 厨房的布局和设备

厨房结构紧凑，布局合理，生产流程顺畅，相同岗位功能合并，货物运输路程短，餐饮生产人员就可减少；厨房多而分散，各加工、生产厨房间隔或相距较远，或不在同一座建筑物、同一楼层，配备的餐饮生产人员必然较多。

厨房设备的生产性能、加工生产的现代化程度以及餐饮产品的加工特点直接影响到餐饮生产人员的配备。传统的厨房因手工操作程度比较高，餐饮生产人员的配备相对多一些，如在厨房设备的布局上更加合理全面，也可起到提高生产效率、减少餐饮生产人员的作用。

3. 菜单与产品标准

菜单是餐饮生产的任务书。菜单品种丰富、规格齐全、加工制作复杂、加工产品标准较高，无疑要加大工作量，需要较多的生产人员；反之，人员即可减少。而生产单一品种的餐饮企业，由于产品的质量、品种、菜式等相对固定，厨房人员可以更加精简。

4. 员工的技术水准

员工技术全面、发挥稳定、操作熟练程度高，则厨房生产效率较高，相对地会减少厨房生产人员数量；相反，员工大多为新进员工、技术发挥不稳定、员工彼此缺少协作，则需在实践中不断提高技术，默契合作，以提高生产质量和效率。

5. 餐厅营业时间

餐厅营业时间的长短对生产人员的配备影响较大。饭店餐饮为了满足较长的营业时间的工作需要，必须安排不同的生产班次。班次的增加必然使餐饮生产人员的数量增加。而有些饭店、餐馆只经营二餐、三餐，厨房生产人员相对可以减少 $1/3 \sim 2/5$。

（二）制定科学的劳动定额

餐饮生产人员定编通常按各工种的上班时间数来确定，如厨师、洗碗工等岗位的定额大多以每天 8 小时来确定，通常要求厨师在 8 小时内烹制 80~120 份菜肴。

在制定各岗位劳动定额的基础上,餐饮企业应根据各自的规模、营业时间、营业的季节性等因素来配置适量的人员。可按每月、每周或每天的营业量来配置人员,但应经过一段时间的试验期,记录每天或每餐的营业量,以判断各岗位员工的实际生产效率是否符合预先规定的劳动定额,再作相应的人员调整,做到科学定编,合理排班。在满足餐饮经营需要的前提下,既要发挥员工的潜力,又要考虑员工的承受能力和实际困难,还需符合《劳动法》的有关规定,尽可能提高员工的工作效率,并保持一个良好的工作环境。

(三)生产人员定编方法

确定生产人员数很难用一种有效的方法来进行,以下几种方法可供参考,一般可综合几种方法并结合产品品种、设备现代化程度、人员技术、接待能力、经营时间和未来发展等因素确定各自的生产员工数量。

1. 按比例确定

国外饭店一般30~50个餐位配备一名生产人员,并根据经营品种和风味进行适当调整。国内旅游或其他档次较高的饭店一般是15个餐位配一名餐饮生产人员;规模小或规格高的特色餐饮,甚至有每7~8个餐位就配一名生产人员的。现代高星级饭店餐饮的发展趋势是,餐厅的餐位数减少,环境更加幽雅舒适,服务更加人性化,餐饮产品更加精美,生产人员的技术更加趋于专业性、复合性。

以粤菜厨房内部员工配备为例,其配备比例位为一个炉头配备7个生产人员,如果炉头数超过6个,可设专职大案、专职伙头。其他菜系的厨房,炉灶与其他岗位人员(含加工、切配、打荷等)的比例是1:4,点心与冷菜工种人员的比例是1:1。

2. 按工作量确定

规模、生产品种既定的厨房,全面分解测算每天所有加工生产制作菜点所需要的时间,累积起来,即可计算出完成当天餐饮所有生产任务的总时间,再乘以一个员工的轮休和病休等缺勤的系数,除以每个员工规定的日工作时间,便能得出餐饮生产人员的数量。公式为:

$$总时间 \times (1+10\%) \div 8 = 餐饮生产人数$$

3. 按岗位描述确定

根据厨房规模,设置厨房工种岗位,将厨房所有工作任务分岗位进行描述,进而确定各种岗位完成其相应任务所需要的人手,汇总餐饮营业时间、班次安排,兼顾休假和缺勤等因素,确定餐饮生产人员数量。

4. 按劳动定额确定

厨房生产人员包括厨师、加工人员和勤杂工三种。其人员定编方法可以劳动定额为基础,重点考虑炉灶厨师,其他加工人员可作为厨师的助手。其定编方法如下:

(1)确定劳动定额:即选择厨师和加工人员,观察测定在正常生产情况下,平

均一个炉灶厨师需要配几名加工人员才能满足生产业务需要。其计算公式如下:

$$Q = \frac{Q_x}{A + B}$$

式中:Q ——每一个厨师负责的炉灶数

Q_x ——预测的炉灶数

A ——预测厨师总数

B ——为厨师服务的其他加工人员数

（2）确定生产人员数:在厨房劳动定额确定的基础上,影响人员定编的因素还有厨师劳动的班次、计划出勤率和每周工作的天数三个因素。按每周五天工作日计算人员编制:

$$n = \frac{Q_n \cdot F}{Q \cdot f} \times 7 \div 5$$

式中:Q_n ——厨房炉灶台数

F ——计划班次

f ——计划出勤率

n ——定员人数

（四）餐饮生产人员的素质

餐饮生产具有它的特殊性,尤其是中式餐饮产品的生产,是一个完整的生产流程,具有环节多、生产人员多、技术要求各异、加工原料品种多、产品标准高的特点,因此,餐饮业的正常运行,首先要有一批高质量的、稳定的技术人员从事餐饮生产活动。对现代饭店餐饮来说,厨师应具备高超的技术和能力是最基本的素质要求,除此以外,现代餐饮更加注重生产人员的综合素质的养成,具体表现在工作中具有自然流露的职业意识。意识是创造优良行为的前提,是专业综合素质的体现。

1. 行家意识

要求每位餐饮生产人员逐步成为餐饮生产经营行家,具备全面的餐饮生产的质量和管理意识,综合利用专业知识,提高餐饮产品生产的质量。

2. 团队意识

饭店餐饮产品生产是由若干人共同完成的,餐饮生产人员如没有团队合作是不可能完成各项生产任务的。作为餐饮生产部门的管理人员,平时更应注重对属下员工团队意识的培养,正确处理好与员工的关系,公平对待每位员工,以人为本,关心体贴员工,形成一支稳定的具有很强战斗力的员工队伍。

3. 成本意识

如果不能明确地理解如何以"经济"手法解决成本问题,最大限度地合理利用时间和劳动获得最合适的利益,就不能够成为一个真正的饭店餐饮生产人员。

4. 竞争意识

餐饮生产部门在完善组织机构的同时,必须合理设置生产岗位,以岗位要求配置生产人员,严格岗位职责范围和工作内容,形成竞争上岗的机制,使每位餐饮生产人员具有发展的空间和机会,并且结合考核和效益论功行赏,使生产人员的工作能力得到充分发挥,形成竞争上岗的良好氛围和意识。

5. 创新意识

长期以来,餐饮产品的开发缺少技术含量和知识产权意识,使餐饮产品始终处于模仿与被模仿的发展形式中,只有不断创新,才能应付激烈的市场竞争。餐饮创新人才是饭店的最大财富,其创造性以及创造的价值是不可估量的,加强生产人员的创新意识培养,提供产品开发的机会和条件,可以使每位生产人员在充分理解"你无我有,你有我优,你优我专"的产品开发理念的基础上,得到发展。

第二节 厨房生产业务流程

厨房生产业务流程是指厨房生产加工产品的过程中各道环节的流向和程序。生产业务流程的运转,是指通过一定的管理形式,使厨房产品能保质、保量地烹制成功,为餐饮接待提供可靠的物质基础。厨房每一个产品的生产大多经过多道加工环节才能成为色香味俱佳的菜肴和点心,因此,熟悉生产业务流程的各个环节的特点,掌握各个环节管理的要点,是餐饮产品生产得以顺利完成,并保证产品质量的关键。

一、厨房生产业务流程

合理的厨房生产业务流程应避免生产线路交叉与回流、减少食品原料在生产过程中的积压、缩短人员与食品原料流动的距离、减少操作次数与时间、充分利用空间和设备、各关键环节都有质量控制措施、降低生产成本。

(一)生产业务流程环节

生产业务流程环节的划分是由各种因素所决定的。在一道工序中,应划分出多少相关联的环节,是由餐饮生产规模和操作人员的人数等因素所决定的。一般来说,餐饮规模越大、分工越细、操作人员越多,则同一道生产加工工序中的环节就越多;相反,餐饮规模较小、分工简单、操作人员较少,则同一道生产加工工序中的环节就相应少些。环节过多,容易使生产流程复杂化,管理手续繁琐,不利于提高生产效率;环节过少、生产流程过于简单,管理上容易出现漏洞,生产容易出现事故和差错。例如原料的采购与验收应当分为两个环节,如果合并在一起,则容易出现管理上的漏洞,造成原料成本等方面的损失。

厨房生产业务流程一般涉及原料的采购、验收入库、保管、领用、初加工、细加工、配菜、排菜、烹调等几个方面的环节。

(二) 生产业务流程图

餐饮生产业务流程分为常规厨房生产业务流程(见图4-6)和生产性厨房业务流程(见图4-7)。

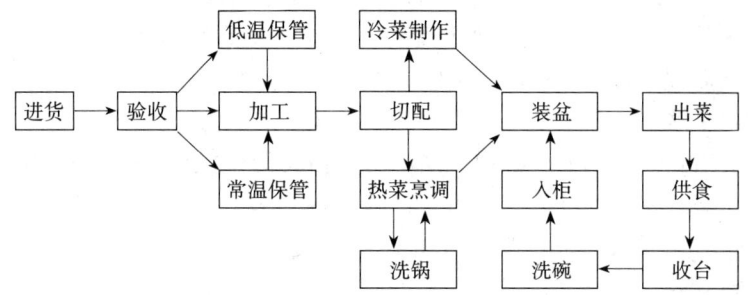

图 4-6　常规厨房生产业务流程图

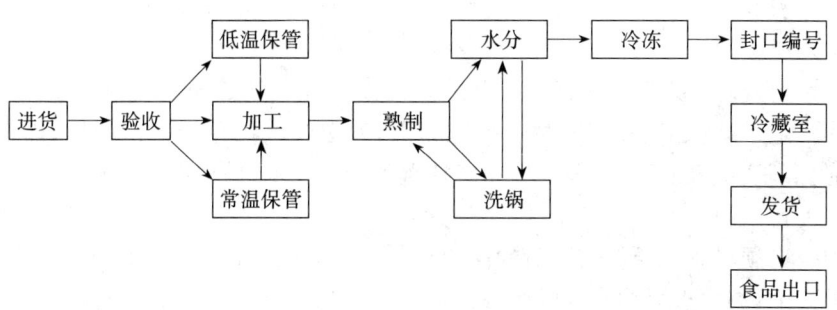

图 4-7　生产性厨房生产业务流程图

1. 常规性厨房生产业务流程

一般按照餐饮原料在各个生产中的加工特点,结合生产岗位划分成若干环节,有利于生产人员明确各岗位原料加工生产的质量要求和技术标准;有利于管理人员制定岗位职责范围,有效地实行餐饮生产流程质量管理和监督检查。

2. 生产性厨房生产业务流程

传统食品生产企业其产品品种单一,技术方法成熟,生产量大,成品需要库存保管和包装,根据这些特点划分餐饮生产业务流程。

二、厨房生产业务流程管理及特点

在厨房生产流程中要特别强调环节管理。加强管理首先要搞好制度建设,明确每一环节的工作内容及职责范围,并注意环节与环节之间的衔接。在日常工作中如果忽视这一点,则很容易出现差错。如采购员从菜场购进一批原料,如果验收员不认真检查验收，或者忽视验收的要求，则容易使不合格的原料进入厨房，严重影响餐饮产品的质量。只有加强生产流程各环节间的衔接，形成互相制约的监督机制，才能使产品的生产在各个环节上保持质量的统一。

在生产加工过程中，从原料到产品的完成，必须依次经过每一个环节，不能跳跃，更不能交叉，只有这样，才能保证整个生产流程的正常运转。

在生产流程运转过程中应注意做好以下几个方面的工作：

1. 原料采购

采购要对路。采购人员必须根据厨房所需适时、适量购入原料。采购进来的原料或作料必须符合餐饮生产产品质量和成本要求，即采购的原料符合加工技术要求，原料质量上乘，价格合理、质价相符，数量适量，能保证正常的业务经营需要。

2. 原料验收

验收必须严格。原料验收是检查原料质量的重要环节，验收人员必须具备较强的责任心，有丰富的验收经验和知识，本着负责的职业精神，严格按照验收标准逐项检查验收。

3. 入库

入库要及时。入库有干货入库和冷货入库两种。凡是经过验收的原料，需送入厨房马上进行加工的，要及时送厨房加工；需送仓库贮存的，要及时入库保管。入库时办理登记入账手续，并根据原料特点和仓贮要求，进行堆放保管。

4. 保管

保管必须尽职。原料入库后的保管工作十分重要，保管是否得当直接影响到原料质量的优劣、折耗的多少以及餐饮成本的高低。保管原料必须遵循原料贮存的质量要求和餐饮生产规律，确定合理的库存数量，并且用科学的管理方法不断地周转库存原料。保管人员必须尽心尽职，做到勤检、勤晒，做好各种原料入库、出库时间及库存数的记录。

5. 领料

领料必须合理。厨房向库房领取原料，除了要履行一定的领用手续（如填单、审批）外，还必须持领料凭证，凭单发货。发货员要核对单据是否填写正确、字迹是否清楚，并根据经验判断领料的数量是否合理，对超出常规的领料应该询问原因，防止出现差错。

6. 初加工

初加工要讲究技术。初加工主要指原料的宰、杀、拆卸、涨发等加工工作。进行初加工时要以熟练的技术提高原料的净料率。净料率的提高直接影响到后道加工工序的成本和质量。因此，如何制定各种原料的加工要求和标准，提高加工人员的技术，使其掌握熟练的宰、杀、拆卸、涨发等技巧，生产出符合标准的半成品原料，是管理的关键。

7. 细加工

细加工讲究刀工刀法。这道工序操作得好坏对以后成熟菜肴的形态好坏将有直接影响。管理重点是提高生产人员的技术水平,使其从精通各种操作要求到熟练运用各种刀法,有一套过硬的本领。

8. 配菜

配菜要准确。对配菜虽无重要的技术要求,但加强原料加工的质与量间的检查则十分重要。"质"是指所配原料的卫生状况、刀工好坏等;"量"是指原料的重量是否符合配菜标准。"量"的基本要求是,主料要过秤,辅料基本准确,调料应当配齐。由于这道环节直接影响到菜点的成本、毛利的幅度以及毛利率,因此需配备具有丰富实践经验的人员负责这道生产工序。

9. 排菜

排菜要有序。排菜是将所配的每只菜肴原料按先后次序,送到炉灶厨师处烹调。作为排菜的厨师本人要熟悉烹调技术以及每只菜肴的烹调要求和上菜程序;了解炉灶上各位厨师的特长和操作技术。在排菜过程中,因根据所烹调菜肴的要求,有次序地将每只菜肴的原料分送到每位烹调师面前,使菜肴生产既能保证质量,又能满足服务的及时性要求。

10. 烹调

烹调要得法。烹饪厨师按技术和质量要求加工菜肴,使每只菜肴都达到色、香、味、形俱佳的要求。这一环节的管理重点是要使每位厨师充分发挥特长,严格按照菜单的质量标准加工菜肴。

与菜肴烹调相比,点心制作虽有几道不同的生产环节,但就其要求来看,两者有共同点,即注意技术、重视成本。另外,西菜的厨房生产流程与中菜的厨房生产流程大致相同。

第三节 厨房生产质量管理

餐饮产品包括有形产品与无形产品两部分,厨房生产质量管理主要指对有形产品的主要部分,即菜肴、点心、面食、汤羹、饮品等的生产过程的管理,包括产品质量管理和工作质量管理,内容涉及食品采购、生产加工等过程中的产品质量管理和全体工作人员管理。由于厨房生产的原料以及产品的生产加工比较复杂,而且具有较高的技术性,因此,厨房必须从原料质量鉴定、菜肴生产过程和菜肴质量标准等方面建立质量管理制度和标准,形成全体员工各个岗位间的质量监督机制,营造一个良好的竞争环境,共同为提高产品生产质量而尽心尽职。

一、衡量产品质量的几个要素

厨房生产的产品,即菜肴、点心、面食、汤羹、饮品等的质量优劣,直接影响到餐饮产品的质量。从消费者的角度看,厨房生产的产品应该是无毒、无害、卫生营养、芳香可口且易于消化、具有良好感官享受的食品。这也是厨房生产质量管理的基本点和主线。

(一)食品的卫生与营养

我国的食品卫生法对食品卫生的界定是:食品是安全的,食品是营养的,食品是能促进健康的。民以食为天,卫生与营养是食品所必备的质量条件。随着经济和社会的发展,人民生活水平和受教育程度的提高,人们崇尚自然,追求卫生、安全、营养、健康食品的意识越来越强,消费逐步转向理性消费。厨房生产必须严格保证原料、原料加工以及菜肴烹制的卫生、安全、营养和健康,科学保管各种原料,严格检查原料的品质,优化原料加工的技术和方法,以达到保证菜肴卫生营养的目的。

(二)食品的色泽

菜肴烹制出来后,其色泽首先被品尝者感知,进而影响品尝者的饮食心理和饮食活动。人们长期的饮食活动实践,使之对菜点色泽之美的判断形成了一种习惯,这种判断可能因色泽本身的美而使人感到愉悦并促进食欲。

制作菜点要最大限度地利用食品原料的固有色泽,一方面,原料的色泽本身就是自然美,无需过多地进行人工装饰;另一方面,这样可以满足人们正常的卫生心理,如蛋白之白、樱桃之红、青菜之绿、发菜之黑等,使人在感到色泽美的同时,更感受到食品本身的鲜美可口、清新卫生,犹能刺激食欲。因此,菜点的生产人员必须善于利用原料的自然色泽,合理组配,运用原料固有的冷、暖、强、弱、明、暗进行组配,结合菜点的主题特色,生产出清新雅致、五彩缤纷佳肴。

(三)食品的香气

香气是菜点等食品散发出的芳香气味,通过人的嗅觉细胞,传递到大脑皮层产生感觉,从而引起人的联想,进而影响人们的饮食心理和行为,是品评菜点质量的重要标准之一。菜点的香气程度和类型千变万化,不仅因菜点的品种而有鱼香、肉香、青菜香、豆香、香菇香、茶叶香等,还因香气的浓度不同而有浓香、清香、余香等,更有精心调配的复合香气,香味四溢,催人食欲。另外,人们对香气的感受程度同气体产生物本身的温度高低有关,一般来说,菜点的温度越高,其散发的香气就越强烈,就越能被品尝者感受到,因此,烹制菜点必须强调现做现用,尽可能缩短服务时间;否则,菜点冷却,香味尽失,品质大为逊色而影响到餐饮产品质量。

(四)食品的滋味

菜点的滋味是通过人的味觉细胞,传递到大脑皮层产生感觉,从而引起人的食欲,是衡量菜点质量的最主要指标。滋味因其浓淡厚薄而有千变万化,因其品类的不同而有酸、甜、苦、辣、咸、鲜的变化,并因原料不同而有鱼味、肉味、海味、山珍味等,更因多味交叉复合产生如怪味等味型。五味调和百味香,便是滋味多样统一的最生动的揭示。滋味是评判菜点质量的核心,是餐饮产品特色的体现,只有不断地探索创新,才能丰富产品品种;只有合理科学调配,严格操作程序,才能保持产品特色和品质。

(五)食品的形态

菜点的形态是指菜点的成形、造型。原料本身的形态、加工处理后的形态以及烹制装盘都会直接影响到菜点的形态。菜点成形、刀工精细、整齐划一、装盘饱满、拼摆艺术、形象生动,能给品尝者以美的艺术享受,从而提高菜点的品质和档次。这些效果的取得,要靠厨师的艺术设计和精心加工。菜点造型首先要体现食用性,而非欣赏性;其次要体现厨师的技术美,通过运用刀工和烹调技术,使菜点达到形美的要求,并且遵循菜点的简易、美观、大方和因材制宜的原则,达到自然形美的境地。热菜造型一般以快捷、饱满、流畅为主,冷菜和点心造型则讲究运用美化手法,使其达到艺术美的效果。

(六)食品的质感

质感是进食菜点时,品尝者口感松、软、脆、嫩、韧、酥、滑、爽、柔、硬、烂、糯等质地的美感。菜点质感大致可分为温觉感、触压感、动觉感以及复合触感,构成菜点触觉美的丰富性和微妙性,构成对菜点的最全面的审美享受。

(七)食品的温度

菜点的温度是指品尝菜点时能够达到或保持的温度,由温度而引起的凉、冷、温、热、烫的感觉。同一种菜点,食用时的温度要求不同,如冷菜的冷,凉粉的凉,给人以凉爽畅快的感觉,倘若提高这两种菜点的温度,效果便完全不同;再如麻辣豆腐、汤包等,入口很烫,品尝时不能立刻下咽,否则容易烫伤,但这两种菜点必须趁热品尝,否则会失去原有的风味。生产菜点必须严格按照各种菜点的温度要求,如冷菜保持10℃左右、热菜保持70℃以上、热汤保持80℃以上、砂锅保持100℃、火锅保持100℃等,低于30℃以下的菜点,人的感官的敏感度会下降。因此,在气温比较低的季节里,烹制的菜点和盛器必须保温,否则会影响菜点的品质。

(八)食品的盛器

菜点制成后要用盘、碗盛装才能上席,盛器显然也是构成菜点属性质、味、色、形、皿等的重要因素之一。所谓"皿"就是选用合适的盘碗盛装,把菜点衬托得更加富有美感,加深品尝者对菜点品质的认识,提升餐饮产品的品牌。

盛器的选用一般与菜点的形状、体积、数量和色泽有关。一份菜点只占盘碗的80%~90%左右,汤汁不要淹没盘碗沿边:量多的菜点选用大的盛器,量少的菜点选用小的盛器。选用盛器形状,必须根据菜点形态来确定,带有汤汁的烩菜、煨菜等一般选用汤盘较为合适;整条烹制的鱼选用腰盘比较匹配。菜点的色泽也是选用盛器必须考虑的因素,盛器色泽是关系到能否将菜点衬得更加高雅、悦目和鲜明美观的关键。如五色虾仁装在白色盘内更能显示菜肴的清新高雅,而清炒虾仁洁白如玉,点缀几段绿色葱花,配装在浅蓝色的花边盘内,更显得清淡雅致。另外,盛器品质好坏要与菜点的品质相适应。

二、厨房生产质量管理

厨房生产的整个流程都是围绕着将原料加工烹调成菜点的全过程进行的。原料加热成熟以前对原料进行必要的处理工作,称为原料加工的准备阶段;根据菜肴和订单的要求搭配原料称为原料配份阶段;加热成熟过程称为烹制阶段。由于各个阶段的原料加工要求不同,操作程序要求、技术要求、工作内容以及质量要求都有明显的差异性,因此,厨房生产质量管理必须结合各生产阶段的特点,制定相应的岗位职责,明确操作程序、内容和标准,做到有章可循,并结合餐饮本身的管理模式,凭借管理者管理经验,不断地激发生产人员的工作积极性,真正实现全员生产质量管理。

(一)原料加工准备阶段的质量管理

原料的加工是餐饮生产质量管理的一个重要环节,原料加工的质量直接影响到菜肴的色、香、味、形、质和营养等品质。严格要求操作程序和质量标准是稳定加工质量的关键,因此,在加工准备阶段,要根据原料的特性、加工质量要求、菜点的要求,对原料进行必要的物理和化学处理,把不能直接加热烹调的原料变成可以直接加热烹调的半成品原料,做到基本定型和基本入味。

原料加工准备阶段的工作主要包括原料的粗加工和精加工两大类,粗加工又包括生鲜原料的净治、分档,干货原料的涨发等;精加工又包括刀工处理、预热处理和造型菜点的型胚处理等。

1. 原料加工的基本原则

原料加工的总原则不外乎因料加工和因需加工,从菜点原料质量管理角度出发,原料加工过程应注意以下几个基本原则:

(1)净治原料时注意原料的卫生和质量。加工原料首先要将不可食部分去掉,如禽畜去毛发、鱼涎污肠脏、贝介去甲壳、根块笋芋去皮等等,加工必须认真仔细,尽可能保留可食部分,做到去废留宝、去粗取精。对一些具有或可能有一定毒性或有害成分的原料必须严格把握加工质量,如河豚鱼除了有加工生产许可证外,应该有专人负责加工;贝、虾、蟹、鳝、鳖类等,应该特别注意新鲜度,不能让死的原料混进菜肴之中,否则会严重影响菜肴的质量和餐饮的品牌。

(2)保持原料的营养成分和水分,杜绝不利于保存营养成分的加工方法。保持原料质量的关键在于掌握合适的加工方法和加工时间,如蔬菜加工先洗后切,防止营养成分流失;富含维生素C的蔬菜不能过早加工,否则会造成维生素C的氧化流失;加工完鲜活原料后不能存放较长时间,否则会流失原料的水分和风味物质,影响菜肴的质感。

(3)严格按照要求加工。生产加工菜点必须严格按照菜单要求加工各种原料,将其加工成符合菜点烹调标准和规格的半成品原料,同时又要灵活面对个别客人的特殊要求,单独按客人要求加工。

每种原料都有其最佳的食用方法和特色,因此,选择菜点原料和加工方法都有严格的规定,如河鳗,不管用在什么菜式中,其粗加工必须保持鱼的完整性,不能开膛;对家禽类原料粗加工时都要去毛,然后根据菜肴要求分类加工,如八宝鸡原料则在颈部取内脏,整鸡烧烤则在腹部取内脏。另外,要按照各个菜肴的烹调要求合理准确运用刀工,注意保持原料形状,即厚薄、长短、粗细、大小等保持一致,才能保证菜肴的色、香、味、质、形的统一性。

2. 原料加工质量要求

(1)生鲜原料的加工质量要求。随着生活水平的提高,人们越来越崇尚自然饮食,因此餐饮生产原料大多选用生鲜与活鲜的原料。这些原料一般是当日采购或短期贮存和活养的,应客人点要而加工,有些原料如鱼、虾、蟹、蛇、贝等从加工到烹调的时间很短,加工需要有很高的熟练程度和准确性,它不但影响菜肴质量,同时还影响菜肴的服务时间。

①蔬菜类原料的加工质量要求

——蔬菜加工必须去除老叶、黄叶、虫蛀叶,摘除质地老的部分,保持蔬菜的清洁和鲜嫩;

——先洗后切,洗涤干净,滤干水分,保持蔬菜无任何虫、卵、泥沙等杂物;

——尽量利用可食部分,做到物尽其用;

——大型蔬菜,如白菜、橄榄菜、洋葱头等应注意分档,用于不同菜肴的加工中;

——根据原料不同性质进行加工,尤其是易发生褐色变化的原料,注意加工的方法和时间;

——合理放置,防止污染、脱水、变色。

②水产类原料的加工质量要求

● 鱼类

——加工时主要除尽鱼鳞,保持鱼的完整性;

——根据鱼的加工要求选用不同取内脏方法,如破腹部取内脏,背破取内脏,咽部取内脏,剥皮取内脏等,以适应不同菜肴的烹调方法;

——加工时尽可能除尽血污与黑膜,除去鳃和杂物,并控干水分;

——鱼类原料质量较易受环境温度、湿度的影响,最好现加工现用;

——切片、切丝、切丁、切米或制茸的鱼肉最好上浆调味加工成半成品,冷藏保存在低温冰箱中。

● 虾类

——整只用的虾类菜肴尽可能选用活鲜原料,加工时只要除去部分须刺、沙囊和尾肠,洗净即可;

——制虾仁、虾茸等菜肴时,应在加工时尽可能除去质地松烂的虾仁或虾肉,不带壳屑、外膜、肠,保持虾仁完整饱满,加工成半成品放入冰箱中冷藏;

——大型虾类如龙虾,一般为活杀原料,从虾的胸尾结合处分开,头部需除尽沙囊、鳃,洗净。尾部从腹部中央线入刀顺势切下,并带出尾肠,保留最后一小段尾形,肉刺生,脚爪椒盐,壳煮汤,加工速度要快、技术要熟练。

● 蟹类

——整蟹使用,一般用刷子刷洗表面的污物,剥开腹部蟹脐,洗刷去泥沙,冲洗干净捆扎整齐即可;

——去壳整用,还必须除去鳃及周围的泥沙,除去蟹斗中的沙囊;

——拆蟹肉必须洗净蒸熟,揭下蟹盖剁下蟹螯爪,爪从关节处切开,身体从脐中央剁开,用工具取出蟹黄,剔出蟹肉,挤出爪肉,保持肉的块、条形,不带碎壳。

③肉类原料的加工质量要求

——需要加工的肉类主要根据菜肴要求准确选料;

——肉类切片、切丝、切丁和制茸等,必须根据原料特点进行加工,质地较老的肉品注意刀工处理方法,必要时还需用碱腌制;

——预先加工的原料一般需要上浆冷藏或预热处理保存;

——肉类的内脏加工一般有用盐、醋搓洗,里外翻洗,烫刮,剥洗,清水漂洗和灌水冲洗等方法,需除去内脏的杂物、黏液、膻味、表层黏膜及部分脂肪。

④禽类原料的加工质量要求

——宰杀时必须断二管,放尽血液,避免肉质发红影响质量,加工刀口要小;

——烫毛时必须掌握好水温与时间,煺尽禽毛、角质皮和爪;

——根据菜肴要求选用不同取内脏方法,取出内脏,除去杂物,将血管、血污等冲洗干净,控干水分;

——物尽其用,刀工成型整齐,刀口划一;

——将内脏原料洗净焯水处理后加工保存。

(2)冷冻原料的加工质量要求。现代餐饮企业运用冷冻原料加工生产菜肴同样占有相当大的比例,尤其是肉类、家禽类、海产品以及部分蔬菜类原料。冷冻原料会因冷冻的时间以及在保存、运输、交易过程中可能有不同程度的解冻,造成原料质量下降。在选用冷冻原料时,必须了解供货商的货源情况、保管设备以及运输能力等,确保原料在保管、运输等环节中的质量。

使用冷冻原料必须进行合理的解冻处理,尽可能使解冻原料保持新鲜原料的质量特点,防止原料水分、营养成分、组织结构发生变化。

原料解冻的具体质量要求有如下几点:

①解冻的温度要求。用于解冻的环境和水的温度尽可能接近冷冻原料的温度,使原料比较缓慢地解冻,解冻的速度影响到原料组织结构的变化,解冻越自然,原料组织破坏程度越低。因此,原料保管人员必须掌握原料使用情况,做好每日原料使用计划,根据厨房用料情况,将解冻原料适时提前从冷冻室调拨到冷藏室进行初步解冻,为进一步解冻做好准备。如果将解冻原料置于空气或水中,也要力求将空气、水的温度降到10℃以下,切不可操之过急而将冷冻原料放入热水中解冻,造成原料外部未经烧煮已经半熟,而内部仍然冻结如冰,使原料组织被严重破坏,影响质量。

②解冻原料以不使用媒质为佳。冷冻保存食品原料,主要是抑制原料内部组织分解酶的分解和微生物的进一步繁殖。解冻时,原料内外温度的回升,会使酶开始分解、微生物渐渐活动,因此,无论原料是暴露在空气中,还是在水中浸泡,都会不同程度引起原料质量的下降。如用水解冻,最好用无毒塑料保鲜膜包裹解冻原料,然后再进行水浸泡或水冲解冻。当然,现代厨房一般都采用微波解冻法,解冻原料速度快,并且还有杀菌消毒、保护营养水分的作用。但微波解冻一般不宜将原料完全解冻,防止表面的肉成熟。

③尽量减少内、外部解冻的时间差。冷冻原料的解冻时间越长,受污染的机会和原料营养成分流失的数量就越多,如果外部原料过早解冻,暴露空气中或浸泡在水中,会严重影响原料的质感和风味。因此,在解冻时,可采用勤换解冻媒质的方法(如经常更换碎冰或凉水等),以缩短解冻原料内部与外部溶化的时间差。

④原料解冻必须完全。对冷冻原料进行解冻必须遵循自然解冻原则,解冻原料不管采取什么方式,最好保持其新鲜原料组织特点。将未解冻原料提前加工,如上浆、制胚或下油锅等,往往会造成菜肴外部已熟而内部未熟,尤其是一些烹调时间很短的菜肴,这种情况尤为突出,这将严重影响菜肴质量。

(3)干货原料涨发的质量要求。干货原料涨发的目的是使干货原料重新吸收水分,最大限度地使其质地恢复到新鲜原料的状态,或者使其体积膨胀,成为松软滑爽的原料,或除去腥膻味、杂质及腐烂变质部分,使原料更加容易切配、烹调并有一种特别的风味。保持涨发原料的质量,在技术上必须做到:掌握原料性质、特点,确定准确的涨发方法;要严格按照涨发原料的技术要求操作;根据原料使用量加工原料,并将涨发好的原料合理保管。

①掌握干货原料的特点。干货原料大都是经过脱水干制而成的,与新鲜原料相比具有不同程度的干、硬、老、韧、脆等特点,在进行原料水发或油发时,要熟悉各种原料的品种、干制方法、性能及用法,以便采取不同的加工处理方法,使其符合烹

调和食用要求,保证菜肴的质量。

②保持涨发条件一致。干货原料的质地老嫩,直接关系到原料涨发时间的长短和涨发原料的质量高低,涨发之前必须严格挑选质地老嫩相同的原料一起加工,才能保证原料涨发的效果一致。

③严格按照技术要求加工。对干货原料的泡、煮、焖、漂、油炸等每一个过程的操作,要把握好加工的火候、时间、次数等,否则会影响原料质量。此外,涨发时,防止所用容器沾有油腻;操作手法要轻,保持原料的完整性;加工一些名贵原料必须选用专用工具,防止原料变色、变质。

④检查原料涨发程度。检验原料涨发质量的主要指标是原料涨发后的涨发率,而涨发率的高低取决于原料本身的状态、加工方法以及食用方法。涨发原料应根据厨房生产要求,选用不同规格原料,制定涨发质量标准,严格涨发方法和时间,认真检查涨发程度。如燕窝一般保持400%～450%的涨发率;鱼翅保持150%～200%的涨发率;海参保持700%～800%的涨发率等。

⑤合理保管。干货原料加工一般要求现加工现用,而对一些名贵高档原料和涨发费时的原料,采取预先准备的方法进行加工,尽可能保持涨发原料不过剩。厨房中保管的涨发原料一般是短期保存,需要保存的原料应根据原料特点合理保管,如鱼翅可选用冰冻方法保存;海参可采用放置在阴凉处保存;鱼肚、蹄筋等采用通风保管;一般原料采取换水浸泡冷藏方法保管等。

3. 原料加工出净率的控制

原料加工出净率是指原料加工后的净料占原料总重量的百分比。出净率越高,原料的利用率越高、原料成本越低。但原料出净率的高低并不意味着原料质量的高低,出净率高,相对地降低了原料的质量。因此,制定科学、合理的原料加工出净率,是稳定原料加工质量的重要指标,同时也是餐饮成本控制的一个关键因素。影响原料加工出净率高低的原因很多,如原料本身的质量、原料保管质量、原料的使用情况、厨师的加工技术、厨师的工作责任心、厨房原料加工的标准等,都会造成原料加工出净率的偏差,从而影响原料加工的质量、使用效率以及净料的成本。

对原料进行加工,首先要严格制定原料加工的质量制度,将各种菜肴用料的规格用标准菜单规定下来,并落实到各个工作岗位,形成良好的相互制约的质量控制责任体制,只有形成制度、层层把关、相互竞争、合理评估、分配挂钩,才能很好地控制原料加工的质量。在保证原料质量的基础上,应加强生产人员的培训和教育工作,在日常工作中形成成本控制意识,使原料加工人员记录每一种原料的加工情况。通过对来自政府有关部门、相同规格餐饮企业以及自身原料加工出净率的比较,制定出一个比较科学、合理的原料加工出净率标准,有效控制原料加工的质量和成本。

(二)原料配份阶段的质量管理

原料配份阶段是连接加工、烹调的中间环节,是按照标准菜单的规定,将制作某种菜肴的原料种类、数量、规格选配成标准的分量,为烹调菜肴做好准备。配份阶段决定着每一份菜肴的用料、质量和成本,是菜肴生产质量控制和成本控制的关键。

从餐饮生产产品的质量特点出发,原料配份的关键要解决菜肴生产规格的统一性、色香味形质等一体化、营养价值的合理性、标准成本的稳定性等问题。例如,餐饮经营尤其是宴会经营中,生产相同菜肴的数量较多,它们出自不同厨师之手,如果没有严格规定原料配份的标准,就很容易产生同一种菜肴之间的差异现象,如清蒸鳜鱼大小不一,贵妃鸡色泽不统一,杭椒牛柳比例不一,等等,并会引起客人的不满。

1. 配份料头的质量要求

料头,也称小料,即配菜所用的葱、姜、蒜等小料。这些小料虽然用量不大,但在配菜和烹调之间起着无声的信息传递作用,可以避免差错的发生,在开餐高峰时尤其重要,如红烧鱼、干烧鱼、炒鱼片,分别用葱段、葱花、马蹄葱片和姜片、姜米、小姜花片加以区别,不需要口头交代,一目了然,很是方便。

配份料头的质量要求:
(1)大小一致,形状整齐美观,符合规格。
(2)干净卫生,无杂物。
(3)各料分别存放,注意保鲜。
(4)数量适当,品种齐备,满足烹调的需要。

2. 配份工作质量要求

(1)干货原料涨发方法正确,涨发成品符合菜肴质量要求,保持原料清洁无异味。
(2)配份品种数量符合规格要求,主、配料分别放置,不能混杂在一起。
(3)接受零点订单5分钟内配出菜肴,宴会订单菜肴提前20分钟配齐。
(4)配菜时应注意清洁卫生、干净利落。

3. 配份出菜工作质量要求

(1)案板切配人员随时负责接受和核对各类出菜订单。点菜单须盖有收银员的印记,并夹有订餐桌号与菜肴数量相符的木夹(或其他标记方式)。宴会和团体餐单必须是宴会预订部或厨师开出的正式菜单。
(2)配菜岗位人员凭单按规格及时配制,并按接单的先后顺序依次配制,遇紧急情况或烹制特殊菜肴可优先配菜,保证及时送达灶台。
(3)负责排菜的打荷人员,排菜必须准确及时、前后有序、菜肴与餐具相符,将成菜及时送至备餐间,提醒跑菜员取走。

(4)从接受订单到第一道热菜出品不得超过 10 分钟,冷菜不得超过 5 分钟,以免因出菜太慢延误客人就餐。

(5)所有出品订单、菜单必须妥善保存,餐毕及时交厨师长备查。

(6)炉灶烹调人员若对所配菜肴规格质量有疑问时,要及时向案板配菜人员提出,妥善处理。厨师烹调菜肴的先后次序及速度应服从打荷安排。

(7)厨师有权对出菜手续、菜肴质量进行检查,如有质量不符或手续不全的,有权退回并追究责任。

(8)配菜人员要保持案板整洁卫生,注意保管多余的原料。

(三)原料烹制阶段的质量管理

烹调是餐饮实物产品生产的最后一个阶段,是确定菜肴色泽、口味、形态、质地等品质的关键环节。

1. 菜肴烹调质量管理的基本原则

(1)制定和使用标准菜谱。从菜肴生产的特点来看,厨房生产必须有一个统一的质量标准来规定菜肴生产的规格、数量、配份、烹调程序等内容,以保证菜肴质量的统一性和稳定性。如,标准菜谱规定了烹制菜肴所需的主料、配料、调味料及其用量,因而能限制厨师烹制菜肴时在投料量方面的随意性;规定了菜肴的烹调方法、操作程序及装盘式样,对厨师的整个操作过程起到制约的作用。可见,标准菜谱实质上是厨房生产管理的质量标准,也是生产、管理和培训的有效工具。

(2)严格烹调质量检查。对餐饮产品生产总过程的质量进行管理的关键在于控制烹调阶段的菜肴质量。生产阶段菜肴质量管理的主要任务是:建立质量检查制度,抓好工序检查、成品检查和全员检查三个环节。

工序检查是指菜肴生产加工过程中的每一道工序的厨师必须对上一道工序的生产加工质量进行检查,发现问题应及时退回,以免影响菜肴成品质量。例如,炉灶厨师应做到"四不做、七不出":即原料变质变味不做,加工刀口不齐不匀不做,配料不齐不做,加工不合乎要求不做;火候不到不出,口味不合乎要求不出,色泽不正不出,小料不齐不出,温度不够不出,菜量不够不出,拼摆不整齐器皿破损或不洁不出。

成品检查是指菜肴被送出厨房前必须经过厨师长或专门菜品质量检查员的检查。成品检查是对厨房加工、烹调质量的把关和验收,因而必须严格认真,不可敷衍了事。

全员检查是指除以上两方面的检查外,餐厅服务人员也应参与菜肴成品质量检查。服务人员为了提供更好的个性化服务,必须对餐厅经营的菜肴做到了如指掌,熟悉每一个菜点的生产和品质特点,并最为了解客人对菜点的评判情况。因此,必须尊重服务人员对菜点的评价意见,为菜点成品生产提供具有参考价值的第一手资料。

(3)加强培训和基本功训练。菜肴制作是一种技术性、艺术性极强的专业工作,且大多以手工操作为主,机械化程度较低,因此,菜肴质量的高低几乎完全由厨师和员工的责任感、工作经验及其掌握的烹调知识和技术水平所决定,抓好菜肴生产质量管理是一项长期性的管理工作,要结合厨师的工作性质要求、质量标准制度的建立、专业经验和技术培训以及员工激励机制等,才能形成有效的质量管理监控体系,形成良好的质量管理氛围。厨师和员工是餐饮企业的宝贵资源,合理利用和开发这些人力资源也是质量管理的重要任务。因此,必须加强人员的培训和教育,包括餐厅经营理念、管理理念、菜肴生产的知识和技术等内容的培训,只有这样,餐饮企业才能有不断发展的后劲,才能形成一个团结合作的团队。

2. 菜肴生产阶段质量管理的内容和要求

菜肴烹调阶段质量管理的主要内容包括厨师的操作规范、烹调数量、成品效果、出品速度、成菜温度以及对不合乎要求菜肴的处理等几个方面。

首先,应严格遵循菜肴生产程序,要求烹调厨师服从打荷排菜的安排,按正常出菜次序和客人要求的出菜速度烹制菜肴。在烹调过程中,要随时检查督导厨师按标准菜谱规定的操作程序进行烹制,按规定的调味料比例投放调味料;其次,应该清楚地认识到我国菜肴生产长期存在着凭厨师个人经验烹制菜肴的现象,而忽视科学的管理手段。因此,一方面要合理发挥有经验的厨师的技术,积极开发和改良菜肴;另一方面,在制定出菜肴生产菜谱后要严格限制个人经验,使技术经验和科学管理有机结合。

(1)打荷工作质量要求

——台面保持清洁,调味料品种齐全、量足,摆放有序,各有标签;

——汤料洗净,吊汤用火恰当;

——餐具种类齐全,盘饰花卉数量充裕;

——分派菜肴给炉灶量要适当,一只菜肴在 4~5 分钟内烹调出齐;

——符合出菜顺序,出菜点缀美观大方;

——盘饰速度快,形象完整;

——剩余用品收藏及时,保持台面干爽。

(2)盘饰用品质量要求

——盘饰用品必须清洁卫生;

——盘饰用品必须加工精细,富有美感;

——盘饰花卉至少有 5 个以上品种,数量充足;

——每餐开餐前 30 分钟备齐。

(3)炉灶烹制工序质量要求

——调味料罐放置位置正确,固体调味料颗粒分明,无受潮结块现象,液体调味料清洁无油污,添加数量适当;

——烹调用汤,清汤清澈见底,奶汤浓稠乳白色;

——焯水蔬菜色泽鲜艳,质地脆嫩,无苦涩味,焯水荤菜料去尽腥味、异味和血污;

——制糊投料比例准确,稀稠适当,糊中无颗粒及异物;

——调味用料准确,投放顺序合乎规定标准,口味、色泽符合规定要求;

——菜肴烹调及时迅速,装盘美观;

——准确掌握加热的温度和时间,符合火候要求。

(4)口味失当菜肴退回厨房的处理要求

——餐厅退回厨房口味失当菜肴,及时向厨师长汇报,由厨师长复查鉴定;

——确认系烹调失当,口味欠佳,交打荷即刻安排炉灶调整口味,重新烹制;

——无法重新烹制和调整口味或破坏出品形象太大的菜肴,由厨师长交配菜人员重新安排原料切配,并交给打荷人员;

——打荷人员接到已配好或已安排重新烹制的菜肴,及时迅速安排炉灶厨师烹制;

——烹制成熟后,按规定装饰点缀,经厨师长认可,迅速递与备餐划单人员上菜;

——餐后分析原因,采取相应措施,避免类似情况再次发生,处理情况及结果记入厨房菜点处理记录表,记入厨房成本。

(5)冷菜、点心加工质量要求

——冷菜、点心造型美观,盛器准确,分量、个数准确;

——色彩悦目、装盘整齐,口味符合特点要求;

——零点冷菜接单后5分钟内出品,宴会冷菜在开餐前20分钟备齐;

——零点点心接单后15分钟内可以出品,宴会点心在开餐前备齐,开餐后听候出品。

三、厨房生产质量控制

现代厨房一般通过标准化管理实现有效的质量管理,并且将标准化管理落实到具体的岗位和人员,建立岗位责任制,借助全员质量控制、阶段质量控制、重点质量控制等方法,形成有效的质量管理控制体系。

(一)标准菜谱

所谓标准菜谱是指饭店根据需要,对每一个产品的原料标准、配份数量、成品要求、工艺要求、标准成本等技术性质量指标作出具体的规定,以备生产、管理、成本核算和教育培训使用。标准菜谱是饭店根据餐厅经营特色设计的定型菜谱,旨在规范餐饮产品的制作过程和产品质量,便于经济核算。制定标准菜谱时必须对生产用原料、辅料、调味料的名称、数量、规格,以及产品的生产操作程序、装盘要求等有明确规定。

1. 标准菜谱在厨房生产质量管理中的作用

(1) 使用标准菜谱,能使菜肴、点心等产品的配份、数量、原料规格、质量要求、成本等保持稳定,起到稳定产品质量的作用。

(2) 标准菜谱是厨房操作人员的工作指南,要求每一个员工严格按照标准菜谱规定进行操作,从而减少了管理人员现场指导和监督管理的重复工作量,并可作为培训资料,确保菜点生产质量,最大限度减少工作中的误差。

(3) 标准菜谱的使用,便于管理人员依据菜谱制定每日厨房生产计划,确保厨房生产的量和质。

(4) 标准菜谱的使用,有助于使缺乏专业技术和经验的新员工依据菜谱进行操作。

(5) 标准菜谱规范了厨房生产流程和岗位质量要求,使各个岗位人员明确各自的任务和质量要求,并且方便了管理人员管理,有利于人员调配和质量检查。

(6) 标准菜谱还可以作为处理产品质量问题的依据。对生产的不符合质量的菜肴以及客人退回的菜肴,可以依据标准菜谱分析原因,做到及时准确处理。

(7) 标准菜谱可作为产品销售价格制定的依据,并且作为销售统计的蓝本,便于分析销售情况,反馈信息,调整生产和菜单品种,更好地把握产品的质量。

(8) 标准菜谱是餐饮实现生产流程标准化的基本保证,也是餐饮成本控制的关键。

2. 标准菜谱内容

(1) 基本技术指标。标准菜谱中的基本技术指标主要包括编号、生产方式、盛器规格、精确度等,它们虽然不是标准菜谱的主要部分,却是不可缺少的基本项目,而且必须在开始设计菜谱时就要确定,以便于统计、识别、分类、表示之用。

(2) 准配料及配料量。长期以来,中餐厨房生产大多是凭经验进行操作,长期忽视科学的量化管理,因此通过量化的标准菜谱的使用,规范主辅原料的量,有助于保证产品的质量,稳定产品的成本,为菜点的质价相称、物有所值提供物质基础。

(3) 规范生产工艺流程。标准菜谱对烹制菜点所采用的加工、切配、烹制方法和操作要求、要领有明确的规定和指导,具体包括生产菜点所用的炉灶、炊具、原料配份方法、投料顺序、预加工工艺、预加热工艺、烹调方法、操作要求要领、菜点的温度和时间、装盘装饰等,使厨房严格按标准菜谱的规定生产,保证菜点质量和数量的统一性、稳定性。

(4) 烹制份数和标准份额。标准菜谱对菜肴点心的制作有比较严格的规定,热菜要求一份一份加工生产,有些菜肴和点心可以按规定的份数制作,这样可以保证菜肴制作的质量。如冷菜,一般可以多份一起加工贮存,开餐时按配份配制装盘;又如大菜,有时也可多份一起加工,尤其是整件原料的大菜,如扒肘子、烧鸭等。点心的制作也大多是批量生产的。配料和调味料在单个菜点中的量太少，因此，标准菜谱中可以按多份菜点的配料和调味料一起计算，但必须明确说明加工的份数。

（5）每一份菜点标准成本。标准菜谱对每一份菜点的标准成本、原料规格、原料限价等都有明确规定，这样既有助于制定餐饮计划，如接受预订和与客人洽谈业务时，可以根据标准菜谱的成本限度，做到心中有数；又方便质量管理和成本管理，为质量和成本检查提供了依据。此外，对餐饮原料的采购价格也有一定的指导作用，根据原料的市场价格变动情况作相应的调整，以确保餐饮经营目标利润的实现。

（6）成品质量要求与彩色图片。标准菜谱对每一个菜点的制作原料、加工工艺、质量都有比较详细的说明，对有些难以量化的色、香、味、形等一般用比较直观的彩色图片加以展示。一份配以文字和图片的标准菜谱，可以使厨师更有把握领悟加工菜点的要领，确保加工质量。这样的菜谱作为培训资料，也更加具有实际指导意义。

（7）菜点原料质量标准。菜点原料的质量受到多方面因素的影响，如原料的规格、数量、新鲜程度、产地、产时、品牌、包装、色泽以及加工程度等，为了确保菜点、尤其是一些传统特色菜肴的制作质量，在标准菜谱中必须对菜点加工用料作出明确规定。

3. 标准菜谱设计

标准菜谱的设计是根据餐饮企业自身的经营特色和技术能力进行定位，结合企业所在的市场特点进行设计。标准菜谱是餐饮企业生产的计划书，也是经营、管理、服务的指导书，设计时必须认真，并得到各部门的高度重视。

标准菜谱的设计是一个不断完善的过程，必须经过厨师、服务人员、客人以及专家的反复调整，使标准菜谱中的各项规定日趋科学合理，使其真正成为厨师生产操作的指导书，更有效地控制菜点生产的质量。标准菜谱的设计要求及指标如表4-1所示。

（1）确定菜肴的名称。由于餐饮经营品种众多，设计标准菜谱的第一步需要确定餐饮经营品种的菜名。确定菜肴名称，一般根据经营特色，与餐厅菜单保持一致，并且注意菜名的直观性、文化性和艺术性。

（2）确定烹制份数和规定盛器。根据菜点的制作特点、主配原料、辅料和调味料的用量情况，制定制作方法，规定一次生产的份数。确定份数应该以菜点制作质量为出发点，然后考虑菜点制作的工艺、时间和成本等。菜点的特色除了突出菜点本身的特点外，一般需用别具特色的盛器加以衬托，并且根据菜点的量的多少，明确规定所使用的盛器名称、大小、形状、色泽，使菜点更加显示其艺术完美性。

表4-1 标准菜谱文本格式

编号

菜肴名称_____						彩色图片
类　　别_____ 每客分量_____ 装盘标准_____ 盛　　器_____		成　　本_____ 生产客数_____ 温　　度_____ 毛利率_____				
用料名称	单位	数量	单价	价款	备注	制作程序
						质量标准
合　　计						

（3）确定原料的种类、配份和用量。这是标准菜谱设计过程中最细致、最复杂的工作环节。制作菜点的原料的种类多而复杂，原料质量的指标差异，造成原料质量和价格的差别。确定标准菜谱的原料种类，首先应考虑菜肴的质量要求，然后结合生产情况和销售价格规定菜肴的成本价格，初步确定配份和用量，经过一段时间的测试，进行相应的调整，最后确定原料的种类、菜点的配份和用量，并且尽可能量化。对一些用量较少、无法量化的辅料、调味料等，可以制定一个限量或以多份菜点加工的总量来限定。

（4）计算出标准成本。确定了原料配份与使用量后，可根据原料的单价，计算出原料的价值，将所有原料的价款相加后得到的总价款，就是制作一份或几份菜点的标准成本。若是几份菜点一起烹制，再用份数除以总价款，可以得到一份菜点的标准成本。

（5）确定工艺流程与操作步骤。以上几点的设计，是标准菜谱的基本技术指标，在满足了经营和管理要点以后，关键是工艺流程的质量控制。菜点加工工艺的差别，哪怕是刀工、加工时间、火候、烹调方法等微小的差异，都会造成菜点质量上的差异。因此，确定菜点生产的工艺流程一般由有丰富经验的厨师长担任，对每个菜点的生产工艺作出规定，并且组织试菜小组专家一起测试，通过一段时间的实践，最后再确定菜点生产的工艺流程和操作步骤，并对各步骤的操作要领进行详细说明。

（6）制定出标准菜谱的文本。将调整确定的各项指标用正式的文字形式规定下来，并请厨师据此烹制出标准菜肴，然后请摄影师拍照，将彩色图片插入标准菜谱规定的空格中，形成完备的标准菜谱文本。

(7)装订成册。将标准菜谱的各项内容一一核对后,填写设计时间、编号及设计人姓名、制作人姓名。一菜一页,装订成册。

(二)厨房生产质量控制方法

1. 程序控制法

按厨房生产操作程序,将菜点生产分成若干环节,每一环节都有相应的加工要求和规格,并加以质量控制。程序控制法比较有效地将原料加工质量控制在每个操作阶段,使每个环节都成为上一环节的质量控制点,形成相互制约的质量控制体系,防止不合格的原料或成品菜点流入到餐厅销售,产生不良后果。

程序控制法一般包括原料阶段的质量控制、生产加工阶段的质量控制、成品销售阶段的质量控制等。

(1)原料阶段的质量控制。主要内容包括原料的采购、验收和贮存时的质量鉴定和管理,一般对采购原料的品种、规格等指标作出明确的规定,形成具有本企业特点的采购规格书,并且以此作为原料质量鉴定和管理的指导书,来控制原料的质量,保证菜肴制作所用的原料是优质的。

(2)生产加工阶段的质量控制。菜点生产阶段的质量控制,包括原料的初加工、精加工、配份和烹调四个阶段,每个阶段的加工都必须有相应的规格要求,如原料的切割规格、原料的涨发率、型胚处理规格、上浆挂糊规格;又如原料色、香、味、形、质、营养等配伍以及调味汁配制和用量等,都必须以表格形式明确下来,作为实践操作的指导,确保菜点生产的质量。

(3)成品销售阶段的质量控制。菜点成品阶段的质量控制主要指对菜点生产出来后进入餐厅服务时的备餐服务和上菜服务的质量控制,如备餐阶段,必须明确各种菜点所配的作料、食用、卫生器具及用品,尤其是各种海鲜菜肴的作料,不能相互混淆,否则将改变菜肴的风味,影响菜肴的质量;在上菜服务阶段则要注意上菜的时间,保持菜点应有的温度,操作必须规范,动作要精练,尤其是派菜服务,更要注意菜肴分派技巧,既要保证菜点的质量,又要确保服务质量,使客人及时品尝到优质的菜点。

2. 责任控制法

按厨房的生产岗位分工,对每个工作岗位制定相应的责任,形成良好的竞争机制,实行竞争上岗。责任控制法的关键在于结合菜点生产程序,将各个岗位的生产加工要求与厨房工作人员的技术、生产质量和奖罚结合在一起,既可调动人员的生产积极性,又会增强员工的责任心,提高质量控制意识。

3. 重点控制法

重点控制法是针对重要环节、重要客人及重大活动的质量控制等而言的。在厨房生产中,应将那些经常和容易出现问题的环节或部门列为重点质量检查控制点,如厨房出菜口一般是菜点质量控制的最后一道关口,大多由经验丰富的厨师长或专门人员负责;重要客人一般指对餐饮企业具有相当影响的客人,菜点的设计和生产既要体现餐厅特色,又要结合重要客人的个性化要求,在确保菜点质量的基础上,显示餐厅个性化服务的特色,使客人获得意想不到的满意;对重大活动的质量控制包括的内容多而复杂,尤其是大型活动,是餐饮企业组织、管理、产品质量、服务质量和接待能力等多方实力的集中体现,因此,对重大活动的质量控制就是对全体员工的质量控制。原料采购的质量是优是劣、备料是否充足、规格是否统一、菜点质量是否一致、服务是否及时等是质量控制的重点。此外还要注意餐厅服务与厨房生产环节间的沟通,确保菜点生产的次序准确、出菜及时,并随时接受客人反馈,针对个别要求作相应调整,以保证重大活动圆满成功。

第四节　餐饮产品成本核算

餐饮产品成本核算是餐饮企业财务管理职能的一部分,它贯穿餐饮生产和服务的始终。其目的并非仅仅记录成本数额,更重要的是提供餐饮各项成本发生的情况,分析实际成本与目标成本和标准成本之间的差异,为餐饮经营和管理提供调整的依据。餐饮产品成本核算还是进行产品定价的基础,只有在计算出产品成本的情况下,产品的定价才会有意义。

一、餐饮产品成本

(一)餐饮产品成本构成

餐饮产品成本核算主要以原料成本为主。原料有主料、配料和调料之分,三者的价值共同构成菜肴的成本。主料成本一般所占份额较大,配料成本的份额相对较小。但在不同花色产品中,配料种类各不相同,有的种类较少,有的种类可达十几种,使产品成本构成变得比较复杂。调料的种类较多,而在产品中每种调料的用量很少。在餐饮经营过程中,要同时销售各种酒水饮料,因此,菜肴成本和饮料成本又共同构成餐饮产品成本,加上餐饮经营中的其他各种合理费用,就形成了餐饮经营中的全部成本。

餐饮产品成本仅包括所耗用的原料成本,其成本构成比其他企业的产品成本简单得多。

(二)餐饮产品成本核算的特点

1. 餐饮产品原料价格的变动

餐饮产品的标准成本是相对稳定的,但产品生产原料的市场价格具有较大的波动性,与标准成本的价格之间存在着一定的差异,使餐饮产品的成本核算存在着客观上的误差,增加了餐饮产品成本核算的难度。

2. 餐饮产品生产的不确定性

餐饮产品每日生产所需原料的数量难以精确估计,为了确保产品生产原料数量充足,满足生产需要,一般需要库存产品原料,而库存的原料数量过多会增加库存的费用,导致产品成本增加;相反,库存原料过少,又会造成原料供不应求,增加原料采购费用。这就需要餐饮企业具有较为灵活的原料采购机制,根据销售情况组织原料的采购和入库,既满足生产需要,又为企业增加效益。

3. 餐饮产品生产特点产生成本的变动

餐饮产品成本核算大多以日为单位计算每日成本,但有些产品的领料时间、准备时间和销售时间存在差异性,造成日成本核算有误差。餐饮产品成本核算必须注意平衡每日餐饮成本,通过合理的计算方法消除成本误差,为经营管理提供科学的依据。

4. 单一产品的成本核算难度大

餐饮产品的品种繁多,每次生产的数量零星,加上产品是边生产边销售,因此,逐一计算餐饮产品成本几乎不可能,计算工作的难度和工作量较大。

5. 餐饮成本核算与成本控制直接影响餐饮利润

餐饮企业的每日就餐人数及其销售额都是不确定的,其每日总销售额各不相同,具有较大的波动性。通过加强管理和制定有效的销售计划,可以增加销售量,降低成本,保证餐饮目标利润的实现。

二、原料初加工的成本核算

厨房生产加工的各种原料中,有不少鲜活原料在烹调之前需要进行初加工。在初加工之前的原料称为毛料,而经过屠宰、切割、拆卸、拣洗、涨发、加热等初步加工处理,使其成为可直接切配烹调的原料则称为净料。原料经过初步加工后,净料和毛料不仅在重量上有很大区别,而且在价格、等级上的差异也很大。为了便于计量,应确定菜肴或点心的原料定额并定价。目前许多星级饭店和餐饮企业都采用净料成本来计算菜点的成本。

(一) 净料率

净料率是指原料在初步加工后可用部分的重量占加工前原料总重量的百分比。净料率的高低反映原料加工利用率的高低,可就不同厨师对相同原料的加工质量进行比较,其计算公式为:

$$净料率 = \frac{加工后可用原料重量}{加工前原料总重量} \times 100\%$$

实际上,原料的净料率并不是恒定不变的,原料的等级规格、品种差异、上市季节差异、人员技术、人员敬业情况、加工器具设备等都会影响到原料的加工,因此,一般需要通过较长时间的调整后,才能制定相应的标准净料率,用于原料的加工管理和成本核算。

例1：某餐饮企业购入带骨羊肉16.00千克，经初步加工处理后剔出骨头4.00千克，求羊肉的净料率。根据公式：

$$羊肉净料率 = \frac{加工后可用原料重量}{加工前原料总重量} \times 100\% = \frac{(16.00-4.00)}{16.00} \times 100\% = 75.00\%$$

例2：某餐饮企业购入黑木耳3.00千克，经涨发后黑木耳重8.50千克，但从涨发过程中拣洗出不合格的黑木耳和杂物0.20千克，求黑木耳的净料率（或称涨发率）。根据公式：

$$黑木耳的净料率 = \frac{加工后可用原料重量}{加工前原料总重量} \times 100\% = \frac{8.50-0.20}{3.00} \times 100\% = 276.67\%$$

（二）净料成本的核算

通过初加工后，有些原料的不同部分可用于不同的菜肴制作，即产生不同的净料，称为一料多档。如青鱼，整条使用的只有一料一档，如分割成鱼头、划水、鱼片、肚档等，则称为一料多档。

根据净料加工程度，可分为生料（待烹制品）、半成品和熟制品三类，其单位成本的核算方法不同：

1. 生料的成本核算

生料就是只经过拣洗、宰杀、拆卸等初加工处理的，而没有经过任何初制或熟制处理的各种原料的净料。具体计算方法，可分为一料一档、一料多档以及不同渠道采购同一种原料等。

（1）一料一档的成本核算。毛料经过加工处理后，只有一种净料，而没有可以作价利用的下脚料，则用毛料总价值除以净料总重量，求得净料成本。其计算公式是：

$$净料成本 = \frac{毛料总值}{净料重量}$$

例3：某餐饮企业购得生菜30千克，价值共60元，经过加工除去老叶、根，洗净后得生菜25千克，求净生菜每千克成本。根据公式：

$$净生菜的成本 = 60 \div 25 = 2.40(元/千克)$$

毛料经过加工处理后得到一种净料，同时又有可以作价利用的下脚料、废料等，则须先从毛料总价值中扣除下脚料和废料的价款，再除以净料重量，求得净料成本。其计算公式是：

$$净料成本 = \frac{毛料总值 - (下脚料价款 + 废料价款)}{净料重量}$$

例4：某餐饮企业购入猪肉10.00千克，进价6.80元/千克。经初步加工处理后得净料7.50千克，下脚料1.00千克，单价为2.00元/千克，废料1.50千克，没有利用价值。求猪肉得净料成本。根据净料成本计算公式：

$$猪肉的净料成本 = \frac{(10.00 \times 6.80) - (1.00 \times 2.00)}{7.50} = 8.80(元/千克)$$

（2）一料多档的成本核算。一料多档是指毛料经初步加工后处理后得到一种以上的净料。为了正确计算各档净料的成本，应分别计算各档净料的单位价格。各档净料的单价可根据各自的质量以及使用该净料的菜肴的规格，首先决定其净料总值应占毛料总值的比例，然后进行计算。其计算公式为：

$$某档净料成本 = \frac{毛料进价总值 - (其他各档净料占毛料总值之和 + 下脚料价款)}{某档净料重量}$$

例5：某餐饮企业购入鲜鱼60.00千克，进价为9.60元/千克，根据菜肴烹制需要进行宰杀、剖洗分档后，得到净鱼52.50千克，其中鱼头17.50千克，鱼中段22.50千克，鱼尾12.50千克，鱼鳞、内脏等废料7.50千克，没有利用价值。根据各档净料的质量及烹调用途，该餐饮企业确定鱼头总值应为毛料总值的35.00%，鱼中段占45.00%，鱼尾占20.00%，求鱼头、中段、鱼尾的净料成本。

因为：鲜鱼的进价总值 = 60.00 × 9.60 = 576.00（元），所以根据公式：

$$鱼头的净料成本 = \frac{鲜鱼进价总值 - 鱼中段、鱼尾占毛料总值之和}{鱼头净料总重量}$$

$$= \frac{576.00 - (576.00 \times 45.00\% + 576.00 \times 20\%)}{17.50}$$

$$= 201.60 \div 17.50 = 11.52(元/千克)$$

$$鱼中段的净料成本 = \frac{鲜鱼进价总值 - 鱼头、鱼尾占毛料总值之和}{鱼中段净料总重量}$$

$$= \frac{576.00 - (576.00 \times 35.00\% + 576.00 \times 20.00\%)}{22.50}$$

$$= 259.20 \div 22.50 = 11.52(元/千克)$$

$$鱼尾的净料成本 = \frac{鲜鱼进价总值 - 鱼头、中段占毛料总值之和}{鱼尾净料总重量}$$

$$= \frac{576.00 - (576.00 \times 35.00\% + 576.00 \times 45\%)}{12.50}$$

$$= 115.20 \div 12.50 = 9.22(元/千克)$$

（3）成本系数。餐饮原料中大多是农副产品，由于原料的销售和生产都有其地区性、季节性、时间性和商业性，原料的价格具有客观的波动性，因此餐饮原料的采购常出现相同原料不同价格的现象，结果导致净料的成本不同，给餐饮销售带来很多不便。为了避免进货价格不同，除了稳定餐饮原料进货渠道、签订长期供货合同、竞标采购等方法稳定进货价格外，可以通过合理计算，即成本系数进行净料成本调整。

成本系数是指某种原料经初步加工或切割、烹制试验后所得净料的单位成本与毛料单位成本之比，用公式表示：

$$成本系数 = \frac{净料单位成本}{毛料单位成本}$$

成本系数的单位不是金额，而是一个计算系数，适用于某种原料的市场价格上

涨或下跌时重新计算净料成本,以调整菜肴定价。计算方法为:

$$净料成本 = 成本系数 \times 原料的新进货价格$$

采用成本系数来确定净料成本,最重要的是应取得准确的成本系数,由于进货渠道、原料质地、进货价格及加工技术不同,每种原料的成本系数必须经过反复测试才能确定。对于已经测定的成本系数也应经常进行抽查复试。餐饮企业进行原料加工测试时,一般都填写"原料加工试验单",作为计算、调整每一种原料成本系数的依据。"原料加工试验单"如表4-2。

表4-2 原料加工试验单

供应商名称:　　　　　　加工日期:　　　　　　编号:

原料名称	毛重	毛料单价	毛料总值	净料				成本系数
				品名	数量	单价	金额	

审核:　　　　　　加工人:

2. 半成品原料成本核算

半成品是指经过初步熟处理,但尚未完全加工成制成品的净料,根据其加工方法不同,又可分为无味半成品和调味半成品两种。

(1) 无味半成品成本核算。无味半成品又称为水煮半成品,它包括的范围很广,如经过焯水的蔬菜和经过熟处理的肉类等,都属于无味半成品。其计算公式为:

$$无味半成品成本 = \frac{毛料总值 - 下脚料总值 - 废料总值}{无味半成品重量}$$

例6:做东坡肉的猪肉4千克,每千克13元,煮熟损耗率20%,无下脚料、废料,计算熟肉单位成本。因为,毛料总值 = 13.00 × 4 = 52.00(元),则:

$$无味半成品重量 = 4 \times (1 - 20\%) = 3.20(千克)$$
$$熟肉每千克的成本 = 52.00 \div 3.20 = 16.25(元)$$

(2) 调味半成品成本核算。调味半成品是指经过调味后的半成品,如鱼丸、肉丸、腊肉、板鸭等。其成本计算公式为:

$$调味半成品成本 = \frac{毛料总值 - 下脚料、废料总值 + 调味品成本}{调味半成品重量}$$

例7:干鱼肚2千克经油发后成4千克,在油发过程中耗油0.60千克,已知干鱼肚每千克进价为80.00元,食油每千克进价8.00元,计算油发后鱼肚的单位成本。根据公式:

$$油发鱼肚成本 = \frac{2 \times 80.00 + 8.00 \times 0.60}{4} = 41.20(元)$$

3. 熟制品原料成本核算

熟制品也称制成品或卤制品,是经过煮、烤、拌、炸、蒸、卤、熏等方法加工而成,既可以用作冷盘菜肴的制成品,也可以作为菜肴制作的净料。其成本计算与调味半成品类似。

$$熟制品成本 = \frac{毛料总值 - 下脚料、废料总值 + 调味品成本}{熟制品重量}$$

例8:生牛肉2.50千克,单价12.00元,煮熟损耗40%,共用酱油、糖、味精、五香等调味品2.00元,求卤牛肉每千克的成本。根据公式:

$$卤牛肉的成本 = \frac{2.50 \times 12.00 + 2}{2.50 \times (1 - 40\%)} = 21.33(元)$$

三、调味品成本核算

中国菜肴历来以味闻名于世,百菜百味,一菜一格是中餐的特点。菜肴的味除来自于原料本身的味外,大多依赖调味品和调味汤的调制,产生丰富多彩的味觉感受。尤其如粤菜、海派菜等菜肴,大多讲究预先调制各种烹调汤,既可增加菜肴的风味,又可加快菜肴生产速度。因此,优质的调味品和调味汤的成本同样是餐饮产品成本的重要组成部分,它的成本核算关系到整个产品成本核算的精确度。

调味品品种繁多、用量少,其成本不可能像主料、配料成本那样用数量来计算,而只能由烹制菜肴的厨师在很短的时间内随取随用。在实际工作中,菜点调味品的成本核算只能是对有代表性的产品进行试验和测算的基础上采用其平均值进行估算。

(一)单件产品调味品成本的核算

单件制作的产品的调味品成本也称个别成本,餐饮企业中大多数单件烹制的热菜的调味品成本均属这一类。在核算此类调味品成本时,首先应将各种不同的调味品的用量估算出来,然后根据其进货价格分别计算金额,最后逐一相加即可。其计算公式为:

$$\begin{aligned}单件产品调味品成本 = &\ 单件产品耗用的调味品(1)成本 \\ &+ 单件产品耗用的调味品(2)成本 \\ &+ \cdots\cdots + 单件产品耗用调味品(n)的成本\end{aligned}$$

(二)批量产品平均调味品成本的核算

批量产品平均调味品成本也称综合成本,餐饮企业中的点心类产品、卤制品等调味品成本都属于这一类。计算此类调味品成本时,首先应像单件产品调味品成本核算那样计算出整批产品中各种调味品用量及其成本,由于批量产品的调味品使用量较大,因此调味品用量的统计应尽可能全面,以便准确核算调味品成本;然后用批量产品的总重量除调味品的总成本,即可计算出每一单位产品的调味品成本,用公式表示:

$$批量产品的平均调味品成本 = \frac{批量产品耗用的调味品总成本}{批量产品总重量}$$

例9：某饭店厨房面点加工间制作2.50千克豆沙馅,制作豆沙包100只,耗用的各种调味品数量及成本分别为：砂糖1.50千克,4.40元/千克；猪油0.20千克,12.50元/千克。求每只豆沙包的调味品成本。

根据批量产品调味品成本计算公式,每只豆沙包的调味品成本为：

$$豆沙包平均调味品成本 = \frac{1.50 \times 4.40 + 0.20 \times 12.50}{100} = 0.09(元/只)$$

四、餐饮产品原料成本核算

餐饮产品原料就是指产品所耗用的各种主料、辅料和调味料的成本之和。它是餐饮产品价格的基础,产品成本核算不精确,产品售价就难以合理,因此,必须精确地核算产品成本。餐饮产品的加工制作有成批制作和单件制作两种类型,产品成本的核算也有所区别。

(一)成批产品制作成本的核算

核算成批制作的产品成本时,首先求出整批产品耗用的主、辅料和调味品的总成本,再按其产品的数量平均计算,即可求出单位产品的成本。这种方法主要适用于主食、点心类以及宴会、团队等用餐菜肴的成本核算。其计算公式为：

$$单位产品成本 = \frac{本批产品所耗用的原料总成本}{产品数量}$$

例10：某饭店面点房制作扬州三丁包200只的用料是：面粉5.00千克(3.00元/千克),猪肉5.00千克(16.00元/千克),熟笋肉1.20千克(10.00元/千克),熟鸡肉1.20千克(16.00元/千克),酱油1.00千克(2.50元/千克),白糖0.60千克(5.00元/千克),豆粉0.20千克(2.80元/千克),虾子0.05千克(50.00元/千克),葱、姜等约1.20元,碱约1.00元,黄酒、盐等计1.00元。求每只三丁包的成本。

根据批量生产产品成本核算的公式：

$$三丁包的成本 = (5.00 \times 3.00 + 5.00 \times 16.00 + 1.20 \times 10.00 + 1.20 \times 16.00 + 1.00 \times 2.50 + 0.60 \times 5.00 + 0.20 \times 2.80 + 0.05 \times 50.00 + 1.20 + 1.00 + 1.00) \div 200 \approx 0.69(元/只)$$

(二)单件制作产品成本核算

核算单件制作的产品成本时,首先算出产品制作耗用的主、辅料和调味料的成本,然后逐一相加,即可得到单件产品成本。这种核算方法主要适用于单个加工的菜肴类产品的成本计算。

例11：扬州干丝一份,用豆腐干两块半2.5千克(0.40元/块),熟鸡丝0.025千克(16.00元/千克),虾仁0.025千克(50.00元/千克),熟鸡脎片0.025千克

(30元/千克),火腿丝0.01千克(40.00元/千克),笋片0.03千克(10.00元/千克),虾子0.005千克(50.00元/千克),大油0.075千克(6.00元/千克),酱油、盐等调味品0.50元。求每份扬州干丝的成本。

$$\begin{aligned}每份扬州干丝的成本 &= 2.5 \times 0.40 + 0.025 \times 16.00 + 0.025 \times 50.00 + 0.025 \times 30.00 + 0.01 \\ &\quad \times 40.00 + 0.03 \times 10.00 + 0.005 \times 50.00 + 0.075 \times 6.00 + 0.50 \\ &= 5.30(元/每份)\end{aligned}$$

五、酒品饮料成本核算

饮料收入是餐饮收入的重要组成部分。酒水成本是决定酒水价格的依据,另外,酒水销售的成本相对菜点成本要低,因此,酒水成本核算得准确与否更会直接影响餐饮企业的经济效益。

(一)瓶装、罐装饮料成本核算

瓶装、罐装饮料成本核算较为简单,用公式表示为:

$$瓶装、罐装饮料成本 = \frac{进价总成本}{瓶(罐)数量}$$

例12:某饭店餐饮部购入王朝干红葡萄酒1箱(12瓶/箱),单价为336.00元/箱;购入可口可乐10箱(24罐/箱),单价为44.40元/箱。求每瓶王朝干红葡萄酒及每罐可口可乐的成本。

$$每瓶王朝干红葡萄酒的成本 = \frac{进价总成本}{瓶数} = \frac{336.00}{12} = 28.00(元/瓶)$$

$$每罐可口可乐的成本 = \frac{进价总成本}{罐数} = \frac{44.40元/箱 \times 10箱}{24罐 \times 10箱} = 1.9元/罐$$

(二)调制酒品饮料成本核算

1. 基酒成本核算

一般来说,餐饮企业用各种烈酒作为基酒的调制饮料可分为两大类:

(1)纯烈酒或烈酒加其他饮料。此类调制饮料如威士忌加冰块等,其计算公式为:

$$每盎司酒的成本 = \frac{每瓶酒的进价}{每瓶酒的容量(盎司) - 允许流失量(盎司)}$$

(2)混合饮料。混合饮料如各类鸡尾酒,通常需要一至二种烈酒及多种辅料,如"两者之间"需用百加地朗姆酒和君度酒等两种基酒;"草裙"需用椰子甜酒和朗姆酒等两种基酒,等等。

为了准确计算基酒的成本,餐饮企业一般先行计算出该基酒的每一盎司(28.35克)成本。如某牌号的威士忌单价185.60,容量为32.00盎司,则该种威士忌的每一盎司成本为:185.60÷32.00 = 5.80元/盎司。考虑到酒品有自然溢损量,计算时每一瓶烈酒减去1盎司溢损量。因此,该种威士忌的每一盎司成本为:

$$185.60 \div 31.00 = 5.99(元/盎司)$$

例13：鸡尾酒"两者之间"耗用的基酒数量及其成本为：百加地朗姆酒1盎司，单价145.70元/瓶（容量为32.00盎司/瓶）；君度酒1盎司，单价117.80元/瓶（容量为32.00盎司/瓶）。求"两者之间"的基酒成本。首先计算两种基酒的每盎司成本：

$$百加地朗姆酒的成本 = 145.70 \div (32.00 - 1) = 4.70(元/盎司)$$
$$君度酒的成本 = 117.80 \div (32.00 - 1) = 3.80(元/盎司)$$

两种基酒的成本之和即为"两者之间"的基酒成本：

$$"两者之间"的基酒成本 = 1 \times 4.70 + 1 \times 3.80 = 8.50(元)$$

2. 辅料成本核算

辅料成本的核算方法与基酒成本的核算方法基本相同，也应先行计算辅料的每一盎司成本。如某牌号的瓶装菠萝汁单价16.70元，容量为140.00盎司，在考虑自然溢损量后，该种菠萝汁的每盎司成本为：

$$16.70 \div 140.00 = 0.12(元/盎司)$$

例14：鸡尾酒"两者之间"耗用的辅料数量及其成本为：白兰地1盎司，单价210.80元/瓶（容量32.00盎司/瓶）；柠檬汁1盎司，单价22.30元/瓶（容量140.00盎司/瓶）。求"两者之间"的辅料成本。

首先计算两种辅料的每一盎司成本：

$$白兰地的成本 = 210.80 \div 31.00 = 6.80(元/盎司)$$
$$柠檬汁的成本 = 22.30 \div 139.00 = 0.16(元/盎司)$$

两种辅料成本之和即为"两者之间"的辅料成本：

$$"两者之间"的辅料成本 = 1 \times 6.80 + 1 \times 0.16 = 6.96(元)$$

3. 配料和装饰物成本核算

配料和装饰物成本的核算相对较为简单，一般仅需对所耗用的配料及装饰物进行估算即可。如餐饮企业购入某牌号的樱桃一罐，单价为14.00元，经抽查得知每罐樱桃约有100颗，则可估算出樱桃的单位成本为0.14元/颗。

例15：鸡尾酒"红粉佳人"耗用的配料和装饰物数量及其成本为：鸡蛋清半只，6.40元/千克（16只/千克）；红樱桃1颗，0.14元/颗。求"红粉佳人"的配料和装饰物成本。

首先计算配料和装饰物的单位成本：

$$鸡蛋的单位成本 = 6.40 \div 16 = 0.40(元/只)$$

蛋黄作价0.20元/只，则鸡蛋清的单位成本为：

$$鸡蛋清的单位成本 = 0.40 - 0.20 = 0.20(元/只)$$
$$红樱桃的单位成本 = 0.14(元/颗)$$
$$"红粉佳人"的配料和装饰物的成本 = 0.5 \times 0.20 + 1 \times 0.14 = 0.24(元)$$

第五节 管事部的运转管理

管事部是餐饮运转的后勤保障部门,担负着为餐饮的前后台运转提供物资用品、清洁厨房和各种炊具,为餐厅提供清洁的营业用品,确保前后台工作和服务区域的卫生处于最佳状态的重要职责,是餐饮生产和经营的基本保证。

一、管事部的组织结构

(一)现代大型饭店餐饮管事部组织

现代大型饭店餐饮经营的区域分布在饭店各个层面,有中餐厅、西餐厅、风味厅、酒吧、宴会、送餐服务部等等,要确保各种餐饮活动的顺利进行,必须有一个组织力强的管事部作后勤,才能保障各种物资、物品、设备的及时到位及卫生等工作的服务质量。

现代大型饭店餐饮管事部通常负责宴会部及各类餐厅的物资、用品、设备的提供、清洗和保养工作,并保持这些区域的优质卫生环境。其组织结构如图4-8所示。

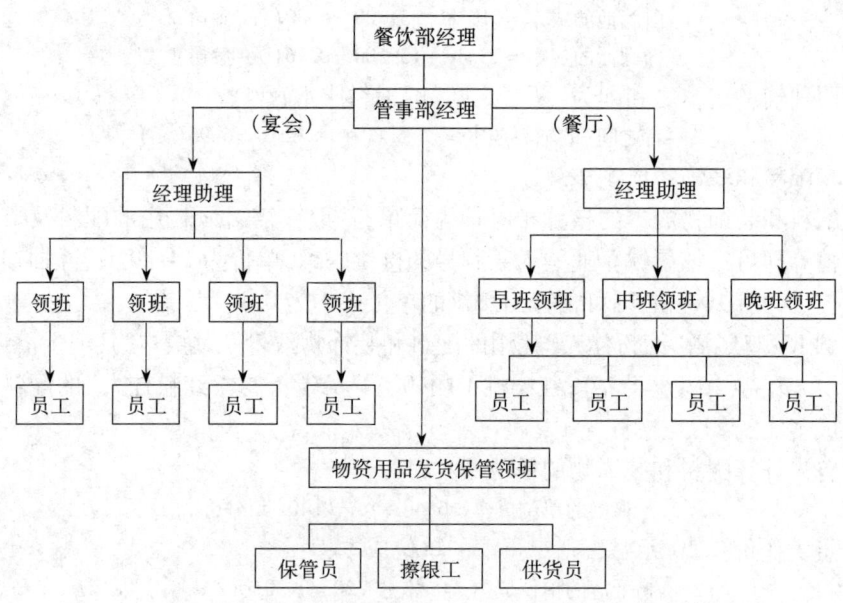

图4-8 现代大型饭店餐饮管事部组织图

(二)小型饭店餐饮管事部组织

小型饭店餐饮管事部的组织比较简单,结构比较单一,管事部指挥幅度比较小,涉及人员主要有杂役、擦银工、洗碗工和保管员等,因此有些饭店餐饮部只配置管事主管,领导几个工作小组,保证各种餐饮物资、用品、设备及时到位和工作环境卫生清洁。在一些更小的餐饮企业中,一般不直接设立管事部,而是由厨师长直接负责各种物资、用品及设备的提供和保养,至于卫生和洗碗工作则单独聘请人员负责。其组织结构如图4-9所示。

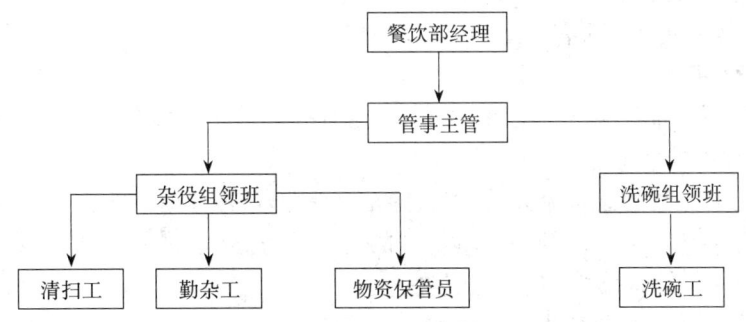

图4-9 小型饭店餐饮管事部组织图

二、管事部的职能

一个运转良好的管事部,会提供一个清洁卫生的工作场所,使员工在舒畅的环境中工作,从而提高员工的工作效率。这一切的实现,与科学合理的分工和各行职责是分不开的,因此,合理建立岗位,明确工作职责,相互配合协作是管事部工作正常运转的基本保证。

(一)物资、用品管理

1. 餐饮用具的管理

(1)管事部负责餐具及器具的报购、领取、保管、调配、发放,各部门应各自保管好从管事部领出及借用的器具,并把责任落实到人。

(2)管事部根据餐饮部经理批准的定额计划和追加计划向有关部门发放物资和用品,属计划外的作临时借用处理。

(3)管事部负责每月将各部门对物资和用品的领取、借用及拖欠情况向餐饮部经理汇报,对损耗量超计划的部门,作出合理的处理。

(4)各部门丢失或损坏器具、餐具等,应及时报管事部经理,由餐饮部核对并根据情况分别给予报损或赔偿处理。

(5)管事部负责餐厅各种用具物品的回收和清洗工作,对清洗过程中造成破损的进行数量统计,以便核对损耗率。

(6)管事部负责厨房使用的各种炊具、用品的统一管理和调配,并建立物资及用品领、借、还等手续。

(7)管事部负责器具的保养,对一些贵重物资和用品应配专人负责保养,如银器的清洗、抛光等。

(8)管事部负责对所有物资、用品进行登记、定期盘点和情况汇报。

(9)管事部负责餐饮对各种物资、用品的质量进行监督,对不符合质量要求的要及时向餐饮部汇报。

(10)管事部负责所有员工的工作调配和人员培训。

2. 布草管理

(1)餐厅用布草应备有记录,要有专人管理,对餐厅每日布草的使用情况及周转数量作详细的登记。

(2)为防止餐厅布草流失,将多余的布草保存好,需要时按所需数量领取。

(3)管事部负责餐饮各种布草物件的清洗任务,将清洗好的布草及时清点保管好,由专人保管,存放在干燥、卫生的地方。

(4)合理使用各种布草,注意轮换使用、专布专用,尽可能减少破损,防止久放发脆、发霉和虫蛀。

(5)管事部负责各种布草的定期盘点,确保餐厅各种布草的数目准确。

(二)设备的使用和保养

1. 管事部设专人负责餐饮各种设备的使用和保养工作,尽可能延长设备的使用寿命,对各种设备的使用情况作详细的记录和汇报。

2. 管事部负责制定各种设备的使用和保养计划,对各种设备的使用作详细说明,并指导和监督使用。

3. 管事部负责定期检查各种设备的使用情况和计划落实情况。

4. 管事部负责各种设备的配置和安放,尽可能避免因设备的经常性移动而造成设备损坏。

5. 管事部负责选配维修保管人员,并与设备供应商保持联系。

6. 建立各种设备使用档案,将设备使用情况、位置、维修情况和日期、维修费用等信息记录在档案中,为设备申购提供依据。

(三)卫生管理

1. 洗碗间和餐具库房的卫生

这两处是管事部工作人员的作业场所,必须保持清洁卫生。尤其是洗碗间应保持地面干燥无污物,操作台面餐具分类摆放井井有条。

2. 日常卫生

明确日常卫生工作的内容和工作范围,将餐饮场所的铜饰物、指示牌、门窗进行清洗抛光;对餐厅的地板、地毯进行拖洗和吸尘;对餐厅的餐车、通道及墙面进行清洗;对厨房炉头、案台、橱柜、水槽、菜梯等进行清洗,等等。

3. 计划卫生

管事部必须制定除日常卫生打扫以外的卫生工作计划,即对餐饮经营区域的卫生打扫工作制定定期卫生计划。如定期清洁餐厅的玻璃墙门;定期清洁空调出风口;定期清洁餐厅灯饰、风帘机、防尘网等;定期清洁厨房油烟罩、油烟管;定期清洁洗碗机,疏通下水道,等等。

4. 垃圾的处理

垃圾分为干垃圾和湿垃圾两种。干垃圾主要指玻璃、瓶罐、纸张、食品下脚料以及各种混合垃圾等。湿垃圾主要指食油、油脂、废水和洗涤污水等。可以回收的垃圾可出售,对于不可回收的垃圾,其处理方法为:一是将干垃圾存放在规定的垃圾房,再交城市环保部门处理。有些饭店为了减少垃圾处理成本,通过减少垃圾体积和重量的方法进行干垃圾处理;二是将湿垃圾集中在专用的垃圾桶中,经过滤油器等处理后入下水道,并加强对下水道的检查,定期清洗和疏通。

三、管事部的岗位职责

(一)管事部经理(主管)

1. 职责纲要

根据餐饮企业的规模和标准,由餐饮部规定管事部经理的岗位职责,负责管理所有管事部职能范围内的事宜,包括制定计划,日常管理和监督等。

2. 工作区域

所有管事部工作区域、厨房、跑菜和后勤区域。

3. 反馈对象

餐饮总监(经理)、副总监(副经理)、行政总厨(厨师长)。

4. 主要关系

(1)内部关系:与管事部员工、厨房员工、仓库员工、员工餐厅员工、餐饮部员工、客房部员工、财务部员工、工程部员工和行政成员保持良好的沟通,做好协调工作。

(2)外部关系:与饭店客人、机械修理服务人员、化学用品供应公司、害虫控制公司人员、卫生部门等保持良好的沟通,做好协调工作。

5. 技能

(1)确保员工理解餐饮企业的标准、政策和程序。

(2)具备按工作程序进行组织、分配工作的能力。

(3)具有引导、提高员工工作积极性,形成团队凝聚力的能力。

(4)了解每位员工的特点,制定合理的培训计划。

(5)在任何情况下,保持清新的头脑并能对发生的事情作出合理的决断。

(6)有专家的眼光,注意工作中的各种细微问题,防患于未然。

(7)具有合理调整工作方法的能力。

(8)在任何工作中能发挥积极的表率作用。

(9)在工作区域,有经受住高温、高湿和噪音的能力。

(10)熟悉各种设备的使用方法。

(11)适应性强,工作主动。

(12)有确保餐饮企业财产和仓库区域安全的能力。

6. 职责

(1)了解每一个区域每一顿饭的消费水平,制定团队活动计划,能正确使用和保养餐饮设备、用具,熟悉所有部门的政策和服务程序,能正确使用各种化学用品,等等。

(2)制定工作计划,检查所有区域的工作情况,发现问题及时调整。

(3)与餐饮部经理、行政总厨等交流情况,反馈信息,及时提供所需的餐具和物品。

(4)回顾厨房与餐厅所需,安排管事部的班次,确保所有的安排符合需要。

(5)根据餐饮活动标准,正确提供各种餐具、器皿,并完善领发手续。

(6)检查夜班的工作质量,确保在规定的时间内完成工作。

(7)保证餐饮物资和用品的库存合理。

(8)指派专人负责餐具和用品的发放,纠正工作中的错误。

(9)建立清洁表,记录清洁工作完成情况,确保所有工作区域清洁卫生。

(10)根据循环节约的原则,实施管理和监督工作。

(11)合理制定预算,与财务部保持良好的沟通,合理控制成本,解决成本的偏差问题。

(12)协调员工班次,建立班次表,记录员工出勤情况,有额外工作或工作有变动的应及时告知员工。

(13)检查员工仪表仪容并纠正差错。

(14)检查、计划和确保所有设备和餐具的事前准备工作,纠正各种错误。

(15)检查和监督员工在工作中的表现,确保服务程序符合部门标准,纠正个别错误。

(16)监督所有工作区域的卫生是否符合卫生条例,发现问题及时指导解决。

(17)监督和确保洗碗、洗锅和库存工作是否符合程序。

(18)根据餐饮企业标准做好控制虫害的工作。

(19)监督和确保管事部员工的安全。

(20)建立餐饮各种设备和餐具的保养和维修工作程序,并保持记录正确。

(21)检查各种设备的使用情况,制定维修保养计划,保留设备维修服务档案。

(22)熟悉餐饮企业的服务和特点,了解客人需求,及时准确回答客人问题,保证客人满意。

(23)培养员工的协作精神,加强员工的职业道德修养,了解和反映员工表现情况,及时解决问题。

(24)制定员工培养计划,完成资格认证工作。

(25)在部门日志上记录相关信息,检查每周的成本预算,完成计划盘点,反馈信息。

(26)出席餐饮部经理召开的会议,完成部门档案。

(二)管事部领班

1. 职责纲要

监督、检查所有被安排工作的管事部员工的表现。确保所有的工作程序符合餐饮企业的标准。协助并确保提供给客人最适宜的服务。

2. 工作区域

所有管事部工作区域、厨房、出菜和后勤区域。

3. 反馈对象

经理或副经理。

4. 主要关系

(1)内部关系:与管事部员工、厨房员工、仓库员工、餐饮部员工、客房部员工和工程部员工保持良好的沟通,做好协调工作。

(2)外部关系:与机械修理服务公司代表、化学用品供应公司代表、害虫控制公司人员、卫生部门保持良好的沟通,做好协调工作。

5. 技能

(1)在餐饮服务行业具有相关经验。

(2)具有一定的清洁技能和正确使用餐具和机器的知识。

(3)具有适当处理化学用品的知识。

(4)沟通能力较强,能用英语和管理者、同仁进行满意的交流。

(5)具有成本核算的能力。

(6)具有加强员工遵守餐饮企业标准、政策和程序的能力。

(7)具有组织、合理分配工作的能力。

(8)具有指导员工按正确工作方法工作的能力。

(9)具有提高员工工作积极性和团队凝聚力的能力。

(10)根据员工的特点合理安排专业培训。

(11)在任何情况下都能冷静地处理各种问题,作出正确的判断。

(12)注意工作中的细节问题,发现问题及时报告和解决,并在工作中起表率作用。

6. 职责

(1)保持所管辖区域内的清洁卫生和整洁。

(2)安排本区域的员工工作,根据工作需要合理安排员工人数。

(3)负责向厨房、餐厅和酒吧提供所需用品和设备,筹划和配备宴会等活动的餐具。

(4)根据使用量配发各种洗涤剂和其他化学用品。

(5)协助管事部经理进行各种设备、餐具的盘点工作。

(6)对洗涤过程中的餐具破损情况进行控制,发现问题立即采取措施或汇报给管事部经理处理。

(7)监督本区域员工按规定的程序和要求工作,保证清洁卫生的质量,做好员工的考勤考核。

(8)与厨房和餐厅保持良好的协作关系,加强工作中的沟通。

(9)协助管事部经理落实有关培训课程。

(10)督促属下员工遵守所有餐饮企业的规章制度、条例和纪律。

(三)管事部洗碗工

1. 职责纲要

按要求工作,熟练使用洗碗机来清洗指定餐厅和厨房的器具,清洁并保持餐具和各区域整洁。协助清洗锅、盘和其他厨房餐具。完成交办的其他工作。

2. 工作区域

洗碗间后勤区域,厨房和餐具室区域。

3. 反馈对象

经理或当班领班。

4. 主要关系

(1)内部关系:与管事部员工、厨房员工、仓库员工、餐饮部员工、客房部员工和工程部员工保持良好的沟通,做好协调工作。

(2)外部关系:与洗碗机修理服务公司员工和化学用品供应公司代表沟通,做好协调工作。

5. 技能

(1)能运用与工作相关的英语进行交流。

(2)具有餐具、用品的盘点经验。

(3)有卫生认证资格,精通卫生条例。

(4)具有合理使用化学用品的能力。

(5)能仔细地、快速地、准确地、主动地完成工作。

(6)熟悉工作流程和操作次序。

(7)工作中具有较强的责任心和吃苦精神,克服工作的压力。

(8)能不断积累工作经验。

6. 职责

(1)保持工作场地的清洁卫生。

(2)上、下班均需检查洗碗机是否运转正常,清洗、擦干机器设备。

(3)按规定的操作程序工作,保证洗涤质量。

(4)及时清洗餐具,避免积压脏餐具。

(5)正确使用和控制各种清洁剂和化学用品。

(6)大型宴会活动的餐具洗涤任务艰巨,要提前作好各种准备。

(7)完成上级布置的其他各项任务。

(四)管事部抛银器工

1. 职责纲要

按要求工作,熟练使用洗碗机来清洗指定餐厅和厨房的器具,清洁并保持餐具和各区域整洁。协助清洗锅、盘和其他厨房餐具。完成交办的其他工作。

2. 工作区域

洗碗间后勤区域、厨房和餐具室区域。

3. 反馈对象

经理或当班领班。

4. 主要关系

(1)内部关系:与管事部员工、厨房员工、仓库员工、餐饮部员工、客房部员工和工程部员工保持良好的沟通,做好协调工作。

(2)外部关系:与抛光机修理服务公司和化学用品供应公司代表保持良好的沟通,做好协调工作。

5. 技能

(1)能运用与工作相关的英语进行沟通。

(2)有清点用品、餐具的工作经验。

(3)有卫生认证资格,精通卫生条例。

(4)具有一定的化学用品处理能力。

(5)能仔细地、快速地、准确地、主动地完成工作。

(6)熟悉工作流程和操作次序。

(7)有熟练操作机器的能力。

(8)有较强责任心,能发挥表率作用。

(9)能承受各种压力,认真完成本职工作及其他各项任务。

(10)能不断积累工作经验。

6. 职责

(1)保证餐饮企业所用金、银餐具和铜器始终清洁光亮。

(2)每天负责擦洗厨房烹制车和切割车等。
(3)保证清洗各种银器所用化学清洁剂正确无误。
(4)掌握正确的擦洗银器的程序,精心维护银器的使用寿命。
(5)严格按擦洗银器进度表进行擦洗,并做好记录。
(6)控制银餐具的损耗率,发现使用中的问题立即汇报。
(7)爱惜抛光机等擦洗设备,及时维护保养。

(五)管事部普通管事员

1. 职责纲要

按要求和标准工作,完成上级布置的清洁工作。清洁厨房、餐厅、仓库等区域,清洗和保养餐具和用品。协助完成其他管事部职能区域的工作。

2. 工作区域

洗碗间后勤区域、厨房和餐具室区域。

3. 反馈对象

经理或当班领班。

4. 主要关系

(1)内部关系:与管事部员工、厨房员工、仓库员工、餐饮部员工、客房部员工和工程部员工保持良好的沟通,做好协调工作。

(2)外部关系:与机器维修服务公司和化学用品供应公司代表保持良好的沟通,做好协调工作。

5. 技能

(1)能运用与工作相关的英语进行工作交流。
(2)有对餐具、用品进行盘点的经验和能力。
(3)有卫生认证资格,精通卫生条例。
(4)具有一定的化学用品处理能力。
(5)能仔细地、快速地、准确地、主动地完成工作。
(6)熟悉工作流程和操作次序。
(7)具有熟练操作机器的能力。
(8)有较强责任心,能发挥表率作用。
(9)能承受各种压力,认真完成本职工作及其他各项任务。
(10)能积累清洗多种用品的经验。

6. 职责

(1)收集和清理所有的纸盒、空瓶等旧容器。
(2)定时清除或更换各处的垃圾筒。
(3)按规定时间清扫指定的区域,保持各区域清洁卫生。
(4)帮助收集和贮存各种经营设备,将其搬到指定库房。

（5）负责餐饮部食品验收处的清洁卫生工作，及时清理、冲洗。

（6）为大型餐饮宴会活动准备场地，搬运物品餐具。

（7）完成上级所布置的其他临时工作。

四、管事部与其他部门的关系

（一）管事部与采购部门的关系

管事部的重要职能之一是为餐饮部门提供各种器具、用品和设备，这些物资都是由采购部门完成。要确保各种物资、设备采购得合理准确，必须做好与采购部门的协调工作。从管事部方面来说，要保证做好以下几个方面的工作：

1. 应提供采购规格书，将需要采购的物资、设备等的规格、性能、品牌、质地及颜色等作具体说明，必要时附上各种餐具、器具、布草、设备、卫生用品等的样品和图片，确保采购的物资正确无误。

2. 应认真做好各种餐具、器具、物品和设备的使用调查工作，做到善于分析掌握情况，对餐具物品等的使用量和库存量有明确的数字概念，并合理地确定各种餐具物品的采购周期和最低库存量，使采购工作有计划地进行，同时降低采购成本。

3. 必须做好采购餐具物品的检查工作，认真验收各种餐具物品的数量、规格、品牌和质地等是否与采购规格书相符，以保证采购餐具物品的质量。

（二）管事部与宴会部之间的关系

大型宴会活动的物品、餐具等的筹措是管事部的职责之一，因此，在宴会活动确认后，宴会部必须迅速将宴会订单送到管事部。管事部经理接到任务后，应及时参加宴会部经理主持的一周客情报告会，及时沟通宴会信息，掌握宴会的规格要求，并及时调配人员，安排筹措各种物品餐具，确保在宴会开始前，准确按宴会订单的要求，作好各项准备。在宴会进行过程中以及宴会结束后，保证有足够的人员及时洗净各种餐具和物品，立即清点归库，统计出餐具损耗量。在整个宴会活动中始终与宴会部保持密切的联系，相互配合以保证满足客人的需要，使宴会获得圆满成功。

（三）管事部与餐厅、厨房、酒吧的关系

管事部与餐厅、厨房、酒吧的关系最为密切，彼此的支持和协作影响到餐饮部生产和服务的质量和效率。管事部是餐饮生产服务顺利运转的保证，其工作重心是要确保及时提供餐厅、厨房、酒吧服务和生产所需餐具物品。为此，管事部必须做好以下几个方面的工作：

1. 管事部必须确保有足够数量的餐具物品的使用和周转，任何时候保证餐具物品的清洁卫生。

2. 管事部应注意工作区域的卫生安全，保持工作区域地面的干燥，避免因人员进出而将地面的油污带入餐厅污染餐厅的地毯等。

3. 餐具用品的洗涤工作必须严格按照规定的程序、质量和卫生要求进行操作，尽可能避免失误，以减少餐具物品的损耗量。

4. 属于餐厅保管的金属餐具和贵重物品，洗涤后应及时交专门的管理人员验收，做好记录，以免造成遗失或损失。

5. 培养相互协作的精神，急前台所急，想客人所想，维护餐饮企业的集体荣誉。

第六节　厨房生产卫生与安全管理

餐饮产品的卫生与安全是衡量餐饮产品质量的重要标准，它直接影响到餐饮企业的经营状况和社会信誉。所谓卫生，就是在餐饮产品的采购、生产和销售过程确保产品处于安全状态。为了确保产品的安全性，必须加强员工的卫生意识，在食品生产的各个环节制定卫生安全条例，明确职责，杜绝食品安全事故发生。

一、食物中毒与预防

餐饮生产的卫生与安全最最重要的是要防止食物中毒事故的发生。食物中毒就其种类来看，以微生物造成的最多，发生的原因大多是对食物处理不当所致，其中以冷却不当为主要致病原因。从场地来看，大多发生在卫生条件差、没有良好卫生规范的地方；从事故发生的时间来看，大部分在夏秋季节，原因是气温高容易使微生物繁殖生长，造成食物变质；从原料的品种来看，主要是肉类、鱼类、蛋品、乳品等食物容易产生食物中毒。因此，餐饮的卫生与安全管理，必须从源头抓起，突出重点，作好预防准备，才能杜绝食物中毒事故的发生。

食物之所以有毒致病，原因有四：一是受到了细菌的污染，细菌产生的毒素致病。当然，产生毒素的不是细菌本身，而是细菌的排泄物。对此必须有清楚的认识，因为食物中的细菌产生毒素后，该食物就会完全失去安全性，即使烹调加热杀死细菌，也不能破坏毒素而使其失去活性，毒素仍然存在。这种毒素通常又不能通过人的感官进行鉴别，因此很容易发生食物中毒事故；二是食物受致病细菌的污染，这种致病细菌在食物上大量繁殖，当食用了一定量后造成食物中毒；三是有毒化学物质污染了食物，并达到能引起中毒的剂量，产生食物中毒；四是食物本身有毒，没能加工彻底而造成食物中毒。

（一）细菌性食物中毒的预防

细菌以裂殖的方式进行快速繁殖，其繁殖速度与环境中的氧气、温度、湿度、营养和酸碱度密切关联。

1. 防止沙门氏菌的污染及中毒

沙门氏菌是一种生长在动物体肠道内的致病菌，生鲜的家禽肉类、家畜肉类以及各种蛋乳品等，都是沙门氏菌的污染媒介。预防的主要措施是：生产人员定期作健康检查和保持个人卫生,杜绝带菌者进入工作区;保持加工区域的环境卫生,防止鼠类、蚊蝇昆虫的侵害;杜绝熟食品长时间放置在室温下,应及时处理或冷藏;加工原料应注意交叉感染,养成良好的卫生操作习惯,等等。

2. 防止副溶血性弧菌的污染及中毒

副溶血性弧菌又称致病性嗜盐菌,广泛生长在海水中。海产品、海盐以及海盐腌制的食品都是致病菌的媒介。预防的主要措施是:利用冷冻和冷藏防止致病菌的生长与繁殖;加热杀菌;避免生食海产品;注意原料及容器的交叉感染,等等。

3. 防止葡萄球菌的污染及中毒

葡萄球菌是一种容易感染到人的身体内外的细菌,该细菌本身没有毒素,但一旦感染繁殖所产生的排泄物对人的皮肤、组织产生过敏性感染。主要预防措施是:员工保持个人卫生;避免有感冒、皮肤感染、鼻炎、咽喉炎等病症的人员进入工作区域;注意冷藏原料食品,低温防止细菌的生长与繁殖。

4. 防止肉毒杆菌的污染及中毒

肉毒杆菌主要是随泥土或动物粪便污染食品,它的生长繁殖需在无氧情况下厌氧生长。通常引起中毒的食品是肉类罐头、臭豆腐、腊肉以及发酵制品等,高温加热可以杀菌。预防的主要措施是:防止劣质或过期罐头制品进入食品的加工生产之中;注意冷藏食品;在肉制品和鱼制品中加入食盐可起到抑制细菌生长繁殖的作用;注意原料的净治加工,防止受到土壤和粪便的污染。

5. 防止黄曲霉毒素污染及中毒

黄曲霉毒素是黄曲霉菌的代谢产物,具有较强的致癌性。预防的主要措施是:注意原料的保管,如花生、大豆、大米等粮食类原料应在低温干燥环境中贮存,以免高温潮湿而发霉产生毒素;避免发霉的花生、大豆、大米、面粉等混入加工食品而导致中毒。

(二)化学性食物中毒的预防

化学性食物中毒的发生原因非常复杂,主要包括砷、铅、有机磷、有机氯、有机汞、多环芳烃类等化学物质,直接或间接对人体产生作用而发生中毒。预防的主要方法是:从具有质量保证的渠道采购原料,防止使用加工纯度低的色素、盐、碱、葡萄糖等;不使用含有有毒物质的器皿、容器、包装材料,如铅、锌、铜、锡等材料的容器,聚乙烯、聚丙烯等塑料包装材料;加工各种原料要洗涤干净,进一步消除有机农药的残留;厨房要谨慎使用用于消毒的杀虫剂;加强原料和食品的保管,远离各种化学物质和药剂;禁止使用质量不合格的食物添加剂,等等。

(三)有毒食物中毒的预防

有毒食物主要指食物本身或变化而产生毒素,食用后产生过敏反应、腹泻呕吐,甚至死亡。有毒食物中毒的原因很多,有采购原料时混杂有毒品种,如食用菌混杂有毒的真菌;有原料的加工纯度不够而造成有毒物质残留,如棉籽油中残留棉酚、棉酚紫、棉绿素等毒素;有原料贮存不当而发生变化产生毒素,如土豆发芽产生龙葵素;有原料腌制产生亚硝酸盐而发生中毒;有原料本身死亡而产生毒素,如鲭鱼、鲐鲅鱼、金枪鱼、黄鳝、甲鱼等死亡后产生毒素;有食用过量的富含丰富维生素A的食物而发生中毒,如狗肝、鱼肝以及野生动物肝脏等。预防的主要措施是:区别各种食物,防止互相混淆;严格原料的保管;加强原料选择环节的质量鉴定,严格按操作要求生产各种食品。

二、食物中毒事故的处理

如有客人食用餐饮产品身体不适,管理人员和员工应沉着冷静,忙而不乱,尽可能控制势态,及时加以处理。其基本处理步骤如下:

1. 记下客人的姓名、地址和电话号码(家庭和工作单位)。
2. 询问具体的征兆和症状。
3. 弄清楚吃过的食物和就餐方式,食用日期、时间、发病时间、病痛持续时间,用过的药,过敏史,病前的医疗情况或免疫接种等。
4. 记下看病医生的姓名和医院的名称、地址和电话号码。
5. 有本企业的医生在场协助处理,了解病情,掌握现场资料。
6. 立即通知由餐饮部经理、厨师长等人员组成的事故处理小组,对整个生产过程进行重新检查。
7. 将相关信息递交给本企业的医生,以便更好地处理事故,如确是食物中毒则承担一切责任。
8. 查明同样的食物供应了多少份,收集样品,送化验室分析化验。
9. 查明这些可疑的菜点是由哪个员工制作的,对所有与制作过程有关的员工进行体检,查找有无急性患病或近期生病及疾病带菌者。
10. 分析并记录整个制作过程中的情况,明确有可能在哪些地方,食物如何受到污染;哪些地方存在细菌,以及这些细菌在食物中繁殖的机会等。
11. 从厨房设备上取一些标本送化验室化验。
12. 分析并记录餐饮生产和销售最近一段时期的卫生检查结果。

三、餐饮食品卫生控制

食品卫生控制是从采购开始,经过生产过程到销售为止的全面控制。食品的卫生状况受下列因素的制约:一是生产环境、设备和工具的卫生;二是原料的卫生;三是制作过程的卫生;四是生产人员的卫生。管理者必须对这四方面加以控制,以确保厨房生产食品的卫生。

(一)厨房环境的卫生控制

厨房是制作餐饮产品的场所,各种设备和工具都有可能与食品接触,卫生状况不良既影响员工健康,又会导致食品被污染。环境卫生除了建筑设计上必须符合食品卫生要求,购买设备时考虑易清洗、不易积垢外,最重要的是始终保持清洁干净。厨房卫生的控制关键在于日常管理,制定员工工作区域的卫生责任制,明确员工的卫生职责,将卫生工作要求和操作程序融入到具体的生产过程中,并通过严格的培训和教育,养成良好的卫生习惯,确保各自工作区域的环境卫生。

(二)原料的卫生控制

原料的卫生程度决定了产品的卫生质量。厨房在正式取用原料时,要认真进行质量鉴定。原料的质量控制必须由具有丰富经验而又细心的人员担任。如为了保证成品原料——罐头制品的质量,必须注意生产日期、保质期、品牌、供应商等情况,才能判断原料的质量;对于高蛋白原料,应该通过原料表面的黏液和气味,来判断原料的新鲜度;对于干货原料,则凭手感判断原料的含水量;对于加工性原料如火腿,则要用竹扦法鉴定火腿的质量,等等。

(三)生产过程的卫生控制

生产过程的卫生控制主要包括下列内容:解冻冷冻食品一是要用正确的解冻方法;二是要迅速,尽量缩短解冻的时间;三是解冻中不可受到污染,各类食品应分别解冻,不可混合在一起;清洗食品要确保干净、安全、无异物,并放置于卫生清洁处,避免任何污染和意想不到的杂物掉入;开启罐头时应先清洁表面,再用专用的开启刀开启。绝对不能使用破碎的玻璃罐头;对蛋品、贝类加工去壳时,注意不能使表面的污染物沾染内容物;加工容易腐败的食品时,要尽量缩短时间;大批量加工时应将原料逐步分批从冷库中取出,以免最后加工的食品在自然环境中放置过久而质量下降。加工的环境温度不能过高,以免食品在加工中变质,加工后的成品应及时冷藏。

配制食品时,盛器要清洁并且是专用的,尽量接近烹调时间。烹调加热食品时,要充分杀菌。盛装时餐具要清洁,切忌使用工作抹布擦抹。

生产冷菜时要注意:首先,所用设备、用具应生熟分开;其次,切配食品应使用专用的刀、砧墩和抹布,切忌生熟交叉使用。要对用具定期进行消毒,操作时尽量简化制作手法。装盘不可过早,装盘后不能立即上桌的应用保鲜纸封闭,并要进行冷藏。

(四)生产人员的卫生控制

厨房生产人员在就业前必须通过体检,在岗人员也要定期进行体检,持有"健康证"才能从事厨房工作。生产人员不得带传染性的疾病工作。

工作时应保持个人仪表、仪容高度整洁。穿戴的工作衣帽脏后应及时更换。头发要整洁,发式简单,戴上工作帽后能完全盖住头发,以免头饰或头发掉落在食品中。

烹饪制作是一项手工操作的工作,手的清洁最重要。操作中尽量使用工具,减少手与食品直接接触,必要时应戴清洁消毒手套。手指不得蓄留长指甲、涂指甲油及佩戴首饰。

另外,任何个人不得在生产区吸烟、嚼口香糖,不得对着菜肴讲话,不得坐在工作台上,以免污染工作台而影响食品卫生。

四、厨房安全操作

1. 割伤

主要是由于使用刀具和电动设备不当或不正确而造成的。其预防措施是:

(1)在使用各种刀具时,注意力要集中,方法要正确。

(2)应当保持刀具等所有切割工具锋利,实际工作中,钝刀更易伤手。

(3)操作时不得用刀指东画西,不得将刀随意乱放或拿着刀边走边甩动膀子。

(4)不要将刀放在工作台或砧板的边缘,以免震动时滑落砸到脚上。

(5)清洗刀具时,要一件件进行,切不可将刀具浸没在放满水的洗涤池中。

(6)禁止拿着刀具打闹。

(7)在没有学会使用某种机械设备之前,不要随意开动它。

(8)在使用具有危险性的设备(绞肉机或搅拌机)之前,必须了解设备装置是否到位。

(9)在清洗设备时,要先切断电源再清洗。清洁锐利的刀片时要格外谨慎。

(10)厨房内如有破碎的玻璃器具和陶瓷器皿,要及时处理掉,不要用手去拣。

(11)工作区域有暴露的铁皮角、金属丝头、铁钉之类的东西要及时敲掉或取下。

2. 跌伤和砸伤

由于厨房地面潮湿、油腻,行走通道狭窄,搬运货物较重,非常容易造成跌伤和砸伤。其预防措施为:

(1)工作区域及周围地面要保持清洁、干燥。油、汤、水撒在地上后,要立即擦掉。

(2)工作鞋要有防滑性能,不能穿薄底鞋、已磨损的鞋、高跟鞋、拖鞋、凉鞋。

(3)所有通道和工作区域内应没有障碍物,橱柜的抽屉和柜门不应当开着。

(4)不要把较重的箱子、盒子或砖块等留在可能掉下来砸伤人的地方。

(5)厨房员工来回行走的路线要明确,尽量避免交叉相撞等。

(6)存取高处物品时应使用专门的梯子,过重的物品不能放在高处。

3. 扭伤

多数是因为搬运超重的货物或搬运方法不当造成的。其预防措施是:

(1)搬运重物要估计自己是否能搬动,搬不动应请人帮忙或使用搬运工具,绝对不能勉强或逞能。

(2)抬举重物时,背部要挺直、膝盖弯曲,要用腿力来支撑,而不能用背力。
(3)举重物时要缓缓举起,使所举物件紧靠身体,不要骤然一下猛举。
(4)举重物时如有必要,可以小步挪动脚步,最好不要扭转身体,以防伤腰。
(5)搬运时当心手被挤伤或压伤。
(6)尽可能借助于起重设备或搬运工具。

4. 烧烫伤

烧烫伤主要因员工接触高温食物或设备、用具时不注意防护引起的。主要预防措施有:
(1)在烧、烤、蒸、煮等设备的周围应留出足够的空间,避免因空间拥挤而烫伤。
(2)在拿取温度较高的烤盘、铁锅或其他工具时,手上应垫上厚抹布,双手要清洁且无油腻,以防打滑。撤下的热烫的烤盘、铁锅等工具应及时作降温处理,不得随意放置。
(3)使用油锅或油炸炉,不能有水滴入油锅。热油冷却时应单独放置并设有标志。
(4)从蒸笼内拿取食物时,应关闭气阀,打开笼盖,再使用抹布拿取,以防灼伤。
(5)使用烤箱、蒸笼等加热设备时,应避免人体过分靠近炉体或灶体。
(6)在炉灶上操作时,应注意将用具摆放妥当。
(7)烹制菜肴时,要正确掌握油温和操作程序,防止油温过高、原料投入过多和油溢。
(8)在端热油锅或大锅菜时,要大声提醒其他员工注意或避开。
(9)在清洗加热设备时,要先冷却后再进行。
(10)禁止在炉灶边及热流区域打闹。

5. 电击伤

电击伤主要是因员工违反安全操作规程或设备出现故障而引起。主要预防措施如下:
(1)使用机电设备前,首先要了解其安全操作规程,并按规程操作。
(2)使用设备时如发现冒烟、有焦味、电火花等异常现象,应立即停止使用。
(3)厨房员工不得随意拆卸、更换设备内的零部件和线路。
(4)手上沾有油或水时,尽量不要触摸电源插头、开关等部件,以防被电击伤。

6. 火灾

造成厨房火灾的主要原因有:电器失火、烹调起火、抽烟失火、管道失火、加热设备起火以及其他人为因素等。为了避免火灾的发生,需采取以下预防措施:
(1)使用和操作各种厨房电器设备必须制定安全操作规程,并严格执行。

(2)安装和使用各种厨房电动设备必须符合防火安全要求。

(3)煤气罐与燃烧器及其他火源的距离不得少于1.5米。

(4)应指定专人负责各种灶具及煤气罐的维修与保养。

(5)要保持炉灶清洁,定期擦洗、保养排烟罩,保持设备正常运转。

(6)在油炸、烘烤各种食物时,油锅及烤箱温度和油量不得超过最大限度。

(7)正在使用火源的工作人员不得随意离开自己的岗位,以防发生意外。

(8)各岗位要有专人负责关闭能源阀门及开关,负责检查火种是否已全部熄灭。

(9)楼层厨房一般不得使用瓶装液化油气。煤气管道不得穿过客房或其他房间。

(10)消防器材要在固定位置存放。

本章小结

　　本章主要阐述了餐饮组织结构和人员配置、厨房生产流程和餐饮生产质量和成本管理等内容。餐饮生产管理是餐饮有形产品质量管理的关键,有效的组织结构、优秀的人员配置是餐饮生产管理的基础;熟悉餐饮生产各个流程及环节的特点是管理的切入点;把握生产的质量和成本控制的方法和技巧是餐饮管理和经营的生命。通过本章的学习,学生应将餐饮管理的基本知识和方法融会贯通,活学活用并不断创新。

思考与练习

1. 设置餐饮生产组织机构的主要原则是什么?
2. 粤菜厨房组织机构设置与一般厨房组织结构有哪些优点?
3. 影响生产人员配置的主要因素是什么?
4. 如何正确应用配置人员的方法?
5. 什么是餐饮生产业务流程?分析流程各个环节的生产特点。
6. 衡量餐饮产品质量的基本要素有哪些?餐饮质量管理有哪些主要环节?
7. 如何设计制作标准菜谱?
8. 某餐厅经过测试,50公斤青鱼经过粗加工后,得到净料重量为42公斤,则青鱼的折损率为多少?
9. 试分析管事部的工作职责范围和意义。
10. 什么是食物中毒?常见食物中毒有哪些,如何预防?

第 5 章

零点餐厅服务与管理

课前导读

零点餐厅服务是饭店最基本的餐饮服务方式,同时又是一项具体而复杂的工作。不同餐别或不同服务方式的餐厅有不同的工作步骤、服务程序和服务标准,而不同宾客或同一宾客在不同时间和场合需求又有变化,使餐厅服务工作在讲求规范和标准的同时,还要结合具体情况提供个性化的服务。本章将介绍饭店零点餐厅应如何组织并进行服务与管理。

教学目标

- 掌握零点餐厅的运转环节
- 描述中西餐菜肴的特点、种类和名菜名点
- 熟悉中西餐厅服务程序
- 学习自助餐服务与管理
- 了解客房送餐服务的内容、特点和程序

第一节 零点餐厅业务运转环节

零点餐厅是指客人随到随点随烹,按实际消费结账,自行付款的餐厅。许多饭店有几个甚至几十个餐饮内容不同、风格迥异的零点餐厅。下面谈谈零点具有共性的服务环节及服务过程的工作组织。

一、零点餐厅的特点

1. 以桌边服务为主,并使用点菜菜单,但有时也供应自助餐。
2. 客人多而杂,各种需求不一,到达时间交错,工作量大,因此须人手较多,财力、物力损耗较大。
3. 服务技术要求高,最能显示饭店的服务档次和水平。

二、零点餐厅业务运转环节

（一）餐前准备

餐前准备包括餐厅卫生、开餐前准备、摆台、餐前检查、召开餐前例会等工作。

1. 餐前卫生

餐厅是人们摄取食物的场所。餐厅是否整洁美观，直接影响进餐者的身体健康和就餐情绪，因此，始终保持餐厅的整洁美观至关重要。餐前卫生工作主要包括餐饮环境卫生、设备设施卫生、服务用品卫生及服务员的个人卫生等。

餐饮环境卫生包括餐厅的地面、墙壁、窗帘、灯具及装饰品、家具、备餐间及餐厅公共区域（餐厅门口、走廊、休息室等）的卫生。根据工作的繁难程度，餐饮卫生可分为计划卫生和日常卫生。计划卫生由饭店的专职清洁工（PA）完成，或由社会上的专业清洁公司承包。日常卫生则由餐厅工作人员承担。

服务用品卫生包括餐具器皿光洁（无水汁、无污迹、无细菌）；瓷器、玻璃和布草无破损；金属餐具不变形；调味瓶整洁且出料口通畅、味料新鲜；布件整洁完好；天天更换花瓶中的水，确保鲜花清新卫生。

餐饮服务人员作为餐厅日常卫生的执行者，其个人卫生是餐厅日常卫生的重要组成部分。餐厅服务员须熟记《食品卫生法》的基本内容，个人卫生做到"四勤"（勤洗手剪指甲、勤洗澡理发、勤洗衣、勤换衣），在服务过程中注意手法等操作卫生，杜绝不良的习惯性动作。

2. 开餐前准备

开餐前准备主要包括工作台、用具、物品准备的及心理准备等工作。

工作台是餐厅服务必备的设备，用于盛装服务员在服务过程中必用或可能用到的各种用具，如餐具（骨碟、翅碗、瓷羹等等）、用具品、布草（餐巾、台布等）和调味品，如酱油、醋等。餐厅的工作台在客人的视线内，在讲究其布局和物品盛放方便、实用的同时，须保持整洁、美观、完好，并在操作时轻拿轻放。

用具、物品的准备包括准备数量充足的调味品、洗手盅、小毛巾、菜单酒单、开水冰水、开胃小吃及托盘、笔、点菜单、收款夹、开瓶器、抹布等服务用具、开餐用品。

心理准备指工作人员须按要求着装，按时到岗，以最佳的心理和精神状态投入到自己的服务角色中。

3. 摆台

摆台，是将餐具、酒具以及辅助用品按照一定的规格整齐美观地铺设在餐桌上的操作过程。摆台是餐厅服务操作的术语，它包括餐桌的排列、铺台布、席位安排、餐具摆放、席面美化等环节。摆台质量的好坏直接关系到服务质量和餐厅的面貌，因此，摆台要求做到清洁卫生、整齐有序、放置适当、完好舒适、方便就餐、配套齐全，且具有艺术性。

摆台分为中餐摆台和西餐摆台,又分别分为零点散餐摆台和宴会摆台。零点散餐摆台可分为早餐和午晚餐摆台。宴会摆台见第七章。

(1)中餐零点散餐摆台

由于零点餐厅餐桌布局相对固定,无需餐餐变化,且就餐者无主客之分,所以只需根据餐别准备物品,进行桌面摆放即可。

◆中餐早餐摆台。中餐早餐摆台操作程序按"铺台布→放转盘(大圆桌)→骨碟定位→摆翅碗、瓷羹→摆筷子架、筷子及牙签→摆茶杯及杯碟→摆餐巾花→摆烟盅、台号牌→摆花瓶"的顺序进行。中餐早餐摆台个人餐位摆放示意图如图5-1。

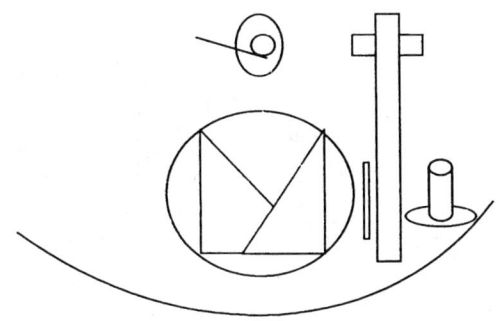

图5-1　中餐早餐摆台个人餐位摆放示意图

◆中餐午晚餐摆台。中餐午晚餐摆台操作程序按"铺台布→放转盘(大圆桌)→骨碟定位→摆翅碗、瓷羹和味碟→摆筷子架、筷子及牙签→摆水杯→摆餐巾花→摆烟盅、桌号牌→摆花瓶"的顺序进行。其个人餐位摆放示意图如图5-2。

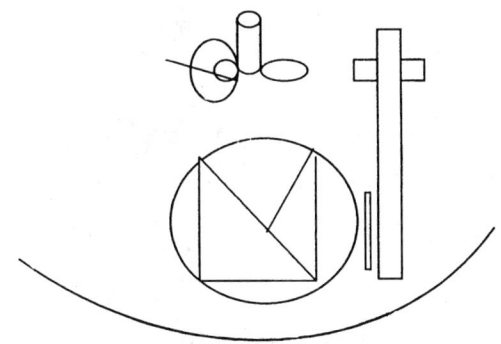

图5-2　中餐午晚餐摆台个人餐位摆放示意图

(2)西餐零点散餐摆台。

◆西餐早餐摆台。西餐早餐摆台操作程序按"铺台布(或早餐纸)→餐巾花定位→摆正餐刀、汤匙和正餐叉→摆面包盘、黄油刀和黄油碟→摆咖啡杯、咖啡碟和咖啡匙→摆水杯→摆椒盐瓶、糖盅、烟盅、花瓶、台号牌及其他物品(如广告牌)"的顺序进行。西餐早餐摆台个人餐位摆放示意图见图5-3。

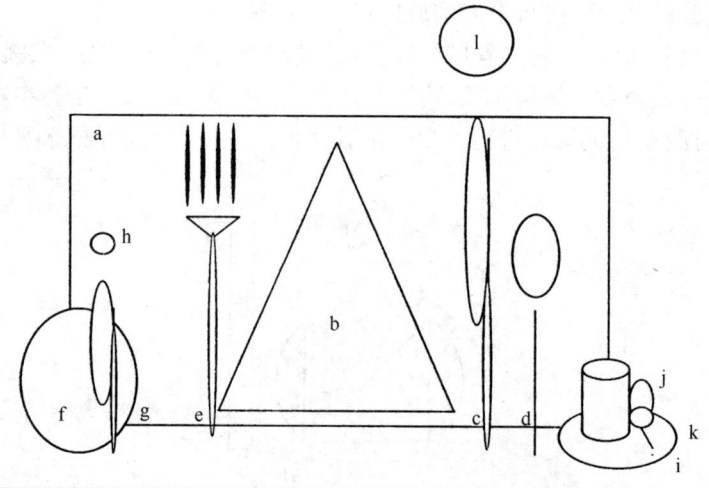

图5-3 西餐早餐摆台个人餐位摆放示意图
a.早餐纸 b.餐巾 c.正餐刀 d.汤匙 e.正餐叉 f.面包盘
g.黄油刀 h.黄油碟 I.咖啡碟 j.咖啡杯 k.咖啡匙 l.水杯

◆西餐午晚餐摆台。西餐午晚餐摆台操作程序按"铺台布→餐盘定位→摆正餐刀、汤匙和正餐叉→摆面包盘、黄油刀和黄油碟→摆水杯→摆餐巾花→摆椒盐瓶、糖盅、烟盅、花瓶、台号牌及其他物品(如广告牌)"的顺序进行。西餐午晚餐摆台个人餐位摆放示意图见图5-4。

4. 餐前检查

餐前检查是对餐厅准备工作的全面检阅。餐前检查主要包括台面及桌椅安排的检查,各项卫生的检查,工作台的检查,设施设备状况的检查,宾客预订的落实情况检查及服务员仪容仪表、精神面貌的检查,以确保餐厅的人、财、物以最佳状态投入到宾客接待工作中。

5. 召开餐前例会

餐前例会由餐厅经理或主管主持召开,一般在开餐前30分钟召开,时间15~20分钟。餐前例会的内容包括:(1)检查服务员个人卫生、仪容仪表和精神风貌;(2)进行任务分工;(3)通报当日客情、VIP接待注意事项;(3)介绍当日特别菜肴及其服务方式、告知缺菜品种;(4)总结昨日营业及服务经验和存在问题,及时表扬服务好的服务员;(5)抽查新员工对菜单的掌握情况等。餐前例会结束,餐厅工作人员迅速

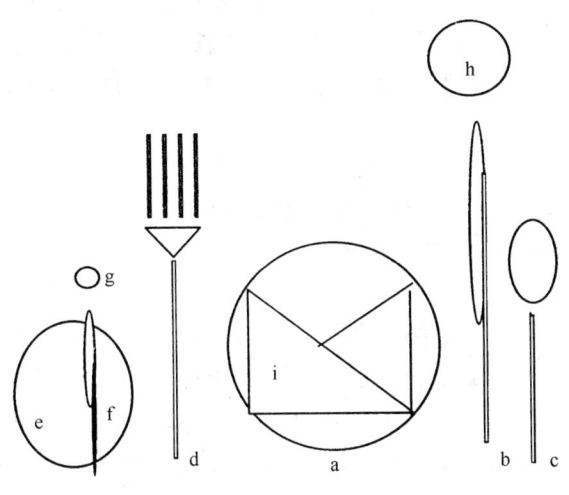

图 5-4　西餐午晚餐摆台个人餐位摆放示意图
a. 餐盘　b. 正餐刀　c. 汤匙　d. 正餐叉　e. 面包盘
f. 黄油刀　g. 黄油碟　h. 水杯　i. 餐巾

进入自己的工作岗位,按餐前例会的具体分工,准备开餐。

(二)迎宾服务

1. 敬语迎宾

迎宾员应熟悉本餐厅的餐桌布局,事先掌握当餐预订情况,准备好菜单,在开餐前 5 分钟站在指定位置,恭候宾客到来,并始终保持良好的精神面貌和姿态。

见到宾客,迎宾员要微笑并主动问候,了解其是否预订。如果已预订,问清是以什么姓名预订,然后迅速找出预订单,换以姓氏称呼宾客;如果未预订,则了解共有多少宾客前来就餐,然后据此引领宾客。

2. 衣帽存放

有的餐厅设有衣帽间,供宾客存放外套及大件行李。迎宾员应引领有需要的宾客先到衣帽间,协助衣帽间服务员存放宾客的衣物,并提示宾客贵重物品须随身携带。

3. 休息厅服务

若宾客未曾预订,而餐厅现已客满无空桌,迎宾员则应表示歉意,并引领宾客到休息厅等候,随即送上小毛巾、热茶(西餐厅用冰水),并向宾客表示一旦餐厅有空桌就告知他(或她)。

4. 引宾入座

迎宾员应根据宾客人数拿好相应数量的菜单(西餐人手一份,中餐一桌一份),走在宾客左前方1米左右引领宾客。拐弯或有障碍物时,须回头向宾客示意。引领到适当的餐桌后,须先征询宾客对餐桌的意见,并尽可能让宾客满意。当桌服务员见到宾客,须微笑问好,迅速拉椅,协助宾客入座,进行开餐服务。

5. 询问饮品

宾客就座后,迎宾员(有时是当桌服务员)询问宾客喝什么饮品——中餐问茶,西餐问开胃酒(早餐问咖啡或茶),并介绍餐厅供应的饮品种类。宾客选好饮品后,服务员应迅速准备,并为宾客服务饮品。

6. 呈递菜单、酒水单

待宾客坐好,迎宾员应打开菜单、酒水单的第一页,站在宾客的右侧,双手呈递给宾客。在西餐厅中,呈递时须遵循先宾后主、女士优先的原则,逐一送到宾客手中,同时礼貌地说:"Excuse me, sir/madam. Here is your menu."在中餐厅中,菜单和酒水单无需人手一份,一般只呈递给主人。迎宾员返回迎宾岗前,要恭祝宾客用餐愉快,并与服务员做好工作交接。

(三)就餐服务

就餐服务集中反映了餐厅的产品特色和服务技艺,是最能反映和体现餐厅服务档次和水准的环节,因此也是餐厅能否让宾客成为回头客的关键环节。

1. 点菜、点酒水服务

点菜服务是一项技术性很强的工作,它要求服务员熟悉菜单、熟悉菜肴特点、菜式单位、点菜分量和宾客饮食特点,语言表达准确流畅,懂得有关服务礼仪,并有一定的推销技巧和随机应变能力。

为宾客点菜前,服务员应事先准备好纸、笔,画好宾客座位示意图(西餐)。宾客示意点菜后,就紧步上前,首先询问主人是否可以点菜了。得到主人首肯后,站在宾客身后右侧,为其点菜。点菜时,服务员应根据宾客的性别、年龄、国籍、口音、言谈举止等判断宾客的饮食偏好、消费目的,结合用餐时间,用诚挚的语气、清晰的口齿,有针对性地向宾客推介菜肴,引导宾客购买和享用。宾客点的菜须及时准确全面地记录在点菜单或台迹(即宾客座位示意图)上。

点酒水时,服务员应根据宾客所点菜肴推荐佐餐酒,迅速记下宾客所点酒水品种和数量。点完菜和酒水后(西餐为每客点完后),须立即复述确认,以免错漏,然后礼貌致谢,收回菜单、酒水单,询问宾客是分开付账还是一起付账(西餐),告知出菜时间(中餐),请客人稍等。

根据点菜单或台迹,服务员须按服务规范和顺序,填写(或输入电脑)送入厨房的正式点菜单(即入厨单),一式四份(厨房、收银、备餐、工作台各一份),并送入厨房。正式点酒单一式三份(酒吧、收银、工作台各一份),并送入酒吧。

2. 酒水服务

根据客人所点酒水,准备好相应的酒杯并送上餐桌。从酒吧领取酒水后,根据酒品最佳饮用温度先冰镇或温热,然后按服务规范为客人斟倒酒水(贵重酒水须先示酒)。中餐酒水一律八分满,西餐酒水则根据酒品的不同而各异:红葡萄酒斟至杯的 1/2,白葡萄酒 2/3,香槟酒 2/3,白兰地 1/5。斟酒时从主宾开始,遵循"女士优先"的原则,按顺时针方向,站在每位客人的身后右侧进行。

3. 上菜、分菜服务

中西餐上菜、分菜要求不同,但都注重礼仪、顺序和节奏,要求服务员具备熟练的服务技能,动作迅速,准确到位。

(1)中餐上菜与分菜。当传菜员将菜肴送至餐桌旁后,值台服务员应紧步上前,双手将菜奉上餐桌并报菜名。有跟配调配料或洗手盅时,应先上调配料或洗手盅,再上正菜。

上菜位置的选择,应以不打扰宾客且方便操作为宜,严禁从主人和主宾之间、老人或儿童的旁边上菜。

上菜时机:冷菜尽快送上。冷菜吃到 1/2 时上热菜,热菜一道一道上,一般在 30 分钟内上完,但可根据宾客的进餐速度灵活掌握。宾客在致辞、祝酒时不能上菜。

上菜顺序:一般按"冷菜→热菜→汤菜→点心→水果"的顺序,并遵循"先冷后热,先咸后甜,先淡后浓,先荤后素,先菜后点"的总原则。而中餐粤菜的上菜顺序为:拼盘(冷拼、象声拼)→虾类→热荤→汤羹→禽肉类→鱼类→蔬菜类→饭面类→甜品/点类→水果类。

零点餐厅上菜时,对一些整形、带骨、汤、炒饭类菜肴,应帮助宾客分派或剔骨。中餐分菜一般有四种方法:叉勺分菜法、转台分菜法、旁桌分菜法和各客分菜法。分菜时应注意:尽量当着宾客的面进行,手法卫生,动作利索,分量均匀,分好的菜肴保持原形。

进行上菜服务时,切忌菜盘上叠菜盘。每一道菜上完均需用该桌宾客能听见的声音清楚地报菜名,必要时简单介绍菜肴的特色。

(2)西餐上菜与分菜详见本章第三节。

4. 甜品、水果服务

宾客吃完主菜(西餐)或咸味菜后,服务员应迅速撤走吃主菜用的餐具(西餐)或吃咸味菜用的餐具、菜盘(中餐),并整理餐桌,然后主动询问宾客是否需要甜品,并向宾客推销介绍。下订单后,迅速为宾客摆上吃甜品和水果的用具,上甜品和水果。

水果用完后,中餐厅服务员须为宾客上茶(送客茶);西餐厅服务员则推销雪茄和餐后甜酒,然后上咖啡或茶(跟上糖和淡奶)。

宾客用餐结束后,应主动征求宾客的意见和建议,并表示谢意和欢迎再次光临。

5. 巡台服务

巡台服务贯穿于整个就餐服务过程。良好的服务体现在在宾客开口前就享受到想得到的服务。服务员须注意观察，即时为宾客撤换烟盅、骨碟、添加酒水、撤盘、更换餐具、清理台面，提供席间离座服务、小毛巾服务、香烟服务（吸烟区）等。

6. 对特殊宾客予以特殊照顾

服务时须遵循一视同仁的原则，但在不影响全局的情况下，需对特殊宾客予以特殊照顾。

小孩、老人和孕妇，尽量不安排上菜口、通风口、需经常起动的座位，点菜时特别推介口味适合的菜肴，为小孩提供小孩凳；对来中餐厅就餐的外国人，必要时提供餐刀、餐叉；对不喝酒水的宾客，及时斟倒茶水、白开水或冰水（西餐）；针对不同宾客的饮食习惯和禁忌，推介不同的菜肴。

宾客进餐过程中要保证宾客的物品安全。

（四）结束工作

结束工作主要包括结账服务、送客服务、清台操作和召开餐后总结会等内容。

1. 结账服务

宾客示意结账后，服务员应迅速到收银台取出账单，用账单夹或将账单夹放入收银盘里呈递到宾客面前，礼貌请宾客结账。若宾客用现金结账，服务员在收到现金时，须用付账宾客能听见为限的声音唱收，并迅速为宾客找零；若宾客用信用卡结账，服务员须先到收银台确认宾客信用卡的真实性、有效性和饭店可接受性，然后请宾客确认账单金额和签名；若宾客用支票结账，须注意核对支票的真实性、有效期，请宾客出示有效证件，并将其有效证件号码写在支票背后；若宾客以签单的方式结账，则须注意请宾客出示房卡或"协议签单证明"，核对无误后，请宾客在账单上用正楷字体（或大写字母）签名，或填清协议单位和正楷签名。结账后，服务员应向宾客致意并欢迎再次光临。

2. 送客服务

宾客结账毕起身离座，服务员需立即上前拉椅，协助宾客穿外套（若无衣帽间），提醒宾客携带随身物品或打包食品，然后向宾客致谢，道再见。必要时，需送宾客到餐厅门口，与迎宾员一道恭送宾客。

3. 清台

当桌宾客全部离开后，服务员才能清台。首先检查是否有遗留物品，若有，应立即送还宾客或交餐厅经理处理。整理好餐椅后，按照"一餐巾，二银器，三玻璃，四瓷器及其他"的顺序清理餐桌，收拾所有餐具送至工作台或洗碗间，注意别遗忘小件物品，玻璃器皿的轻拿轻放。清台后，须按餐厅规定和时间情况摆当餐餐台（翻台）或下一餐餐台。

4. 班后总结会

每班次员工下班前,餐厅还召开班后总结会,总结当班服务接待过程中的经验教训和存在问题,尤其宾客的投诉,及时表扬优秀员工;查核员工有无早退,并提醒员工以最佳精神状态投入以后的工作中。

案例 5-1

一位翻译带四位德国客人去三星级饭店的中餐厅就餐。入座后点了菜、啤酒、矿泉水等。因桌上的餐具如碗、碟、瓷羹、酒杯等物品均有不同程度的损坏,都有裂痕、缺口和瑕疵,倒在啤酒杯中的啤酒顺着裂缝流到了桌上。翻译急忙让服务员过来换杯。服务员红着脸解释道:"这批餐具早就该换了,最近太忙还没来得及更换。您看其他桌上的餐具也有毛病。"

"这可不是理由啊!难道这么大的饭店连几套像样的餐具都找不出来吗?"翻译有点火了,"请你最好给我们换个地方,我的客人对这里的环境不太满意。"

经与餐厅经理商洽,最后将这几位客人安排在小宴会厅用餐,餐具也使用质量好的,并根据客人的要求摆上了刀叉。望着桌上精美的餐具,喝着可口的啤酒,这几位外宾终于露出了笑容。

案例 5-2

梁先生请一位英国客户到某高级宾馆的中餐厅吃饭。服务小姐走过来请他们点菜。

小姐用英语首先问坐在主宾位置上的英国人及其他客人需要点什么酒水,最后用英语问坐在主位上的梁先生。梁先生看了她一眼,没有理会。小姐忙用英语问坐在梁先生旁边的外宾点什么菜。外宾却示意请梁先生点菜。这次小姐改用中文问梁先生,并递过菜单。

"你好像不懂规矩。请把你们的经理叫来。"梁先生并不接菜单。

小姐感到苗头不对,忙向梁先生道歉,并把餐厅经理请来了。

梁先生对经理讲:"第一,服务员没有征求主人的意见就让其他人点酒、点菜;第二,她看不起中国人;第三,她影响了我请客的情绪。因此,我决定换个地方请客。"

后来经理得知梁先生是某著名国际合作公司的总经理,该公司的上海分公司经常在本宾馆宴请外商。

"原来是梁总,实在抱歉。我们对您提出的意见完全接受,一定要加强对服务员的教育。请您还是留下来让我们尽一次地主之谊吧。"经理微笑着连连道歉。

在餐厅经理和服务小姐的再三道歉下,梁先生等人终于坐了下来。餐厅经理亲自拿来好酒来尽"地主之谊",气氛终于缓和了下来。

(以上资料来源:程新造《星级饭店餐饮服务案例选析》)

第二节　中餐零点餐厅服务与管理

中国作为世界公认的"三大烹饪王国"之一,有悠久的烹饪艺术历史。许多外宾来中国的目的之一就是品尝地道的中国菜肴,了解中国的饮食文化。

目前,中餐厅仍是我国的饭店中数量最多的餐厅,有的饭店甚至有大大小小几十间中餐厅(间)。这些中餐厅在满足店内外宾客的饮食需求、弘扬我国传统饮食文化、引导饮食潮流方面起着重要的作用。

一、中餐零点餐厅早餐服务

(一)中餐厅早餐的种类

中式早餐主要由茶水类、面食点心类、谷物类、蔬菜类、肉类等组成,它大致可分为北方早餐、南方早餐和粤港早茶等。

北方早餐内容主要包括:热豆浆、热粥、各式热汤包、热包子、馒头、大饼、油煎饼和油条等。

南方早餐主要包括:鲜牛奶或豆浆、热粥、热包子、馒头、饺子、小笼、油条和大饼、各类热汤面、各类咸菜、咸鸭蛋、腌制或卤制的肉食小菜等。

粤港早茶:指粤港两地特有的中式早餐,一般用餐时间长,内容丰盛,并以成为人们社交聚会的重要方式。其内容包括:咖啡、牛奶或热茶、各式带馅的面点和特色点心、热汤面、各类热粥、各种卤制肉食小菜(如猪肚、牛肉、排骨等)及开胃菜(如蒜头、花生米、酱芒果等)。

(二)早茶服务程序

服务程序为:餐前准备→敬语迎宾→引宾入座→问位开茶开卡→上小毛巾、脱筷子套、揭茶杯→沏茶、斟茶→推介点心→上点心并记录→巡台→结账→送客→清台。

(三)早茶服务注意事项

1. 服务迅速,动作敏捷。

2. 服务员须熟悉本餐厅供应的茶叶种类,并主动向宾客推介。若宾客人数较多,同一台可酌情提供2~3个茶壶。

3. 熟悉点心价格,主动推介,及时记录。

4. 推车注意行走路线,目光注意宾客台面及宾客的手势、动作。

5. 值台服务员做到"三勤两照顾":勤巡视,勤加水,勤换烟盅、骨碟及清理台面的杂物,照顾老幼和边角位宾客吃点心。

二、中餐零点餐厅午晚餐服务

(一) 中餐零点餐厅午晚餐服务程序

服务程序为：餐前准备→敬语迎宾→引宾入座→递巾问茶→脱筷子套、松餐巾、揭茶杯→呈递菜单、酒水单→沏茶→斟茶→上餐前小吃→斟调味油→点菜、点酒水→服务酒水→收茶杯、茶碟、茶壶、小毛巾→上菜→巡台→上甜品、水果→上小毛巾→上茶→结账→送客→清台。

(二) 中餐零点餐厅午晚餐服务注意事项

1. 客用品呈递一律用托盘。
2. 餐厅无空位时，需引领宾客到休息厅或等候厅等候，并提供休息厅服务。
3. 点菜服务员须熟悉菜单，掌握本餐厅提供的菜式品种、每一道菜的风味特色、加工烹制方法、口味、营养成分等，做好宾客的参谋。并有相当的饮食文化知识，供客询问。
4. 点菜时注意宾客对菜肴的特殊要求，如点清真菜须在点菜单上作标记。
5. 点菜后须向宾客复述，并告知第一道菜的出菜时间。点菜后30分钟应检查宾客的菜是否上齐，并及时跟催。
6. 上带壳的菜肴须跟热毛巾和洗手盅，有配料、作料的菜先上配料、作料，再上正菜。
7. 每上一道菜，都须报清楚菜名。进餐过程中不忘征询宾客对菜肴的意见，尤其是名贵菜肴。
8. 服务要一视同仁、诚恳、恰到好处，尽可能针对不同宾客的具体情况提供无"NO"服务、超值服务，通过优质服务让宾客成为饭店的老顾客。
9. 服务过程中要会察言观色，并始终留意宾客的举动，尤其宾客的失常动作，有理、有利、有节及时地控制事态的发展，有处理特殊情况的机智。
10. 餐厅经理要实施"走动式管理"，掌握整个餐厅的动态，及时处理宾客投诉，挽回可能的损失。

案例 5-3

某年4月1日晚上，六位澳洲客人在某宾馆气派豪华、布置典雅的中餐厅内尽情享受加工精细、质量高档的菜肴。其中一位50多岁留着小胡子的男宾对一只银制酒杯爱不释手；其他客人也对筷子和细瓷餐具很感兴趣。

当服务员上菜时，发现那位小胡子客人离开了餐桌，他面前的银制酒杯变成了旁边客人的葡萄酒杯，餐桌上还少了两双筷子和一个细瓷汤碗。服务员不动声色地笑问一位面前没有汤碗和筷子的女宾："女士，现在您面前没有餐具，是否需要我为您重新添放？您是要刚才那种黄色的汤碗，还是要其他颜色的？是否还要两双筷子？"

"不、不,我们什么也不要,谢谢你。"女宾神色尴尬地说。

服务员立即将此事报告了餐厅经理,并重新回到澳洲客人面前,手里拿着几样包装精致的餐具。她微笑着对留着小胡子的客人说:"先生,我刚才发现你们对中国餐具很感兴趣,为了感谢大家对这些工艺品的钟爱,我代表餐厅送上一个银质雕龙酒杯、一个细瓷雕花福寿汤碗和六双筷子,给各位女士、先生留个纪念。筷子是免费的,碗和酒杯将按优惠价格记在餐费的账上,您同意吗?"

留小胡子的客人明白了服务员的意思,并示意服务员离开一会儿。

当客人招呼服务员回到餐桌前时,服务员看到刚才不见了的餐具和酒杯又回到原来的位置了。客人笑着对她说:"小姐,谢谢你的建议,这些筷子和酒杯我们收下,汤碗请拿回吧。今天是愚人节,连餐具都想和你开玩笑,你看,这酒杯、汤碗和筷子又回来了。"说完大家都笑了。

案例5-4

九位客人在某饭店用晚餐。他们点了鲍鱼、贝类、螃蟹、鱼肚等菜,每上一道菜,服务员都为客人报菜名、换骨碟。结账时,其中一位醉态朦胧的客人否认点过"鸳鸯海鲍"和"金钱鱼肚"。

由于客人点的贝类较多,更换盘碟的次数也比较频繁,加上他们吃那两道菜的速度很快,装那两道菜的盘碟已经撤掉,因此餐桌上确实找不到鲍鱼和鱼肚的痕迹。但厨房、备餐间都有已上菜的记录。这桌的其他客人也一口咬定没吃,看热闹的人越来越多。

服务员耐心解释、领班出面协调都无济于事,只好去请餐厅经理,疏散看热闹的人,请他们回到餐桌。

餐厅经理首先因客人对账单不满表示道歉。并指出:"您提出餐桌上没有这两道菜,实际是帮助我们完善服务程序,提醒我们对上过的菜不要完全撤盘,以免结账时产生误会。经过调查,鲍鱼和鱼肚确实已上过桌,空盘已经撤去清洗。这样吧,这两道菜按八折计价,您看行吗?"餐厅经理赶来诚恳地建议道。

见餐厅做出了让步,醉酒的客人终于停止了吵闹,起身结账去了。

(以上资料来源:程新造《星级饭店餐饮服务案例选析》)

第三节 西餐零点餐厅服务与管理

随着家庭可自由支配收入的增加、人们生活方式和价值观念的改变,人们在餐饮消费方面的求新、求异、求文化特征更加显著,反映西方传统饮食文化习俗的西餐受到消费者的青睐。如果有一位第一次进入西餐厅的宾客问你"西餐到底是什么东西?我应怎样去享受呢?",那么,你只有具备足够的西餐知识,如西餐的特点、进餐次序、进餐方法、进餐礼仪、传统名菜等,才能圆满回答宾客的问题。

一、西餐简介

(一)西餐上菜顺序及名菜名点

西餐正餐的上菜通常按照"开胃头盘→色拉→主菜→甜品→咖啡或茶"的顺序进行。

1. 开胃头盘(Appetizers)

开胃头盘又称开胃菜、开胃品,是开餐的一道菜。一般量较少,色泽鲜艳,装饰美观,多用清淡的海鲜、熟肉、蔬菜、水果制作,旨在开胃和刺激宾客的食欲。它有冷、热开胃头盘之分。有名的开胃头盘有:鹅肝酱、鱼子酱、烟三文鱼、生蚝、牡蛎、海鲜鸡尾杯、串烧海虾、焗蜗牛、海炸云吞等。

2. 汤(Soups)

西餐的汤花色品种较多,可分为冷汤和热汤,热汤又有清汤和浓汤之分。汤的制作要求原汤、原色、原味。比较有名的汤有:法国洋葱汤、西班牙冻汤、意大利菜汤、俄国红菜汤、蚬周打汤、牛尾清汤等。

3. 色拉(Salads)

色拉即凉拌生菜,具有开胃、帮助消化的作用。色拉可分为水果色拉、素菜色拉和荤素色拉三种。水果色拉常在主菜前上,素色拉可作为配菜与主菜一起食用,而荤素色拉可单独作一道菜用。

有名的色拉有:厨师色拉、什锦色拉、华尔道夫色拉、苹果芹菜色拉、鲜虾色拉、洋葱色拉等。常用的色拉汁有:蛋黄酱(Sauce mayonnaise)、鸡尾汁(Sauce cocktail)、油醋汁(Oil vinegar)、法汁(French dressing)、千岛汁(Thousand Island dressing)、罗佛汁(Roguefort cheese dressing)。

4. 主菜(Main course)

主菜是西餐正餐中最主要的部分,是全套菜的灵魂。主菜制作考究,既考虑菜肴的色、香、味、形,又考虑菜肴的营养价值,多用海鲜、牛羊、猪肉和禽类作主要原料。

有名的主菜有:西冷牛排、T骨牛排、肉眼牛排、爱尔兰烩羊肉、美式火鸡、马里兰炸鸡、烤羊马鞍、黄油鸡卷、蘑菇焗鳟鱼、苹果烤鹅、意式红焖猪排、鞑靼牛排、红酒烩腰花、巴黎龙虾等。

主要的主菜调味汁有:配羊排的薄荷汁(Mint sauce)、薄荷啫喱(Mint jelly);配牛排的贝耐汁(Bearnaise sauce)、培西汁(Bercy sauce)、博德汁(Bordelaise sauce)、胡椒汁(Pepper sauce)、诺曼底汁(Normande sauce)、芫荽黄汁(Maitred hotel butter)、蘑菇汁(Creamy mushroom sauce)等;配猪排的苹果汁(Apple sauce)、勃朗汁(Brown sauce)等;配鸡肉等家禽的黄汁(Yellow meat-sauce)、车沙汁(Chasseua sauce)、番茄汁(Catchup)等;配鱼类菜肴的荷兰汁(Hollandaise sauce)、奶酪汁

（Morney sauce）、鞑靼汁（Tartare sauce）、美国汁（American sauce）、鳀鱼汁（Anchovy sauce）、白葡萄汁（White wine sauce）等。

5. 甜品（Desserts）

主菜用完一般用甜品。甜品包括奶酪和甜点。

食用奶酪时，要用胡椒和盐调味，并跟配黄油、面包、芹菜条、胡萝卜等。

甜点有冷热之分，是西餐正餐最后一道餐食。常见的甜点有煎饼（Pancake）、烤饼（Scone）、松饼（Muffin）、蛋糕（Cake）、派（Pie）、馅饼（Tart）、冰淇淋（Icecream）、蛋奶酥（Souffle）、布丁（Pudding）、果冻（Jelly）等。

用完甜品后，上咖啡或茶。西餐厅常见的茶有红茶（Black tea）、绿茶（Green tea）等；常见的咖啡有：爱尔兰咖啡（Irish coffee）、皇室咖啡（Royal coffee）、意大利浓咖啡（Espresso）、意大利咖啡（Cappuccino）、冰咖啡（Ice coffee）、即磨咖啡（Freshly grounded coffee）和普通咖啡（coffee）等。

（二）西餐服务方式

西餐服务源于欧洲贵族家庭，发展到现在各国各地区的服务方式及摆台方法都不尽相同。目前饭店西餐厅常见的服务方式有法式服务、俄式服务、美式服务、英式服务和大陆式服务。

1. 法式服务

法式服务又称为里兹服务、正规服务、手推车服务，是恺撒·里兹（Ceaser Ritz）首创的一种用于豪华饭店的服务。饭店的扒房一般采用法式服务。

法式服务注重现场烹制表演。所有菜肴在厨房中略加烹调后，置于手推车上，由服务员推出，在宾客面前进行烹制表演或切割装盘，分盛于餐盘中端给宾客。一般由两名服务员同时服务，一名烹调制作，另一名开餐上菜。上菜时，除黄油、面包、色拉从宾客左边上外，其余菜肴和酒水都用右手从宾客右边送上，右边撤下。热菜用热盘上，冷菜用冷盘上，也是法式服务的一大特点。

法式服务豪华、高档、服务细致、动作优雅，但服务节奏缓慢，座位周转率低，劳动力成本高，要求服务员有较高的服务技艺和技术水平。

2. 俄式服务

俄式服务又称国际式服务，它起源于俄国沙皇时代，拿破仑战争时期传到欧洲。西餐宴会可采用俄式服务。它通常由一名男服务员为一桌宾客服务。食物预先在厨房烹制好，并装入银盘中，由服务员托入餐厅，送上餐桌供宾客观赏，然后左手垫餐巾托起银盘，右手持分菜叉、勺，从每位宾客左侧用右手派菜。

俄式服务的服务规则是：加热后的空盘从右边，按顺时针方向绕台摆放；派送食物则从左边按逆时针方向进行；斟酒、上饮料和撤盘都在宾客右侧进行。

俄式服务节省人力，服务速度快，有一定的观赏性，但固定成本高，对服务技术要求高。

3. 美式服务

美式服务起源于美国,又称为盘式服务、飞碟服务。在美式服务中,食物预先在厨房内烹制好,并且每人一份分好,装好盘,服务员只需按顺序把菜迅速送到宾客面前就可以了。上菜时,用左手从宾客的左边送上所有食物,用右手从宾客右边送上饮料,从宾客右边撤走脏盘。饭店的咖啡厅一般采用美式服务,但美式服务也可用于西餐宴会。

美式服务简单明了,服务速度快,人工成本较低,座位周转率高。

4. 英式服务

又称家庭式服务,多用于私人宴会。在英式服务中,由服务员从厨房拿出已盛好菜肴、食品的大盘和加过温的餐盘,放在男主人的面前,由男主人分菜。男主人分好菜后,将餐盘递给站在他左边的服务员,再由服务员分送给女主人、主宾和其他宾客。调味汁料、配菜放在餐桌上,由宾客自取并相互传递。

英式服务进餐气氛活跃,节省人力,但节奏较慢。西式家宴一般采用英式服务。

5. 大陆式服务

大陆式服务是一种糅合了法式、俄式及美式的服务方式,根据不同菜肴特点来选择服务方法的综合服务方式。通常用美式服务上开胃品和色拉,用俄式服务上汤或主菜,用法式服务上主菜或甜品。不同餐厅或不同餐别选用的服务方式组合不同,一般以方便宾客就餐,方便服务员操作为原则。

(三)西餐进餐礼仪

与中餐进餐礼仪不同,西餐桌上应和别人进行轻松愉快的交谈,但说话时嘴里不能嚼食物通常说话前或喝酒前应用餐巾擦一下嘴;不端着盘子进餐;大块食物应切成大小适宜的小块送入口中;喝汤时,勺口朝外舀;取用调味品时,不可站起身,但可让别人传递;骨头、鱼刺不进口,放进口里的食物一般不可吐出;尊重个人选择,不劝吃,不劝饮,但将自己杯或盘中的酒水或食物喝完或吃完为礼貌,否则为不礼貌。

用餐未结束但有事离座时,餐刀、餐叉应成"八"字形搭放于餐盘中,刀口朝里,叉面朝下;用餐结束则将餐刀、餐叉并排放于盘中,叉面朝上。

西餐讲究菜肴与酒水的搭配。一般咸味菜肴选用干、酸型酒类,辣食选用强香型酒类,甜食选用甜型酒类。餐前需饮开胃酒,如味美思(Vermouth)、苦艾酒(Bitter)、茴香酒(Anisette)或鸡尾酒(Cocktail)等;汤配饮较深色的雪利酒(Sherry)或马德拉酒(Madeira);进食海鲜类或口味清淡的菜肴时,配饮白葡萄酒(White wine);进食火鸡、野味等菜肴时,配饮玫瑰红葡萄酒(Rose wine)或红葡萄酒(Red wine);进食牛排、羊排、猪排等时则配饮红葡萄酒;餐后配饮餐后甜酒,如利口酒(Liqueur)、钵酒(Port)或鸡尾酒(Cocktail)等。

二、西餐零点餐厅早餐服务

(一)西餐厅早餐种类

西餐早餐一般在咖啡厅提供。早晨是一天活动的开始,宾客都有求"快"心理,因此早餐饭菜种类简单,并便于烹制。不仅提供早餐散餐,咖啡厅还提供各式套餐。

早餐散餐的内容大致有:果汁类、水果类、谷麦类、鸡蛋类、肉类、面包类、热饮类等。

早餐套餐可分为以下几类:

1. 欧陆式早餐(The Continental Breakfast)

也称为标准早餐、健康式早餐。欧陆式早餐内容简单,包括:果汁或水果;面包类,如牛角包、丹麦包、全麦包或小圆面包等(仅供应其中一种),配黄油或果酱;咖啡、鲜奶或茶。

2. 美式早餐(The American Breakfast)

美式早餐比欧陆式早餐复杂些,包括:水果或果汁;鸡蛋类,如煎蛋、炒蛋、煮蛋、波蛋或蛋卷等;肉类,如火腿、熏肉、香肠等;面包类,配黄油、果酱或蜂蜜等;饮料类,如咖啡、茶、酸奶、鲜奶等。

3. 英式早餐 (The English Breakfast)

英式早餐现在一般为饭店的零点早餐,内容丰富,数量充足,包括:果汁或水果;面包类,配黄油、面包或蜂蜜;冷或热的谷物类食品;鸡蛋或鱼类;肉类;咖啡、茶或可可。

4. 行政式早餐(The Executive Breakfast)

行政式早餐的内容除美式早餐的5项内容外,可另点菜和扒类。此外,国内饭店的咖啡厅还供应中式早餐和日式早餐。

5. 中式早餐(The Chinese Breakfast)

中式早餐内容包括:中国茶,如香片、红茶、乌龙茶、绿茶等;粥类,如牛肉粥、鸡肉粥、鱼片粥、皮蛋瘦肉粥等;点心类,如饺子、春卷、包子、油条等。

6. 日式早餐(The Nippon Breakfast)

日式早餐内容包括:时令水果;海鲜类,如石斑鱼柳等;日式泡菜;日式清茶。

(二)西餐零点餐厅早餐服务程序

早餐服务程序为:餐前准备→敬语迎宾→引宾入座→餐巾与菜单服务→点菜→重新布置餐桌→上菜→巡台→结账→送客→清台。

早餐服务注意事项:

1. 服务迅速,技艺娴熟。
2. 熟记本餐厅提供的早餐种类。

3. 注意问清宾客的特殊要求,如煎蛋是单面煎还是双面煎,蛋煮几分钟,需要奶咖啡还是清咖啡等。

4. 根据宾客所点早餐种类有针对性地提供服务。

5. 面包要新鲜,咖啡要热。

三、西餐零点餐厅午晚餐服务

(一)扒房午晚餐服务程序

1. 扒房简介

扒房(Grill Room)是饭店为体现自己餐饮菜肴与服务水准、满足部分高消费宾客的需求、增加经济收入而开设的高级西餐厅,它是豪华大饭店的象征。扒房以供应法式大餐为主,酒水品种齐全,装饰布置高雅华丽,设施设备高档、典雅而专业化,娱乐活动以西方高雅音乐为主,旨在营造优雅、浪漫、高尚、神秘而又独特的气氛。扒房多采用法式服务,烹饪技艺水平高超精湛,擅长桌边烹制,以渲染美食气氛。扒房菜单、酒水单制作精美考究,通常以真皮封面装帧,菜肴、酒水价格昂贵。

扒房以提供午晚餐为主,有的只提供晚餐。

例:被誉为"王之旅馆主、旅馆主之王"的里兹在满足宾客需要方面,善于创造,并不惜一切代价。他在出任卢塞恩国民大饭店时,为了让客人从饭店窗口眺望远处山景,感受到一种特殊的欣赏效果,他在山顶上燃起了篝火,并同时点燃了1万支蜡烛。为了创造一种威尼斯水城的气氛,他在伦敦萨伏依饭店底层餐厅放满水,水面上飘荡着威尼斯凤尾船,客人可以在二楼聆听船上人边唱歌边品尝美味佳肴。

2. 扒房午晚餐服务程序

晚餐服务程序为:预订→餐前准备→敬语迎宾→引宾入座→餐巾与菜单服务→推介开胃酒或鸡尾酒→倒冰水、上酒水→点菜→推介佐餐酒→订佐餐酒→重新布置桌面→上黄油、面包→服务头盘→巡台→撤走头盘→服务第二道菜→撤走第二道菜餐具→服务主菜→撤走主菜餐具,整理桌面→推介奶酪和甜点并下订单→服务奶酪和甜点→上咖啡或茶→撤走甜品用具→推介餐后酒和雪茄并下订单→服务餐后酒和雪茄→结账→送客→清台。

3. 扒房午晚餐服务注意事项

(1)扒房因服务节奏慢,就餐时间长,所以餐位周转率低,前来就餐的宾客往往需要提前预订,才能保证宾客到餐厅就有座位。

(2)点菜时须先画好宾客座位示意图(即台迹),分别准确记下每位宾客所点菜肴,并立即复述确认,然后安排送入厨房的正式点菜单(即入厨单)。

(3)点菜时注意问清宾客对菜肴的特殊要求,如牛羊肉的老嫩程度、选用的配汁等。

(4)严格按照西餐上菜顺序上菜。

(5)推介酒水时,注意菜肴与酒水的搭配。

(6)必须在同桌每一位宾客都用完同一道菜,撤盘后,才能上下一道菜。

(7)在桌边烹制时,要选择本桌宾客都能观赏到的角度。

(8)扒房服务员须具备良好的语言功底,如表达流畅的英语和一定的法语基础。

(9)服务过程中,始终体现"女士优先"的原则,并展示高超的服务技艺、优雅而规范的服务姿态。

(二)咖啡厅午晚餐服务程序

1. 咖啡厅简介

咖啡厅(英语 Coffee Shop,美语 Cafe),原是仅提供咖啡的地方,发展到现代,已是一个 24 小时服务,提供简便早餐与正餐的场所。咖啡厅的装饰布置主题鲜明,简洁明快,色彩鲜艳,气氛柔和、清新,具欧美特色。咖啡厅一般采用美式服务,服务迅速周到,座位周转率高,菜肴以简单、快捷的西餐为主,并辅以当地的风味小吃和本饭店其他餐厅精选的美食。菜单比较简单、轻巧,形式多样,菜肴、酒水价格适中。

2. 咖啡厅午晚餐服务程序

服务程序为:餐前准备→敬语迎宾→引宾入座→餐巾与菜单服务→推介开胃酒或鸡尾酒并下订单→服务酒水→点菜→推介佐餐酒并下订单→就餐服务→结账→送客→清台。

3. 咖啡厅午晚餐服务注意事项

(1)引领宾客入座时,问清宾客选择吸烟区还是非吸烟区。

(2)熟悉本餐厅每日套餐的内容和特色,适时推介。

(3)点菜时使用宾客座位示意图,注意宾客对菜肴的特殊要求。

(4)注意菜肴与酒水的搭配,适时推销酒水。

(5)为一桌宾客点完菜后,须问清是分开付账还是一起付账,以便收银时,准确制作账单。

(6)要勤巡台,及时为宾客添酒、冰水、黄油、面包,更换烟盅,收撤空酒杯等。

(7)服务迅速敏捷,细致周到。

(8)服务员要有高超的服务技艺。

案例 5-5

玛丽是某饭店咖啡厅的迎宾员。这天午饭期间,玛丽见一位先生走了进来,便迎上去问好:"中午好,先生。请问您贵姓?"

"你好,小姐。你不必知道我的名字,我就住在你们饭店。"这位先生漫不经心地回答。

"欢迎您光顾这里。请问你愿意坐在吸烟区还是非吸烟区?"玛丽礼貌问道。

"我不吸烟。不知你们这里的头盘和主菜是些什么?"先生问道。

"我们的头盘有一些色拉、肉碟、熏鱼等,主菜有猪排、牛扒、鸡、鸭、海鲜等。您若感兴趣可以坐下看菜单。您现在是否准备入座了?如果准备好了,请跟我去找一个餐位。"玛丽说。

这位先生看着玛丽的倩影和整洁、漂亮的服饰,欣然同意,跟随她走向餐桌。

"不,我不想坐在这里。我想坐在靠窗的位置,这样可以观赏街景。"先生指着窗口的座位对玛丽说。

"请您先在这里坐一下。等窗口有空位我再请您过去,好吗?"玛丽征求他的意见。先生同意后,玛丽又问他要不要些开胃品。这位先生同意后,玛丽对一位服务员交代了几句,便离开了这里。

当玛丽再次出现在这位先生面前告诉他窗口有空位时,先生正与同桌的一位年轻女士聊得正欢,并示意不换座位,要赶快点菜。玛丽微笑着离开了。

(资料来源:程新造《星级饭店餐饮服务案例选析》)

案例 5-6

教师节某夫妇到某高级宾馆的西餐厅用餐。由于是头一次吃西餐,夫妇俩不知如何点菜,也不知怎样用餐具。

服务员得知这一情况后,耐心地向他们介绍了怎样用餐具、怎样点菜。"吃西餐一般要先喝一些清汤或清水,目的是减少喝酒对胃的刺激,然后可按顺序要鸡尾酒和餐前小吃、开胃品、汤、色拉、主菜、水果和奶酪、甜点、餐后饮料。实际上,不必每个程序都点菜,可根据自己的喜好和口味任意挑选。"服务小姐介绍完,给夫妇俩每人一份菜单和酒单,简要介绍了菜单的内容及相应的酒菜搭配知识。这对夫妇听得津津有味。并请服务员代为点菜。

根据客人的要求和意愿,结合餐厅的特色酒、菜,小姐为他们按全部程序点了血玛丽鸡尾酒、冷肉、法式小面包配黄油、汤、海鲜色拉、虾排、鹿肉、牛排、红葡萄酒、甜点、冰淇淋、咖啡等饮食。

餐后,这对夫妇非常高兴地对小姐说:"今天我们不但得到了良好的服务,而且还体会到了吃西餐的乐趣,以后一定再来讨教。"

(资料来源:程新造《星级饭店餐饮服务案例选析》)

第四节 自助餐服务与管理

自助餐源于西方,据说起源于1890年,由美国堪萨斯城(Kansus)基督教女青年会(Young Women's Christian Association)首创。20世纪80年代初进入中国。

自助餐是由宾客自己动手,在餐厅事先布置好的餐台上任意选菜,自行取回到座位享用的自我服务的用餐形式。宾客吃自助餐时不用点菜,到了餐厅直接选用就行了,因此,餐厅必须在自助餐开餐前的准备工作显得非常重要,除了零点餐厅的准备工作外,还要进行自助餐台的设计并布置好。

一、自助餐服务简介

(一) 自助餐特点

1. 自助餐生产特点

(1)生产量不确定。

(2)加工生产前置性。

(3)菜点生产批量性。

(4)出品速度与宾客进餐节奏成正比。

(5)出品次序无固定性。

(6)菜点信息反馈的及时性。

2. 自助餐服务销售特点

(1)餐台布置要求美观、醒目、富有吸引力,并方便宾客取菜。

(2)宾客用餐程序自由。

(3)宾客用餐时间、节奏自定。

(4)菜点品种丰富,宾客可据自己喜好自由选择。

(5)服务程序简化,节省人力。

(6)餐前、餐后工作压力大。

3. 自助餐菜品特点要求

(1)色彩悦目,搭配和谐。

(2)刀工整齐,造型美观。

(3)营养搭配,均衡全面。

(4)批量生产,质量不减。

(5)适应面广,针对性强。

(6)原料、人力成本要低。

(二) 自助餐的种类

1. 按餐别划分,自助餐可分为早餐自助餐、午晚餐自助餐和宵夜自助餐

(1)早餐自助餐供应食物品种,多以饮料、粥类、蛋类、面包类、饭面类、小菜、少量热菜为主,可纯中餐或西餐,亦可中西合璧。

(2)午晚餐自助餐菜点品类齐全,数量丰富。

(3)宵夜自助餐多以小吃、点心、粥类、小菜、少量热菜为主要品种,售价相对便宜,经营时间长。

2. 按菜式品种划分,自助餐可分为中式自助餐、西式自助餐和中西合璧式自助餐

中式自助餐供应相当数量、类别齐全的中餐菜点供客选用,菜式又可分为岭南风味、江浙风味、宫廷风味、乡土风味等。

西式自助餐供应西餐菜肴、面包、甜点等为主,一般用进口原料,聘请西餐大厨主理烹制,价格较贵。

中西合璧式自助餐由中餐、西餐菜肴、面点等食品结合而成,一般菜式丰富,宾客选择范围更广。

3. 按就餐形式划分,自助餐可分为设座式自助餐和站立式自助餐

(1)设座式自助餐中,宾客有自己合适的餐桌和餐位,除离座去食品台取食物,其他时间均在自己的座位享用食物。

(2)站立式自助餐中,用餐宾客来到餐厅,自由取食,自由走动,没有座位,仅设有少量餐桌供宾客临时放餐盘或杯具。

4. 按客人性质划分,可分为散餐自助餐和冷餐会

(1)散餐自助餐一般接待散客或团队宾客,价格实惠,品种多样,进餐时间不受限制,随到随吃。

(2)冷餐会是以自助餐的形式举行的宴会,其接待对象为参宴宾客。冷餐会菜肴丰盛,气氛热烈,有一定的主题,消费水平较高。

二、自助餐台设计与布局

(一)自助餐台设计原则

自助餐台是自助餐陈列食品的地方,又叫食品陈列台,它不仅反映自助餐的经营理念、格调、档次、情趣,而且还体现了餐厅的文化特色。设计自助餐台时要遵循以下原则:

1. 醒目而富有吸引力

自助餐台要布置在显眼的地方,使宾客一进餐厅就能看见。设计要有层次感,错落有致。装饰要美观大方,食品摆放要有立体感,色彩搭配要合理。可用聚光灯照射台面,但切忌用彩色灯光,以免菜肴改变颜色,从而影响宾客食欲。

2. 方便客人取菜

自助餐台的大小要考虑宾客人数及菜肴品种的多少,并根据宾客取菜的人流方向安排空间的使用,避免浪费空间或拥挤、堵塞。

3. 餐台设计应结合场地特点

餐厅的大小和形状是固定的,惟一可改变的是餐台布置的类型。布置餐台时应尽量掩盖餐厅形状的缺陷,突出其优点,变不利为有利。如:狭长形的餐厅,可将餐台设置在中间,将餐厅分隔成两个方形小餐厅;不规则形状的餐厅,可在不规则的地方设一些小型餐台,如:色拉台、甜品台、汤品台、水果台等,或设置一些装饰台,这样既分流了宾客,又美化了餐厅环境。

4. 餐台设计有灵活性和多变性

餐台设计应经常调整和变动,不能一成不变,否则让人觉得单调乏味,无吸引力。

5. 餐台设计有主题性

设计要紧扣餐厅经营的主题,突出餐厅的文化内涵,并围绕主题进行布置。

(二)自助餐餐台设计的方法

1. 自助餐餐台常用的台面

自助餐台常用的台面有:长方形、正方形、圆形、半圆形、扇形、螺旋形、梯形、椭圆形、三角形以及不规则的异形台面等。

2. 自助餐餐台常用的组合台型及适用范围

根据餐厅的场地特点和宾客的需求,可将不同的台面经构思拼合成各种新颖别致、美观流畅的台型。常见的台型有:

(1)长方形、椭圆形、梯形是最基本的台型,常靠餐厅四周墙壁摆放,可放置食品也可陈列装饰品。

(2)扇环台、扇形台、长方半圆组合台和"L"形组合台,一般放于餐厅一角,作为小型餐台或摆放装饰品。

(3)圆台一般放于餐厅中央或餐台中央,用于放置食品或装饰品。

(4)圆环台一般适用于长方形餐厅,放置于餐厅中央,在圆形台中央可配厨师,帮助宾客取菜或切割大块食品。

(5)组合椭圆台、环形椭圆台一般放于长方形餐厅中央。

(6)"S"形组合台一般用于不规则形状餐厅。

(7)" ⌒ "钟形台一般放于餐厅的一面或对称两面,可用于除夕夜台型,寓意"撞钟"。

(8)" ⌒ "形台适用于圆形餐厅靠墙摆放。

3. 自助餐餐台菜点陈列

(1)布置餐台的顺序

第一步先上炖品、汤羹、甜品、烧、焖制的菜肴,这些菜肴不会因盛放时间长而影响质量。

第二步上冷菜,炸、烤制的菜肴和点心,这些菜点放置时间长,表面会干瘪、失去光泽,而炸、烤制的菜点会回软,影响口感和质感。

第三步上爆炒的菜肴和蔬菜,这些菜肴放置时间稍长,就会流失水分,质感变老,蔬菜颜色会变黄,而且影响口感。

(2)菜点摆放要求

①自助餐菜点陈列一般按照:开胃品、汤、羹、冷菜、烤、炸制菜肴、其他热菜、蔬

菜,甜品,水果等的进餐顺序排列。

②某些特色菜,如甜品、水果或切割烧烤类菜肴可分台摆放,摆放顺序同上。

③热菜用保温锅盛放保温,宾客来后有服务员揭开盖子或由宾客自行揭盖取菜。

④每道菜品前面正对宾客取菜方向摆上菜名(中、英文)指示牌,每道菜肴都要摆放一副取菜用的公用叉、勺,各种跟配的调料与菜品放在一起,以便宾客取用。

⑤宾客取菜用的餐盘放于餐台最前端,20个餐盘一叠,码放整齐。餐刀、餐叉、汤匙及餐巾花整齐放于餐盘前方(有的餐厅放在餐桌上)。

⑥摆放菜点时注意色彩的搭配,颜色相同的菜品尽量错开位置。

⑦ 餐台装饰物布置合理,如食雕、冰雕、黄油雕、鲜花等,可放置在中央或两边,同时可点缀在菜点中间,将冷菜、热菜、点心、水果分隔开,起到美化餐台的作用。

⑧ 酒水台单独设置,酒水分门别类按载杯高矮次序排列,并注意色彩搭配。

三、自助餐服务程序

服务程序为:餐前准备→敬语迎宾→引宾入座→询问酒水→开订单取酒水→服务酒水→介绍菜点,协助宾客取用→整理餐台→巡台→上咖啡或茶(用完甜品后)→结账→送客→清台。

四、自助餐服务注意事项

1. 进行人员分工时,要派专人负责自助餐台服务。

2. 始终保持餐桌餐台清洁卫生。服务员要勤巡台,及时清撤宾客用过的餐具,保持餐桌清洁整齐。自助餐台服务员及时清理自助餐台,始终保持餐台台面、用具、器皿等整洁。

3. 不断补充陈列的食品,保持盛放食品的容器不见底。

4. 检查控制食品温度,使热菜始终保持一定热度,冷菜始终冷。

5. 宾客点不包含在自助餐餐费中的酒水时,须向其说明需单独另付。宾客同意后方可开单到酒吧领取,并单独记账。

6. 前后台的协调配合。自助餐厨房需根据宾客的进餐速度,适时适量补充菜品;自助餐服务员须根据宾客对菜肴的喜好情况及时与厨房协调沟通,尽可能满足宾客对饮食的需求。

7. 剩余食品的合理使用。在保证质量的前提下,坚持能回收利用的尽可能回收利用,以免浪费。

8. 妥善保管餐台陈列物品。自助餐陈列物品,如黄油雕、冰雕等,可以反复使用,须妥善保管。

9.销售资料的汇总整理。自助餐营业结束,餐厅和厨房应将收集到的宾客对自助餐菜品、服务、餐台布置、餐厅环境等的意见和建议,以及不同菜品的销售情况等资料,进行汇总整理,建立起销售档案,为准确进行餐饮原料成本核算和更好地满足宾客需要提供素材。

第五节　客房送餐服务与管理

客房送餐服务(Room Service)是饭店为便利住店宾客,体现饭店档次,同时也减轻餐厅压力、增加收入的餐饮服务形式。客房送餐服务是高档饭店的重要标志,其收入通常可占饭店餐饮总收入的15%左右。许多饭店的客房送餐部隶属于西厨房,分为订餐部和送餐部。

一、客房送餐服务简介

(一)客房送餐服务的特点

1.服务独立性强。服务过程主要在客房内完成。

2.服务环节多,人工成本高。客房送餐一般24小时进行,由宾客预订开始,厨房制作,服务员及时准确送餐进房并提供辅助服务。

3.餐饮品种与服务内容有一定限制。因远送距离与时间限制,客房送餐的菜点品种和服务方式有限菜点价格也较高。

4.因与客房部的关系最为密切,往往需要相互配合。

(二)客房送餐服务的内容

1.饮料服务

(1)普通冷饮料:指汽水、果汁、可乐等。宾客在房间点要饮料时,客房送餐部服务员需将饮料和杯具送到宾客房内并将饮料倒入杯中。

(2)普通热饮料:指咖啡、红茶、牛奶等。宾客在房间点要这些饮料时,客房送餐部服务员须将方糖、袋糖、咖啡匙及碟等备好后,与热饮料一道送至宾客房间,供宾客使用。运送速度要快,以保持热饮料的温度。

(3)酒类:指开胃酒、烈性酒、葡萄酒、香槟酒等。当宾客点要酒时,送餐服务员要准备好相应的载杯和开瓶器,与所点酒品一起送到宾客房内,并为其开瓶和斟倒。重要宾客在客房内配备酒车服务。

2.食品服务

(1)早餐:客房送餐服务部主要为宾客提供欧陆式、美式和零点式早餐。

(2)午、晚餐:提供烹制较为简单、快捷的西餐和快餐,一般包括开胃菜类、汤类、鱼类、肉类、凉菜类、点心类、饮料、水果等。

(3)点心:有三明治、面、饺子、甜点、水果等。

3. 特别服务

（1）饭店总经理送给重要宾客的花篮、水果篮、巧克力篮、高档礼品书籍、欢迎卡等，由客房送餐服务部负责在宾客到店前送入房间，并按规范放置在适当的位置。

（2）送给重要宾客生日礼物，如鲜花、蛋糕、酒品、礼物等，由客房送餐部派人送入房内。

（3）与客房部协作给全部或部分住店宾客赠送节日礼品。

（4）为住店宾客承办房间酒会，如生日酒会、庆祝酒会、欢迎酒会、饯行酒会等。

（5）与酒水部员工协作共同做好行政楼层、贵宾酒廊的接待服务工作等。

二、客房送餐服务程序

（一）客房送餐服务

服务程序为：预订→送订单→准备托盘或送餐车、食物→备账单→检查核对→送餐到客房→房内用餐服务→结账→道别→收餐→结束工作。

（二）客房送餐服务注意事项

1. 客房送餐预订方式有两种：一种是门把手早餐菜单预订，另一种是全天候电话预订。

宾客用门把手早餐菜单预订时，一般须将填写好的门把手早餐菜单在前一晚12点前挂在客房门外侧的门把手上。客房送餐部夜间服务员在指定时间按顺序收集、核对、排列，交订餐员核对记录和汇总，并提前打印出账单，交给当班领班。

全天候电话预订则是宾客需要进餐时，临时打电话通知客房送餐部送所需饮料和食物到客房。订餐员须在铃响三声内礼貌接听电话，准确、快速记下宾客的房号、姓名、所点菜式、数量及特殊要求，适时推销酒水，并及时复述确认。饭店一般在客房服务指南内放上全天候点菜菜单，食品内容按早餐和正餐分别列出，供宾客选择。

2. 订餐员要熟记送餐菜单内容，以便准确记录宾客所点饮食。若宾客点到送餐菜单所没有上的菜式，要礼貌向宾客解释，并恰当推介同类其他食品。

3. 送餐服务员（即送餐员）送食物到客房时，须将调味料回配料事先准备好，连同所需餐具一并送入客房。

4. 易冷的热食或易融化的冰冻食品，须有保温或冷藏设备，并以最快的速度送至房间。

5. 到达宾客房间时，须礼貌敲门，询问："Room Service. May I come in?" 征得宾客同意后方可开门进房，同时以宾客姓名问候，如"Good morning, Mr. Smith."。进房后，要征询宾客托盘或餐车的放置位置，"Where would I place the tray, sir?" 然后按要求放好。

6. 结账时,若宾客用外币结账,送餐员须告知宾客当日的汇率,将应付人民币准确折算成宾客所支付的外币,不能多收。收款时唱收,并告知找零的数目、时间,然后迅速前往收银台办理。若宾客签单结账,送餐员需将事先准备好笔,礼貌请宾客签单,务必告知宾客用正楷(或大写字体)和签字的位置。

7. 结账后,送餐员须恭祝宾客用餐愉快,倒退着离开房间,并为宾客关好房门。

8. 若宾客未来电要求收餐,送餐员在送早餐30分钟、正餐60分钟后,打电话到客房,征询宾客进餐情况和对餐食的意见,礼貌询问是否可以收餐了。然后为宾客收餐。

9. 送餐服务员应具有相当的服务知识和技巧、良好的语言功底、灵敏的反应和足够的耐心。

案例 5-7

一天晚上,某五星级宾馆的客房送餐部接到美国客人雷克的订餐电话,订餐员立即与厨房联系加工。

15分钟后,送餐员小姜把客人要的餐食和酒水送进客房。可是签单计账时,雷克夫人却要用美元结账,不愿签单。而现金结账要用人民币来结算,美元要到外币兑换处换成人民币才能使用,而饭店的外币兑换处现在又不营业。于是小姜向客人建议第二天换成人民币后再来结账。雷克夫人欣然同意。小姜回到一层用自己的钱先为客人垫付了这笔账。

后来,雷克夫人打电话了解了这些情况。第二天,当小姜把账单交给雷克夫妇时,雷克夫妇当即用人民币付了钱。

(资料来源:程新造《星级饭店餐饮服务案例选析》)

本章小结

厨房、管事部等部门是餐厅部的后台支撑部门。厨房各项工作的组织安排须以餐厅业务为中心,无条件满足餐厅对客接待过程中的各项要求,密切配合餐厅圆满完成每项接待任务。餐厅就餐环境的营造离不开管事部的配合和支持。管事部应始终保持数量充足的、卫生清洁的餐厅所需餐具、酒具及其他用具,始终保证餐厅环境的卫生、整洁。其他,如工程部能否进行定期的和紧急时的餐厅设备及时维修、绿化部能否及时更换餐厅的绿色植物等,都会影响餐厅的氛围。

思考与练习

1. 把下列各组菜名与菜别对应起来
   (1) A. 川菜　　B. 粤菜　　C. 鲁菜　　D. 淮扬菜　　J. 沪菜

E. 浙菜	F. 闽菜	G. 湘菜	H. 徽菜	I. 京菜
龙井虾仁	龙虎斗	九转大肠	东坡肉	佛跳墙	宫保鸡丁
腊味合蒸	回锅肉	护国菜	无为熏鸭	葱烧海参	问政山笋
烤鸭	松仁玉米	毛肚火锅	脆皮乳猪	油爆双脆	霸王别姬
虎素泡火腿	糟鸭	火方银鱼	梅开二度	麻辣仔鸡	酱爆鸡丁
生煸草头	狮子头	三套鸭	下巴甩水	京酱肉丝	母子会
鱼香肉丝	夫妻肺片	白切鸡	松鼠鳜鱼		

(2) A. 宫廷菜　B. 孔府菜　C. 谭家菜　D. 随园菜　E. 素菜　F. 回族菜
　　G. 朝鲜菜　H. 满族菜　I. 藏族菜　J. 维吾尔族菜　K. 蒙古族菜

老蚌怀珠	罗汉大虾	烤全羊	罗汉斋	酿扒竹笋	汤爆肚仁
辣香肠	烤羊肉	手抓羊肉	手抓肉	牛犊汤	八宝豆腐
一品官燕	水晶肘花	半月沉江	狗肉火锅	羊肉糕	栗子烧鸡
白玉无瑕	虫草老鸭汤				

(3) A. 开胃头盘　B. 汤　C. 色拉　D. 主菜　E. 甜品

罗宋汤	海鲜鸡尾杯	华尔道夫色拉	西冷牛扒	红酒烩鸡	烤饼
焗蜗牛	厨师色拉	鱼子酱	巴黎龙虾	煎饼	布丁
牛尾清汤	什锦色拉	苹果烤鹅	意大利菜汤		

2. 简述中餐厅服务程序。
3. 为何自助餐深受消费者的欢迎？自助餐服务应注意哪些问题？
4. 如何做好客房送餐服务？
5. 简述西餐厅服务程序。
6. 中餐零点餐厅与西餐零点餐厅的服务方式有何不同？
7. 若你所在的西餐厅开设了早餐、早午餐、午餐、下午茶、晚餐，那么，你认为作为该餐厅最好提供什么样的服务方式？在摆台准备方面还要注意什么问题？
8. 在炎热的夏天里提供自助餐，在进行餐台设计时须考虑哪些问题？
9. 送餐服务中最容易失控的是哪些环节？如何预防管理？

第 6 章

饭店酒吧服务与管理

课前导读

　　酒吧是饭店餐饮的重要组成部分与表现形式,由于酒水的利润率很高,酒吧不仅为饭店创造了较高的经济效益,还为企业增加了特色。做好酒吧的经营管理工作非常重要。

教学目标

- 了解饭店酒吧的表现形式及相应的特点
- 熟悉酒吧服务主要内容
- 掌握酒吧服务的技巧
- 熟悉酒水成本控制的主要过程
- 学会酒吧的营运管理

第一节　酒吧与酒吧服务

一、酒吧的含义

　　酒吧(Bar)一词来自英文,中文译为酒吧。其含义包括三方面:第一,经营酒水的场所;第二,酒吧中的吧台;第三,提供酒水服务的设施,包括餐厅的酒水服务车和客房中存放酒水的小酒柜、冷藏箱等。这里的酒吧指的是经营各种酒和饮品的设施和场所。

二、酒吧的发展

　　酒吧大约兴起于 19 世纪中期的欧洲和美国。随着餐饮业的发展,酒吧作为一项服务设施也随之进入饭店业和餐饮业。目前几乎所有饭店都设有酒吧,根据需要,有的饭店还设有数个不同类型的酒吧,如大堂酒吧、餐厅酒吧等。酒吧正朝着多功能、多样化的方向发展,酒吧的设备和设施越来越专业化。

三、饭店酒吧的种类

（一）主酒吧（Main Bar）

主酒吧也称作正式酒吧，装饰高雅、美观，有风格，讲究酒吧内部布局及酒水和酒具的摆设。客人一般坐在吧台前的吧凳和吧椅上，直接面对调酒师，一边欣赏调酒师的精彩表演，一边品味酒水。主酒吧的经营品种较全并且配制鸡尾酒，还有一些娱乐设施，如台球等。

（二）酒廊（Lounge）

酒廊具有咖啡厅的经营服务特点，其风格、装饰和布局也与咖啡厅相似。通常供应冷热饮料、各种酒类、点心和小食品，有些酒廊还供应菜肴。酒廊设有桌椅，提供酒水上桌服务。也有酒廊把吧凳放在吧台前面的，但客人一般不喜欢坐在那里。

饭店的大堂酒吧（Lobby Bar）实际就是一种酒廊，它设在饭店的大堂（前厅）。各饭店的大堂酒吧经营范围和特点各不相同，有些经营项目较少，只提供酒水和小食品，与咖啡厅很相似。

（三）歌舞厅酒吧（Show Bar）

也称演艺吧，经营各种酒品、冷热饮料、小食品，厅内设有舞池供客人跳舞，并举办一些文艺表演和服装表演，有小乐队为客人演奏。一些歌舞厅酒吧内还有视听设备。

（四）服务酒吧（Service Bar）

服务酒吧是设置在中、西餐厅中的酒吧，因此也称作餐厅酒吧（Restaurant Bar）。这种酒吧的调酒师不需直接与客人打交道，只要按酒水单供应酒水就行了。西餐厅中的服务酒吧对吧台设施和设备，调酒师的外语、专业知识与技能都有较高的要求。因为这种酒吧进口酒水较多，包括各种葡萄酒、烈性酒和甜酒等。这些酒水的商标、级别、产地和贮存年限都与酒的质量和服务方法有密切的联系，调酒师和服务员要经过严格的培训，才能识别这些内容并能熟练地根据不同类别的酒水特点为客人提供服务。

（五）宴会酒吧（Banquet Bar）

宴会酒吧又称临时性酒吧（The Set – Up Bar），是为各种宴会临时设立。宴会酒吧的大小和造型由各种宴会和酒会的规模和形式决定。宴会酒吧最大的特点是临时性强，供应酒水品种的随意性大。其营业时间灵活、服务员工作集中、服务速度快。通常，宴会酒吧的工作人员在宴会前要做大量的准备工作，如布置酒台，准备酒水、工具和酒杯等。此外，营业结束后还要做好整理工作和结账工作。

以上五种是常见的酒吧形式。一些饭店还根据自身特点设置各种酒吧及经营酒水的设施，如游泳池酒吧（Poolside Bar），为游泳的客人提供酒水服务；保龄球馆酒吧（Bowling Alley Bar），为打保龄球的客人提供酒水服务；客房小酒吧（Mini

Bar),则是在客房内的小酒柜和小冷藏箱里存放各种酒水和小食品,以方便住店客人随时取用。在欧美国家还出现了一种将酒吧和快餐结合的综合经营酒吧,即吧台的里边装有简单的烹调设备,如电扒炉、微波炉等,客人在点酒水的同时还可以点一些简单的快餐。此外,经营自己制作的鲜啤酒的啤酒屋等都属于不同种类的酒吧。

有时,酒吧的分类很困难。一些酒吧是多功能的,很难把它分为哪一类。酒吧设计和经营是随市场需求而变化的,其经营方法不应受到种类限制。

四、酒吧的特点

酒吧是饭店和餐饮业重要的营业场所,它除了具备一般的餐饮经营特点外,还具有其自身的经营特点,主要表现在以下几个方面:

(一)销售单位小,服务频率较高

酒吧产品销售常常以杯为单位,且客人流动性较大,因此,酒吧服务频率较高。客人到酒吧不仅为了饮用酒水,还为了享受酒吧的气氛和满足心理方面的需求,因此,酒吧的环境与气氛、调酒师和服务员的服务态度对酒吧的经营起着非常重要的作用。和谐的气氛和优质的服务会使客人的人均消费额增加。调酒师和服务员必须树立优质服务的观念和意识,不厌其烦地为客人提供每一次服务。

(二)酒水利润高,资金周转快

酒吧经营的毛利率通常高于餐厅的毛利率,可达到销售额的60%~70%,有的甚至高达75%以上,同时,酒水服务还可以刺激餐厅客人对菜肴的消费,从而增加经济效益。酒品的销售一般以现金结账,不需占压许多资金,资金周转快。管理人员在选定酒水品种时,必须根据本企业目标客人及酒水销售情况作出合理的选择。此外,酒水成本控制是酒吧管理的重要内容,只有严格的成本管理,才会达到理想的利润。

(三)知识广泛,技术性强

酒吧服务特别讲究气氛高雅、技术娴熟。调酒师的操作具有表演色彩,动作应潇洒大方,姿势优美。调酒师和服务员必须经过酒水知识、酒水服务和外语培训,掌握较高的服务技能,并注意礼节礼貌、仪容仪表及各种服务设施的整洁卫生。

五、酒吧的设计

酒吧经营场所通常由吧台、工作台、酒柜、冷藏箱、制冰机和小型洗杯机等设施组成,其设计与布局按照经营策略和类型而各具风格。

(一)酒吧的设计原则

酒吧是为了方便经营酒水和提供酒水服务而设计的。酒吧设计应有自己的独特性,尤其是主酒吧的设计更要体现其风格。一个标准的酒吧,其设计原则应当是:

1. 灯饰应新颖,灯光要柔和,选用造型优美和有独特性的壁灯与台灯。
2. 为了方便调酒师和服务员工作及吸引客人对吧台的注意力,吧台内外的局部面积的照明度应强一些。
3. 配备优质的音响设备,创造轻松气氛并隔音,采用软面家具、天花板吸音装置并铺设地毯,以降低工作区的音量。
4. 配备现代的空气调节设备,保持室内的标准温度和湿度并不断地排出室内的烟味和酒味。
5. 酒吧的面积应与客人的周转率一致,通常将空间面积或部分大块面积隔成小间,以矮小的隔物或装饰进行分隔。
6. 酒吧的家具要舒适,桌椅的设计既要有特色又要便于使用,并且应具有方便折合的功能,以备为团体客人服务。
7. 吧台设计既要有特色又要简单,以方便工作。吧台应具备在短时间内配制出多种酒水的能力,可使调酒师在同一个地方完成几项相关的工作。如准备各种酒水,切配鸡尾酒的装饰水果,调制各种酒水,方便服务员取酒水,方便客人饮酒,方便对各种酒水的贮存与管理,易于酒杯与调酒用具的洗涤、消毒与贮存等。

(二)酒吧的设计与布局

1. 吧台

通常,酒吧的吧台高度为 110~120 厘米,最高不超过 125 厘米。根据需要,可配以相应高度的吧凳或吧椅,吧凳高度为 80~90 厘米,通常可以调节高度。吧台台面的宽度是 60~70 厘米。吧台的表面应使用易于清洁和耐磨的材料。吧台上的折叠板是为服务员取酒水准备的设施,应离开客人饮酒区。吧台下面突出的边沿和脚踏杆会给客人带来舒适和愉快。

吧台的形状通常有三种,直线型、U 字型和圆形。许多酒吧的吧台采用直线型,这种吧台的特点是,调酒师在吧台内的各个角落都能面对客人,展示柜中的酒水也很直观。此外,坐在吧台前的客人易于相互了解、相互聚饮。

U 字型吧台体现欧陆式风格,它为客人提供了更多的可选择的位置,方便客人聊天。同时,U 字型吧台可更多地突出它在酒吧中的位置,对客人有更大的吸引力,有利于酒水推销,但占地面积较大。

圆型吧台也称作环形吧台,吧台中的圆型展示柜展示各种酒水。这种吧台可为来自各方向的客人服务,它适用于较大型酒会和自助式宴会。

2. 吧台空间

吧台内必须有足够的空间使调酒师可以来回走动。吧台与它身后酒柜的距离约为 100 厘米。吧台的长度取决于经营情况和吧台内工作人员的人数,如有两名以上的调酒师一起工作,那么,每个调酒师应该有自己的工作区。每个工作区都应有工作台和洗涤槽,有摆放杯具和用具的地方。调酒师应很容易取到所需的酒水。

而不必穿越另一个工作区域。酒品陈列柜和台下贮藏区应当分开,以便分别控制各自的酒水,每个区域还应备有一个装空酒瓶的箱子,通常放在水槽下面。开瓶起子应固定在吧台下面或工作台台面上,以方便使用。

3. 工作台

工作台是酒吧必不可少的服务设施,它应位于吧台下面,是调酒师配制各种酒和饮料或切水果等的工作区。最常使用的酒水应放在工作台旁的酒架内,以便使用时能迅速取出,从而避免调酒师转身取酒而背对客人。

4. 洗涤区

通常,酒吧的洗涤槽安装在工作台旁边,为了操作方便和卫生,应有两个以上水槽,水槽用不锈钢制成。洗涤区应设有充足的冷热水、消毒剂。水龙头应是旋转的,不用时可推在一旁。一些酒吧还设有小型洗杯机专供洗酒杯用。洗涤槽可洗刷烟灰缸等用具。

5. 冷藏设备

冷藏设备是酒吧的必要组成部分。冷藏箱有立式和卧式两种,各有优点。冷藏品应该有规律地装入冷藏箱,同时还应定期移动冷藏的酒水,将先领用的酒水放在冷藏箱的前排,后领用的酒水放在后排,做到先领取的酒水先使用。

6. 贮藏设施

根据需要,酒吧内应有一个贮藏室,或者有足够的空间和设施贮存一定时期或几天所需的各种酒水和服务用品。展示酒水的酒柜和存放酒杯的设施及服务工具的抽屉和小柜子,都是酒吧不可缺少的设施。

7. 电源设施

酒吧常使用电器设备,有电动搅拌机、电热水器等。提供足够的电源插座是酒吧设计的基本要素之一。电源的插座常位于工作台和吧台之间和接近冷藏设备的地方,但应远离水槽。

8. 收款机

吧台内应设有一台收款机,以方便收款和记录账目。

9. 吧台内地面

吧台内的地面常会有溢出的液体,因此,为了方便工作和卫生管理,酒吧的地面应该选用防滑、易于清洁的材料。

根据酒吧经营策略和需求,不同的酒水经营场所还常常配有舞池、演出台、视听设备、台球设施、游戏机、简便的烹调设备、酒水服务车、酒水展示架等。

六、酒吧的服务内容及服务技巧

(一)酒吧的服务内容

1. 向消费者提供各种纯饮的酒类,如:白兰地、威士忌、葡萄酒及啤酒等。

2. 向消费者提供各种软饮料,如:各种果汁、汽水、矿泉水、纯水、茶水等。

3. 向消费者提供各类混合饮品,如:鸡尾酒、宾治(Punch)等。

4. 向消费者提供就饮所需的各种环境氛围(依据酒吧的性质不同而各异)。

(二)酒吧的服务技巧

1. 酒吧服务技巧和服务规则

(1)衣着整洁,并按规定穿着工作服。

(2)讲究个人卫生,要勤理发、勤洗澡、勤剪指甲。男服务员不留小胡子,女服务员不留长指甲和涂指甲油。

(3)在客人面前不挖耳朵、抠鼻子、搔头皮、剔牙齿等。

(4)上班时不吃大蒜、韭菜等有异味食品,打喷嚏时要背向客人或用手帕掩住口鼻。

(5)上班期间不要吃东西、嚼口香糖。不吃用来作鸡尾酒装饰的樱桃。

(6)上班不迟到。

(7)具有工作责任心。

(8)经营酒吧切忌无人看管,如果有事离开,一定要告知其他工作人员。

(9)工作时间不擅离职守。

(10)酒吧中万一发生火灾,按预案处置。

(11)始终保持客用烟缸光亮干净。

(12)即使酒吧中没有客人,也不要将报纸铺在吧台上阅读。

(13)如果使用杯垫,要确保它们的干净。因为这些物品通常是酒商作为广告而免费提供的,因此,没有理由使用不洁的杯垫。

(14)在营业前,要准备好下述物品:冰块、柠檬片或柠檬、水果刀、樱桃、鸡尾酒签等。

(15)未经允许不得使用电话,接电话要使用敬语,长话短说。

(16)不要因为聊天而让客人等候。

(17)避免与较熟悉的客人长谈而冷落其他客人。

(18)工作井然有序。

(19)捡起掉在地上的软木塞。

(20)不要将抹布、擦杯布或任何清洁物品放在吧台上,这会给客人留下很坏的印象。

(21)抹布是用来擦桌子、金属器皿、烟灰缸等的。

(22)清洗杯具时要十分小心,用一小段橡皮胶管套在龙头上可以避免杯具等的破损。

(23)清洗及擦拭杯具不应使用同一块餐巾布。

(24)如果发现在客人面前的杯具上有口红、唇印,不妨灵活一点,拿回来,说是杯子坏了或其他什么原因。

(25) 打开水龙头后不要忘了关,吧台用的水管软细,溢水的可能性很大。

(26) 如果有电话寻找来酒吧的客人,即使你知道他在,也不要立即告诉对方,而应该说:"我去问一下",然后设法找到受话者,问一下客人是否愿接电话,他或许并不想被电话打断自己的雅兴。

(27) 把来酒吧的客人当作自己的客人,给他们以适当的尊敬,让客人高兴而来满意而去。

(28) 在酒吧中不要介入客人之间的争论,客人之间的任何争论都与你无关,做好对客服务是酒吧服务员的本职工作。

(29) 避免在酒吧中谈论宗教信仰或政治问题,这是引起争论的导火线。

(30) 酒吧客人来自各个阶层,你会发现有些客人很顽固,行为怪异,他们往往一个问题要说上好几遍,但他们拒绝接受别人的嘀咕,给他们一个微笑,让他们自得其乐要比冒险纠正他们的错误更好。

(31) 无论是同事之间还是和客人之间,在酒吧中不要为任何事打赌。

(32) 营业期间,酒吧服务员和调酒员不允许在酒吧喝饮料。

(33) 营业期间,酒吧服务员和调酒员不允许接受客人赠送的饮料或同等价值的钱。

(34) 一定要不断地清洗量酒器,这一点非常重要,例如有一点朗姆酒留在量酒器的底部将会影响伏特加酒的风味。

(35) 收回空酒瓶后,要将瓶中残液倒尽。

(36) 切勿将空酒瓶扔进箱中,这样容易使酒瓶破碎,伤害清洁工。

(37) 必须用专门的本子或表格记录每日售酒数量,不可拖到下一班或第二天。

(38) 工作中原则上不要背向客人,调酒员转身取背后的酒时,也要侧着身子。

(39) 给客人开订单时一定要重述客人所点的内容,并表示谢意。

(40) 客人付账时要报出他们付款的数目,如付款的客人已醉,也应让他的同伴听清,以免发生纠纷。

(41) 不能因客人醉酒而采取轻视的态度,任何情况下酒吧服务人员都要以礼待客。

(42) 如果只有一个客人来饮酒时,为了不使他感到寂寞,可以适当地陪他说说话,但对成双成对的来客,不要随便插话,以免打扰他们。

(43) 记住每个客人喜欢喝的饮料,尤其是常客。

(44) 要经常检查服务所必需的器具、杯子、各种表格、通知单等。

(45) 发现变质、变味的酒要填写报损单,因不小心打破酒水也要记录下来以便处理。

(46) 注意根据客人的消费情况随机应变,向客人推销酒水。

(47)营业结束时要擦干净金属器皿,冲洗、擦净所有杯具,免得客人投诉。

(48)要特别注意,不要拿走客人桌上还有剩余饮品的杯子,免得客人投诉。

(49)任何客人的遗留物品如珠宝、手提包、打火机、雨伞甚至半包香烟等都要交给酒吧领导,切不可据为己有。

(50)酒吧关门前要检查一下门背后和一些阴暗处,防止有人躲在这些地方。

2. 处理醉客的方法

适量饮酒可以促进人体血液循环,舒筋活血,有益于身心健康,但是过量饮酒则有害于人体健康,甚至会出现酒精中毒,严重破坏脑神经组织,有时甚至会危及生命。

酒吧是专供客人饮酒休息的场所,一旦出现醉酒现象,不仅会给日常生活、服务工作带来麻烦,有时还会造成不必要的经济损失。因此,酒吧调酒员和服务员一定要时刻保持清醒的头脑,正确判断客人的饮酒情况,随时控制醉客的供酒量,客人一旦醉酒,须立即向上级汇报,妥善处理,尽量减少不必要的损失。

要知道客人是否醉酒,首先必须了解醉酒程度以及血液中酒精浓度对人体的影响。酒精浓度对人体的行为影响一般分为7个等级。

第1级——爽快,血液中酒精浓度为0.02%~0.04%,对人体有轻微影响,具体表现为心情舒畅。

第2级——激动,血液中酒精浓度为0.05%,此时饮酒者表现得十分快活,情绪激动,意气昂扬,说话较多,声音也很大。

第3级——稍有醉意,血液中酒精浓度为0.1%左右,饮酒者有轻微的脚步不稳,有睡意。

第4级——微醉,血液中酒精浓度为0.2%,此刻的饮酒者话特别多,且重复说同样的话,几乎不能单独一人行走,别人搀扶时也歪歪斜斜的。

第5级——大醉,血液中酒精浓度为0.3%,此刻的饮酒者言语不清,行动和表情都很异常,有的甚至易哭易笑,乱扔东西,常讲自己没醉。

第6级——酩酊大醉,血液中酒精浓度为0.4%,表现为动作迟钝,言语含糊不清,走路困难,不管在哪里,躺下就睡,摇晃后会呕吐。

第7级——烂醉,又称为昏睡期,血液中酒精浓度达0.5%,处于烂醉如泥状态,如果血液中酒精浓度达到0.8%~1%,就可能导致中毒死亡。

解酒的方法很多,首先是控制客人的酒量,防止醉酒;其次是让醉客喝一杯柠檬汁或橘子汁,加上大量的蜂蜜,因为柠檬汁中含有的维生素C和蜂蜜中的糖分能加快分泌抵抗引起酒醉的物质。另外,客人喝下解酒液后最好能躺下休息。

酒吧内如果发生醉酒现象,具体的处理方法是:

(1)将客人上半身抬高,把衣服和领带松开。

(2)用冷毛巾敷在客人头部,如果客人脸色苍白,要让客人躺下并避开风口,不能着凉。

(3)情况严重时,要立即和总台、客房中心联系。准备休息室让客人休息。

(4)醉酒严重时客人可能会呕吐,呕吐时要让客人的脸侧过来,并准备好热毛巾、温水让客人漱口。

(5)处理醉酒客人时始终保持其身体温暖,酒醒后立即送上咖啡或红茶。

(6)照顾好客人的遗留物品,如有同伴,应当面点清,并记录在案,等客人醒酒后再交给客人。

(7)如果用出租车将客人送走,必须记下客人随身携带的物品以及出租汽车的车号、出租车所属单位,以防不测。

(8)处理完后应将处理方法及结果记录在案,并向上级领导汇报。

第二节　酒吧管理

一、酒吧后台管理

在本教材中,酒吧的后台管理主要指对酒水的采购、验收、贮存与发放等环节进行管理。管理的重点是成本控制,减少不必要的浪费或损失。

(一)酒水采购管理

酒水的管理是从采购开始的。在采购过程中,如果不注意加强管理和进行有效的控制,任何成本控制方法都无法挽回由此产生的巨大损失。

行之有效的采购工作应该是购买的原料能最大限度地生产出经营所需的各种食品或饮料,而且节约成本,节约生产时间。为此,采购人员必须具备较高的素质:

(1)具有丰富的餐饮工作经历。

(2)具有较强的市场采购技巧,了解市场行情。

(3)掌握各种酒品知识。

(4)懂得会计知识,掌握订货单、发票、收据以及支票等的作用。

(5)必须诚实可靠,有进取心。

制定采购计划也十分重要。因为在制定采购计划时,必须考虑很多因素,诸如采购的新品种能否被客人接受,调酒员、酒水服务人员能否很快地熟悉并使用这些新产品等等。大批量采购还会从批发供应商那儿得到一些折扣,这将会使成本明显降低。但在我国,这一点还没有引起管理人员的足够重视,有些饭店将供货单位的折扣挪为他用,还有的采购人员则私自侵吞这笔费用。管理人员必须对此有所了解,及时堵住管理漏洞。

采购的方法多种多样,好的采购方法往往会产生令人满意的效果。好的采购方法应包括下列几个要素:

（1）用书面形式制定出合理的采购方案和采购制度，由总经理批准后，传达到有关人员，并照此严格执行。这样可以防止一些采购人员以次充好、损公肥私，从而有效地控制成本，保证采购质量。

表 6-1　酒水采购规格表

酒水种类：洋酒—威士忌

编号	酒品名称	供货单位	规　格	采购价格	备注
A1	芝华士	省粮油进出口公司	750ml×12	170FEC/瓶	
A2	珍宝	省粮油进出口公司	750ml×12	63FEC/瓶	
A3	金铃	省粮油进出口公司	750ml×12	6FEC/瓶	
A4	皇家礼炮	省粮油进出口公司	700ml×6	503FEC/瓶	
A5	施格兰VO	省粮油进出口公司	375ml×24	35FEC/瓶	
A6	百龄坛	省粮油进出口公司	750ml×12	63FEC/瓶	
A7	黑方	省粮油进出口公司	750ml×12	125FEC/瓶	

（2）采购中必须考虑顾客的消费需求。以前认为，经营酒吧只要不把客人不喜欢的酒陈列在酒架上就可以了，而现在，则应该使用略便宜一点的酒水，通过增加消费量，让客人为自己中意的酒水付更多的费用。在实际工作中，中档牌子的酒，即既不昂贵也不便宜的酒通常被饭店选为指定酒品（House pouring），在选择这些特备酒品时，首要考虑的因素是酒品的质量和价格。在决定采购什么牌子的酒时必须根据顾客的实际需要，但又不是取悦每一位客人。如果有选择地选购一些有价值的品种，以满足绝大多数客人的需求，而不是满足每个顾客的口味，那么，酒水部的营运将会更有效；如果某位客人点要的酒品种没有，可提供类似的品种，这是合乎情理，也很正常的事情，但是，如果某一酒品点要的客人较多，那么，采购时就应加上该品种。

（3）决定采购数量和最大库存数量，对管理人员来说也是至关重要的。采购酒水的种类太多，不一定每种牌子销路都很好，这样就会使货物大量积压，从而使资金滞积，影响资金周转。酒类存货有一定数量限制，在库时间最好不超过1个月，即库存酒水的资产账目其价值与1个月使用的酒水价值相等。另外，确定采购数量时还应考虑酒水饮料的保质期和库房容量，新鲜的果汁饮料如橙汁系列，宜采用少进勤进的办法，库房容量小的饭店也一样，不宜将某一两个品种的酒水进得太多。

（二）酒水验收管理

把好酒水饮料的验收关是酒水管理和控制工作中的重要一环。酒水饮料的验收工作一般由饭店收货员根据货单负责进行，为了严格把关，酒水的验收工作必须遵循以下一些原则：

第一，质量和数量验收。所有进货酒品必须根据酒商提供的发货单逐一如实验收,确保没有任何短缺。包装箱要拆箱检查,若发现包装箱有潮湿的痕迹或已经潮湿,一定要开箱仔细验收,防止酒瓶破碎造成损失。严格检查酒品的名称、商标、容量甚至产地,以防止假冒酒品混入饭店。

第二,验收完毕,应立即将酒品运送到安全贮藏地,以防被窃。

第三,验收完酒品后,收货员必须填写收货单,一式两份,并将正本附在签过字的发票上,送交总经理或指定的负责人签字后交财务部门办理付款手续。

第四,酒品验收入库后,保管人员还应造册登记,建立酒品档案,填制存货清单。在有些饭店,如北京丽都饭店,酒品保管人员使用一种双面记录卡,上面记载酒类的收进与发出以及存货积余数量,翻开记录卡,对库存状况便可一目了然。这些资料还可以作为申请进货的主要依据。表6-2为酒品登记卡样本。

第五,酒水饮料的采购和验收工作必须分工负责,管理人员必须严格防范相互串通作弊的可能。

表6-2 酒品登记卡

酒品名称_____ 分类_____ 编号_____

日期	进货数量	发货数量	签名

(三)酒水贮藏管理

酒品的价值较高,因此,酒品的贮藏管理不仅仅局限于防止数量的损耗上,还应根据各种酒类的特性分别妥善贮藏,以防止酒品变质造成浪费。酒类贮藏有以下几个基本要求:

(1)酒品必须贮藏在凉爽干燥的地方。

(2)应避免阳光或其他强烈光线的直接照射,特别是发酵酒品。

(3)避免震荡,以防丧失酒品原味。

(4)酒品应与有特殊气味的物品分开贮藏,以防串味,最好能与食品分开贮藏。

(5)保持一定的贮藏温度和湿度。各类酒品因其特性不同,对贮藏的温度及摆放位置等要求也不一样。如啤酒,其最佳贮藏时间不能超过3个月,最佳贮藏温度6~10℃,超过16℃将会导致啤酒变质;而红葡萄酒则需横着存放在酒架上,贮藏湿度适中,要防止瓶塞及酒标霉变使葡萄酒变质、变味;又如白葡萄酒,要求低温贮藏,这就必须经常检查冷藏柜底部有无积水,这些积水会导致酒标发霉,有碍酒品外表,严重的还会影响酒的销路,造成不必要的损失。

饭店的饮料贮藏中心又称酒窖或酒库,是饭店存放饮料的主要区域。为了确保酒水存放安全,减少不必要的损失,酒窖的钥匙必须由专人保管,对贮藏室内所有的物品负完全责任,其他任何人员未经许可不得随便进出酒窖。此外,许多饮料服务部门如酒吧等,都有吧内小贮藏室,用来贮藏部分酒品,这些地方在非营业时间必须锁好,以防偷盗。一般来说,酒吧贮藏室或其他非饮料贮藏中心的饮料贮藏数量应以够用为限,因为这些地区的安全措施不很严,容易出现较大的漏洞。解决这一问题的关键是建立健全"酒吧贮存标准"制度,即确定酒吧必须拥有的标准酒品的数量。

从严格管理的角度来说,所有的含酒精饮料都应该保持一个固定的贮藏水准。餐饮主管部门应当备有一份常年使用的存货清单,每个月底会同酒窖(库)管理人员进窖清点存货,盘点核实,售出的物品与计算出的价格必须一致,并符合实际的账目要求。

(四)酒水发放管理

含酒精的烈性酒品是以瓶为单位发放的,软饮料的发放则以打或箱为单位。酒水发放的目的是为了补充营业酒吧的日常贮藏,保证酒吧的正常营业和运转。根据我国和国外一些大饭店的经验,饮料发放工作一般在上午8至10时或下午2至4时进行。因为这段时间酒吧生意清淡,可以集中调酒人员前往酒窖领货,酒窖也可以在这段时间内集中发放酒品。如果申请领货计划正确,一般都能保证1天的正常营业。

酒品的发放必须以酒吧填写的申请单为依据,申请单(见表6-3)一式三份,由各酒吧分别填写,酒吧经理或主管签字后方可生效。酒窖根据申请单上的项目逐一核实发放,并由发放人员签字。

表6-3 酒水领货单(BEVRAGE REQUISITION FORM)

地点(LOCATION)_____ 日期(DATE)_____

编号 BIN NO.	品种 NAME	单位 UINIT	数量 QTY.	发放数量 ISSUED	单价 UNIT COST	金额 TOTAL COST	备注 REMARK

制表人(ORDERED BY)_____ 部门主管(DEPT HEAD BY)_____
领货人(RECEIVED BY)_____ 发货人(DELIVERED BY)_____

发完货后,三联单正本交财务部,第二联留存酒窖,第三联交酒吧保管,这样,餐饮主管人员每个月都可以根据申请单正本与酒窖管理人员和酒吧进行核对,防止有人利用申请单做假账或从中动手脚。

为了方便管理和控制,在发放的每瓶酒(主要指烈酒)上都应该贴上饭店特制

的"瓶贴"标签,或打上印记。贴印这些标签有很多好处,如:

(1)可以鉴别该酒是否由饭店贮藏中心或酒窖发出,有利于控制和减少调酒员私自带酒进酒吧销售。

(2)能正确反映发放日期,如果某一销量很好的品种在酒吧滞留时间很长,管理人员可以据此进行检查,及时发现问题,堵住漏洞。

(3)如果饭店有几个酒吧并且独立核算成本时,贴印上标记还可以区别不同的发往地,减少货品发放混乱的现象。

二、酒吧前台管理

酒吧前台管理主要指对酒吧营运过程的整体管理,其管理重点是除继续做好酒水的成本控制之外,还要对出品质量与服务质量进行严格控制。

(一)使用标准的计量与饮用器具

为使出品用量标准化,必须使用标准计量器具和饮用杯具,尤其是那些成本较高的酒水原料,必须严格用标准计量器来控制用量。

1. 标准计量器具

使用标准计量器具的主要目的有两个:保证产品的数量标准和产品的成本标准。

常见的标准计量器具有:

(1)标准量杯。常见的有玻璃和金属制量杯两种,它们通常用于专业酒吧和餐厅的酒吧,主要用于调制混合酒和准备纯饮酒类时计量原料。常见的计量容量为30毫升、45毫升、60毫升等几种。吧台员工在调制混合饮品及斟倒纯饮酒类时,必须按饭店的规定操作。

(2)标准量酒嘴。使用时装在酒瓶瓶口上,每斟一次酒,只能倒标准的一份;倒第二份之前,需将瓶口朝上,再重复第一次动作。每斟倒一次只能流出一份定量的酒液,这分量的多少视酒嘴的型号而异。

(3)手动酒液计量器。多用于斟倒较名贵的纯饮酒计量。这种计量器装于供纯饮用的酒类的瓶口上,然后将酒瓶瓶口朝下挂于吧台内的墙壁上或酒柜上,使用时用酒杯杯口顶住酒液计量器往上推,酒液就会流出一个标准分量,每推一次流出一份,不会多放。

(4)电动酒液计量器。现代酒吧常使用电脑控制的酒液计量器,计量器预先调节好标准的配料量,酒吧员工只要按下相应的按键,便可得到所需的标准容量的酒液。

2. 标准饮用杯具

这里的标准饮用杯具有三层含义:一是餐厅与酒吧必须备有满足各种饮用需求的专业用标准杯,切不可用威士忌杯装干邑提供给客人;第二层含义指各种专业用酒杯的容量必须同饭店规定的标准份额相吻合,为了确保每次出品的酒液分量达到标准,许多饭店在酒杯上印有不同酒类的标准分量刻度线;第三是酒吧配备的各种酒杯应有一个标准存量,以减少不必要的器皿损耗。

(二) 执行标准配方

为了使饮品的份额一致、出品的酒水成本始终如一,并确保饮品质量稳定,在配制饮品时需要使用标准配方。饮品的标准配方是餐饮标准食谱在酒吧管理中的一种表现形式。

饮品的标准配方(配方格式见表6-4)需列出如下内容:饮品的标准份额;配制饮品的各种配料的名称、用量和成本额;饮品的配制、加工方法;配制饮品的各种器具;饮用的载杯;每份饮料的标准成本。

表6-4 饮品标准配方

品名:干马提尼		标准成本:6.10元		
编号:038		成 本 率:29%		
类别:混合酒类		售　　价:21.00元		
配料	用量	成本(98.1.1)	成本	成本
哥顿干金酒 仙山露干味思酒 腌制橄榄	45ml 5滴 1个	4.80 0.30 1.00		
配制需用器具:1.混酒杯×1 　　　　　　 2.滤冰网×1 　　　　　　 3.鸡尾酒杯×1(90毫升)				
配制方法:1.将金酒与干味美思酒先后倒入放有冰块的混酒杯中 　　　　　 2.用吧匙搅匀 　　　　　 3.盖上滤冰器,将酒液滤入鸡尾酒杯 　　　　　 4.放入橄榄 注:鸡尾酒杯需预冷(Chilled)				

除了对混合配制加工进行标准控制之外,还应设立整瓶酒的服务分量标准,这主要是对名贵的纯饮酒类而言的。纯饮的名贵酒大多是烈性酒,在酒吧一般通过零杯销售,销售时以份为计量单位,每一份计量为30毫升的居多。每瓶烈酒的容量一般为700毫升,以30毫升作一份,可分23份左右,除去允许损耗的酒液30毫升,每瓶烈酒应收回22份酒款。管理人员平时就用这一标准来进行管理。

(三) 遵循标准操作规范

为了制作出符合质量标准的饮品,在配制饮品时应符合并遵循相应的操作规范和要求:

1. 酒杯的温度处理

不同的酒有不同的饮用温度,所用杯具的温度也应该与之相适应。需常温下饮用的酒类,如白兰地、利口酒、红葡萄酒等的饮用杯具,既不要作升温处理,也无需作降温处理,常温状态下的杯具就可作载杯了。另外一些酒类的饮用温度较低,饮用的杯具则要作冰镇降温处理,这些杯具有大多数鸡尾酒杯、白葡萄酒杯、香槟杯、啤酒杯等。冰镇处理的方法一般有两种:一种是将玻璃杯放在冷杯柜中作降温处理;另一种是将冰块放在杯中,用手握杯作旋转运动,使冰块沿杯壁转动,通过摩擦使玻璃杯降温。

2. 冰块的使用

酒水服务中常用到冰块。使用冰块时应根据标准配方的要求,选择不同形式的冰块,如刨冰、碎冰或是块状冰,但不管什么形式,都应当新鲜、洁净、卫生。

3. 饮品应充分混合

依据调酒时常用的四种加工方法——兑和、调和、摇和与搅和,制作不同款式的鸡尾酒。如鸡尾酒以含汽类饮料作辅料的,通常采用兑和与调和的方法进行加工;如用乳制品等一些黏稠的饮料作辅料,一般应选用摇和的方法加工制作。混合操作时间的长短视具体情况而定。

4. 倒酒

如用调酒壶一次调制两份以上的饮品,在倒酒前先将载杯准备好,列成一排,各酒杯先倒入 1/4 杯,然后 1/2 杯,直至倒完,而不能先倒满一杯再倒第二杯。这样才能保证每杯酒的浓度、颜色、数量、口味基本一致。

本章小结

> 酒吧是饭店餐饮中颇具特色的一个部门,有足够的吸引力引起消费者与从业人员的关注。酒吧同时又是饭店经营项目中获利能力较强的一个部门,其地位相当重要。酒吧最终又是需要从业人员具备相当技术方能胜任工作的一个场所,其性质很具挑战性。

思考与练习

1. 饭店酒吧的重要性体现在哪些方面?
2. 饭店酒吧有哪些表现形式?
3. 酒吧主要提供哪些服务内容?
4. 如何处理酒吧中的醉酒客人?
5. 控制酒水的成本应注意哪些方面?
6. 酒吧前台管理的重点包括哪些方面?

第 7 章

宴会服务与管理

课前导读

宴会是政府机关、社会团体、企事业单位或个人为了表示欢迎、答谢、祝贺等社交目的以及庆贺重大节日而举行的一种隆重、正式的餐饮活动。饭店的宴会厅或多功能厅就是进行宴会接待服务的场所。

宴会是饭店餐饮部的重要经营项目,也是饭店最重要的经济收入来源之一。宴会产品经营得好坏,不仅直接关系到饭店的经营收入,还直接关系到饭店的整体形象。因此,饭店餐饮部都很重视宴会经营管理。外国许多饭店将宴会部从餐饮部分离出来,设立为独立的部门,以便进行各种宴会的促销和管理,但我国大部分饭店中的宴会部是餐饮部的直属部门。

教学目标

- 了解宴会的历史沿革
- 熟悉宴会的种类
- 掌握宴会业务运转环节
- 掌握宴会销售管理
- 熟悉中餐宴会、西餐宴会等的运转管理

第一节 宴会业务经营运转环节

古往今来,宴会渗透到社会生活的各个领域,大到国与国之间的交往,小到婚丧节庆、生儿育女,各个时代、各个地域、各个民族、各个阶层、各个家庭、各种场合都离不了它。有"礼仪之邦"之称的中国,自古就有"民以食为天"、"食以礼为先"、"礼以筵为尊"、"筵以乐为变"的说法,宴会蕴含着丰富的文化、科技、艺术底蕴和技能技巧,是我国饮食文化的主旋律之一。为了使现代宴会经营既能从悠久的宴会历史中吸取精华,又能适应时代的需要,宴会经营者有必要研究宴会的历史和发展趋势,掌握宴会的特征、种类和作用,熟悉宴会业务经营环节。

一、宴会概述

(一)宴会的历史沿革

宴会的发展与烹饪原料、器具、技术及就餐环境、服务设施等的发展密切相关,又受政治、经济、文化的制约。

宴会旧称筵席。我国筵席最早产生于殷周时代。最早的筵席是用蒲、苇等粗料编成席子铺于堂中,再用较精致的席子铺在筵上。《周礼》记载:"设筵之法,先设者皆言筵,后加者曰席。""筵席"二字,开始时是座具的总称,后来引申为整桌酒菜的代称,直到现在,人们也常说"宴宾客,摆筵席"。我国正式使用"宴会"一词,大约在汉唐时期。

改革开放后,随着旅游业的发展,我国的宴会活动也发生了深刻的变化。在传统中餐和近代西餐宴会发展的基础上,形成了品质优良、品种多样、经营方式灵活的各种宴会活动。

(二)宴会的特征

宴会除了提供一般的餐饮产品外,还具有以下典型特点:

1. 群集性

宴会是许多人在同一时间、同一地点、为大致相同的目的,共聚一堂,享用相同的菜肴、酒水,接受相同的服务。

2. 社交性

《礼记》说:"酒食所以合欢也。"宴会常是人们在品尝佳肴的同时,借以表示欢迎、答谢、友好、祝贺,增进彼此了解,加深印象,改善关系,促进业务,增进友谊的重要手段,被称为"除电话、书信之外的重要社交工具。"

3. 规格性

古人强调:"设宴待嘉宾,无礼不成席。"宴会一般设计严谨、组织严密、讲究礼仪。从发送请柬、车马迎宾、门前恭候、问安致意、敬烟奉茶、专人陪伴、入席让座、高杯祝酒、布菜言"请"到退席说"谢"等都注重礼仪;从宴会厅布置、台型布局、台面布置、菜单设计、服务操作到灯光、音响、背景音乐等都要规范设计;从宴会预订、原料准备、烹调制作、服务方式、人员分工、现场监控到宴会结束,都要严密组织。

4. 利润丰厚性

一方面,宴会因是隆重聚会,又有一定目的,故而菜点丰盛,接待热情,不像平时那么简单随便;另一方面,宴会因其批量生产,菜品规格、服务较为统一,接待人数多,管理成本相对节约而消费水平又高,因此宴会的毛利率高,利润丰厚。

(三)宴会经营在饭店中的作用

1. 宴会经营是饭店收入的重要来源

随着餐饮市场的大众化和竞争的日益激烈,饭店餐厅"一餐翻几台"的热闹场面早已不复存在,零点散餐收入在餐饮收入中所占的比重大幅度下降,宴会收入成为饭店收入的重要来源,常常占饭店餐饮部门总收入的60%~70%以上,最高时可超过各个餐厅的收入之和。宴会毛利率较高,正常情况下在65%~70%以上,高档宴会的毛利水平可达80%~90%。可见,宴会是餐饮管理中利润水平最高的部门。

2. 宴会是提高饭店知名度的重要形式

饭店宴会大多是应商业、社交和特殊需要举行的,前来参加宴会的宾客身份、地位各异,遍布各个社会阶层。通过宴会,品尝了饭店的菜品,感受了饭店的服务,提高了对饭店的感性认识。有的来宾是新闻传媒报道的焦点,在报道新闻的同时,也宣传了饭店,提高了饭店的知名度。

3. 宴会可激发隐形消费

出席宴会的宾客一般会把自己参加宴会的经历告诉给亲友、同事等。这样,参加宴会的宾客及其亲友、同事都成为了饭店的潜在消费者,今后很可能在饭店餐饮、客房、健身等多方面消费。

4. 宴会可带动人气

俗话说"人气带来财气",许多人在同一时间出现在饭店,就算是参观,也会带来人气,更何况宴会还会促进消费。因此,宴会是"人气带来财气"的最好写照。

(四)宴会的种类

1. 按菜式风格划分,宴会可分为中餐宴会和西餐宴会

中餐宴会是中国传统的聚餐形式。宴会遵循中国的饮食习惯,以饮中国酒、吃中国菜、摆中式餐台、用中式餐具、行中国传统礼仪为主,采用共餐制。宴会布置及服务等都体现中国的饮食文化特色。

西餐宴会是按照西方国家的礼仪习俗举办的宴会。宴会遵循西方的饮食习惯,采取分食制,以西式菜肴为主,用西式餐具,行西方礼节,遵西方习俗,讲究酒水与菜肴的搭配,提供西式服务,突出西方文化传统。根据菜式和服务方式不同,西餐宴会又可分为法式宴会、俄式宴会、美式宴会、日式宴会等。

2. 按进餐形式划分,宴会可分为中西餐宴会、冷餐酒会、鸡尾酒会和茶话会等

中西餐宴会一般比较正式,参加宴会者有固定的座位,宾主按身份排位就座,并根据事先确定的菜单和规范的程序出菜和提供相应的服务。

冷餐酒会是以自助餐的形式举行的宴会,一般不排席位,但可设桌、椅,宾客自由入座或站立进餐,必要时可设贵宾区。菜肴以冷菜为主,可辅以热菜或烧烤菜,食品可中菜、西菜或中西菜结合,菜肴提前陈列在自助餐台上,供宾客自取,宾客可自由活动,多次取食。可设专门的酒水台,也可由服务员托盘运送。冷餐会可在室内、室外或花园举行。因其形式灵活,多为政府部门或企业界举行人数众多的盛大庆祝会、欢迎会、开业典礼等活动所用。

鸡尾酒会具有欧美传统的集会交往形式。鸡尾酒会以酒水为主,略备三明治、点心、小串烧、炸薯片等小吃,宾客用牙签取用。形式灵活,一般不设座位,没有主宾席,宾客可随意走动,广泛接触交谈。酒水和小吃由服务员用托盘送呈,或部分置于小桌上。举办时间灵活,可在中午、下午、晚上单独举行,也可在正式宴会前举行,还可结合举办记者招待会、新闻发布会、签字仪式等活动。请柬往往注明活动持续时间,宾客可在其间任何时候到达或离开,来去自由,但若迟到又早退,被视为无礼。

茶话会是一种经济简便、轻松活泼的宴会形式,设固定座位,以茶水、茶点为主,略备风味小吃和水果等。茶话会场地布置要幽雅、整洁、清新宜人,讲究茶叶、茶具、茶点的合时、合事、合情、合境。

3. 按外交礼仪划分,宴会可分为国宴、正式宴会、便宴和家宴四种

国宴是国家元首或政府首脑为国家庆典,或为欢迎外国元首、政府首脑来访而举行的正式宴会,是规格最高的一种正式宴会。国宴由国家元首或政府首脑主持,国家其他领导人和有关部门的负责人及各界名流出席,有时还邀请各国使团的负责人及各方面的负责人参加。国宴厅内悬挂国旗、会标,装饰布置豪华庄重,安排乐队演奏国歌及席间乐,席间有致辞和祝酒,宾客的座位按身份级别的高低事先排定,对号入座。国宴的礼仪特别隆重,要求特别严格,安排特别细致严密。

正式宴会是仅次于国宴的一种高规格宴会,通常是政府和团体等有关部门为欢迎应邀来访的宾客,或来访的宾客为答谢主人而举行的宴会。它除了不挂国旗、不奏国歌、出席规格不同外,其余安排与国宴大体相同。宾主按身份排位就座,有时要安排席间乐。

便宴是非正式宴会。便宴不拘严格的礼仪,气氛随便、亲切,不挂国旗,不奏国歌,可以不排座位,不做正式讲话,菜肴数量也可酌情减少。便宴多用于招待熟识的亲朋好友、生意伙伴等。

家宴,即在家中招待宾客的便宴。它通常由家庭主妇亲自下厨烹调,家人共同招待。

4. 按宴会的主办目的划分,宴会可分为庆贺宴会、迎宾宴和商务宴

庆贺宴是指一切具有纪念、庆典、祝贺等意义的宴会,如婚宴、生日宴、乔迁喜宴、开业庆典宴、庆功宴等。这种宴会主题突出、风格鲜明、气氛热烈、场面讲究隆重。

迎宾宴是为迎接远方来的宾客而举行的宴会。这种宴会以主宾为中心,喜雅静,重叙谈,讲面子。

商务宴是为了一定的商务目的而举行的宴会。这种宴会往往"醉翁之意不在酒",服务员服务时要注意观察场面、选择时机,随时为宾主创造商务洽谈的有利条件。

5. 按经营活动的内容划分,宴会可分为以宴会为主的宴会活动、以会议为主的宴会活动和以娱乐为主的经营活动

以宴会为主的宴会活动包括各种规格、形式的中西餐宴会、酒会等;以会议为主的宴会活动包括各种规格、形式的国际性、地区性会议,各种形式的学术会议、商品展销会等;以娱乐为主的经营活动包括舞会、文艺演出、时装表演等。

(五)宴会发展趋势

宴会是人类社会发展到一定阶段的产物,随着一个国家经济、政治、文化的发展而发展,随着人们观念的变化而变化,随着社会进步而进步。

1. 宴会的文化趋势

宴会作为一种高级的社交活动,往往是一个国家或民族文化素质的高度体现。著名经济学家于光远先生认为:经济发展的深层次是文化,文化是根,经济是叶,根深才能叶茂。宴会经营者也逐渐意识到了这一点。未来的宴会,从宴会厅的布置到台面设计、菜单设计、餐具配套、音乐安排、灯光设计、服务员服饰、艺术表现,都围绕宴会的主题,更加注重营造宴会的意境和文化气息,更加注重宴会与文化艺术的有机结合,给宾客以美的艺术享受。

2. 宴会的节俭化趋势

我国宴会一直以来受"食不厌精,脍不厌细"为内涵的饮食价值观的影响,加上各饭店少有营养师,缺乏营养知识,菜单设计只考虑规格、品种、口味等内容,使得宴会重"宴"轻"会",讲铺排,食品构成失衡、数量过多、浪费惊人且有损健康。随着现代人物质生活水平的提高,饮食文明程度也逐步提高,人们的价值观、消费观、工作方式、生活方式都在逐步发生变化。所以,宴会将向节俭化方向发展,如宴会时间缩短;适度控制宴会菜点数量,以"够吃为宜";粗料精制,低档菜走进宴会;节俭、快捷、方便、轻松的冷餐会将成为宴请的主要方式之一。

3. 宴会的营养化趋势

随着生活水平的提高,人们越来越关注自身的健康,因而十分注重营养。宴会的营养化趋势主要表现在:菜肴的荤素搭配合理,营养均衡;提供无污染的绿色食品,保证卫生;尽量控制有害物质对身体的影响,如酒精、色素、防腐剂、干燥剂等。如2001年10月20日,在上海国际会议中心举办的多国领导人参加的APEC(亚太经合组织)领导人晚宴,共99桌,这是我国建国以来规格最高、要求最严的一次接待宴会,但厨师精心设计的晚宴菜单却十分简单,仅有七道菜:冷菜"迎宾冷盘",热菜"鸡汁松茸"、"青柠明虾"、"中式牛排"、"荷花时蔬",点心"申城美点",水果"硕果满堂"。此菜单的食品数量适中,荤素搭配适宜,营养构成合理,蔬菜及禽畜肉类一律选用绿色食品,没有野生动物。

4. 宴会的大众化趋势

随着我国恩格尔系数的下降,宴会已是"古时王榭堂前燕,飞入寻常百姓家",

许多人把饭店作为其举行婚宴、寿宴、弥月酒、为亲朋好友接风洗尘的首选场所。随着现代人感情交流需求的强化，宴会还将更多、更频繁地走进普通百姓的生活。

5. 宴会的特色化趋势

千篇一律的宴会令人乏味而生厌。因此，宴会的形式须因人、因时、因地、因事而制宜，并体现特有的地方风情和民族、文化特色，突出宴请主题和本饭店的个性，出奇制胜。

二、宴会业务经营运转环节

有关宴会销售管理的内容详见本章第二节"宴会的销售管理"，此处不再详述。

（一）宴会产品设计

宴会产品设计就是根据主办单位的具体要求和本饭店的物质、技术条件等因素，事先对宴会活动进行统筹规划，并规定实施方案的创作过程。宴会设计主要包括场景设计、菜单设计、台面设计、服务设计等方面内容。

1. 宴会场景设计

宴会场景设计就是根据宴会的性质、形式和档次高低、参加宴会的人数，对宴会举办场地进行选择和利用，并对环境进行艺术加工和布置。宴会场景设计的基本要求如下：

（1）宾客导向意识。"宾客满意的宴会，才是成功的宴会"，因此，场景设计首先要考虑宾客的需求。宾客的需求具有多样化、层次性、多变性、流行性、突发性等特点，场景设计首先应满足大多数宾客的主导需求，然后侧重迎合其中少数特殊人物的心理需求。

参加宴会者通常由四种身份的人组成，即主宾、随从、陪客和主人。主宾是宴会的中心人物，常安排在最显要的位置就座；随从是主宾带来的客人，伴随主宾，烘云托月，其地位仅次于主宾；陪客是主人请来陪伴客人的，有半个主人身份，在敬酒、劝菜、攀谈、交际、烘托宴会气氛、协助主人待客等方面，起着积极的作用；主人即宴会的主办者，宴会要听从他的调度与安排，以达到他宴请的目的。因此，宴会的场景设计首先要满足主办者的要求，并协助主办者考虑主宾的需求，然后才是其他参宴者的需求。尤其大型宴会，要拟定出应急方案，场景设计要有先见之明，做到有备无患。

（2）立意新，突出主题。宴会主题就是宴会主办者的设宴意图。宴会的场景设计必须根据宴会主办者的设宴意图，设计准确的宴会主题。各种摆设、台型、布置、点缀、灯光、色彩等都需围绕和衬托主题。其中，宴会厅的主墙面应是整个场景的重心，也是突出主题的重要手段。如婚宴，可设计在主墙面挂"龙凤呈祥"图、双喜字，贴对联；寿宴则可设计在主墙面挂"麻姑献寿"图、"寿"字等烘托气氛。

饭店也可根据历史、文化、文学、时事、流行时尚等因素,主动寻找、策划各种主题宴会。如根据我国古代四大名著策划的"红楼宴"、"三国宴"、"西游宴"、"梁山宴"等;根据历史事件开发的"开国大典宴"等;根据古代餐饮文化创设"宋代宫廷宴"、"满汉全席"等;以亚洲美食和文化精粹为主题而设计的"亚洲之旅"主题宴会等。香港的万豪、怡东、东方文华等饭店曾先后推出万里长城、中国宫廷之夜、末代皇帝盛宴等主题宴会,丽豪酒店以1997年香港主权回归为主题推出"1997交接仪式庆祝会晚宴"。这些主题宴会依据不同消费者的特殊需要而设计和安排,在有限的空间中把精彩的东西方文化呈现在宾客面前,为宾客创造一个新奇的世界,让宾客在品尝美酒佳肴的同时欣赏到异彩纷呈的文化。

(3)科学选择场景。场景主要是指宴会所在场地的自然环境和餐厅装饰环境。不同的用餐环境对宴会主题和进餐者的心理具有不同的影响。好的场景可以突出宴会主题,增强宾客在宴饮时的愉悦感受,且方便服务员工作。因此,应针对主题选择美观、大方、实用的场景。场景设计首先要利用自然美,让天地日月、湖光山色、海滩草原作为宴会背景,如海滩宴、船宴、湖畔宴、草地酒会等,让宾客在自然美景的环抱中享受美食。然后要根据宴会主题和与宴者的审美心理,选择相应风格的餐厅和装饰。如正式宴会要设有致辞台,装有两个麦克风,台前用鲜花围住,并根据外交部规定决定是否悬挂国旗;国宴则须在宴会厅的正面并列悬挂客方和东道主国国旗,悬挂时按国际惯例以右为上、左为下,客方国国旗挂在右边,东道主国的国旗挂在左边。

(4)合理布置场地。布置宴会场地时,要根据宴会的性质、形式、主办单位的具体要求、参加活动的人数、宴会厅的形状和面积等情况来进行科学设计和安排。

设计时,首先要遵循"中心第一,先右后左,高近远疏"的台型布置原则。"中心第一"指要突出主桌或主宾区。原则上,主桌应设在最显眼的地方,以所有来宾都能看到为宜。一般情况下,主桌安排在面对宴会厅正门、背靠有壁画或加以特殊装饰布置的主墙面的位置。"先右后左"指按照国际惯例,主人的右席位高于主人的左席位。"高近远疏"指按被邀请宾客的身份安排座位,身份高的离主桌近,身份低的离主桌远。同时要注意餐桌间的距离,尤其多桌宴会,要方便宾客进餐、离座敬酒,便于服务员穿行服务。

其次,当一厅之中有多场宴会同时举行时,为避免互相干扰,可用屏风或活动门相隔,必要时还要设计不同的出入通道。

若举行冷餐会,则要突出主要的自助餐台,设计流畅的人流路线,并注意突出冷餐会主题。

(5)注意环境点缀。为了突出主题,烘托宴会场景的艺术氛围,设计宴会场景时必须注意对宴会场地进行适当的点缀和装饰。点缀的方法有:①在宴会厅内放置一些花木或盆景鲜花,使宴会厅绿意盎然;②在墙面或柱子上挂置一些字画、工艺挂毯刺绣、竹木金属浮雕、高分子瓷仿画、摄影作品及其他小饰物,或借以增强宴会厅的文化艺术氛围,或起到画龙点睛、烘托宴会主题的作用;③放置切合主题的古玩、雕刻制品、座屏及其他工艺品,使宴会厅具有高品位、高格调的民族特色;④利用色彩与灯光渲染宴会主题,营造宴会的意境。

案例 7—1

一位来自美国的学者,刚在中国西部游历了数日,回国前想在某饭店宴请在京的 160 多位同行及重要贵宾。老先生愿意支付很高的餐费,但非常希望饭店将宴会厅装饰出中国西部风情,因为他实在很留恋新疆的天山和草原的驼铃。他说:"我个人不能提出具体的宴会方案,因为我不是饭店专家,但我知道贵店在京城餐饮业一向享有盛誉,我相信你们一定能令我满意。"

客人走后,与客人直接洽谈的金小姐及宴会部其他同事开始了精心的策划,最后终于决定为客人举办以"丝绸之路"为主题的晚宴。

两天后,老先生及其随从提前来到宴会厅,他们的惊喜无以言表。展现在他们面前的宴会厅宛如一幅中国西部优美的风景画:从宴会厅的 3 个入口处至宴会 3 张主桌,服务员用黄色丝绸装饰成蜿蜒的丝绸之路;宽大的宴会厅背板上,蓝天白云下一望无际的草原点缀着可爱的羊群;背板前高大的骆驼昂首迎候着来宾,形象几可乱真;宴会厅东侧,古老的长城碉堡象征着中国 5000 年文化的沧桑;西侧有一幅天山图的背板,宽大的舞台上,一对新疆舞蹈演员载歌载舞。16 张宴会餐台错落有致地散立于 3 条丝绸之路左右,金黄色的座椅与丝绸颜色一致,高脚水晶杯和银质餐具整齐地摆放在白色的台布上,每个餐台上的艺术插花令人感到宴会设计的高雅。面对文化氛围浓郁的宴会厅,老先生激动地说:"你们做的一切大大超过了我的期望,你们是最出色的,真令我永生难忘。"

(资料来源:李任芷主编《旅游饭店经营管理服务案例》)

2. 宴会菜单设计

(1)菜点设计。菜点是宴会的重要组成部分,菜点设计是菜单设计的核心。宴会菜点设计得好坏、菜点质量制作得好坏,是宴会活动最关键的一环。

宴会菜点设计主要受四方面因素的影响:①参宴宾客,如宾客的特征、饮食习惯、饮食禁忌、心理需求、宴会主题、宴会价格等因素;②宴会菜点的特点和要求方面,如菜点数量、菜点搭配、时令季节、菜点营养等因素;③厨房生产方面,如设备条件、技术水平、原料供应等因素;④宴会服务方面,如接待能力、服务方式、上菜次序等因素。充分考虑到上述四个因素,可使设计出的菜点既满足宾客需求又突出重点、尽显风格、富于变化,还可保证饭店盈利。

中式宴会菜点的结构有"龙头、象肚、凤尾"之说,又像现代交响乐中的序曲、高潮和前奏,一般由餐前冷碟、冷菜、热菜、汤菜、素菜、席点、主食、水果等组成。冷菜通常造型美丽、小巧玲珑。热菜是显示宴会特色的最精彩部分,包括热炒和大菜,大菜又有头菜和热荤大菜之分,其中的头菜是整桌菜点中原料最好、质量最精、名气最大、价格最贵的菜肴,常安排在大菜最前面,统帅全席,是审视宴会食品规格的标准,因此要设计得醒目、盛器要大、装盘要丰、造型要好;热荤大菜是大菜中的支柱,宴会常安排2至5道,多由鱼虾、禽畜、蛋奶以及山珍海味组成。席点要注重款式和档次,讲究造型和配器,以增添宴会气氛,突出办宴意图,并调节宴会菜点营养构成。如1999年12月,在上海国际会议中心摆设的宴请参加'99财富全球论坛的跨国企业代表的120桌宴会,其菜谱为:"风传萧寺香"(佛跳墙)、"云藤双蟠龙"(菠萝明虾)、"际天紫气来"(中式牛排)、"会府年年会"(烙银鳕鱼)、"财运满园春"(美点小笼)、"富岁积珠翠"(椰汁米露)和"鞠躬庆联手"(冰渍鲜果)。

西式宴会中,正式宴会的菜点包括面包、黄油、开胃头盘、汤、鱼、副菜、主菜(可配色拉)、甜品、水果等内容,其中主菜是整套菜的灵魂。冷餐会的菜点以冷菜为主、热菜为辅,菜点品种丰富多样,一般都在20种以上。以25种菜点为例,冷菜可安排15种,占60%;热菜4种,占7%;点心6种,占23%。鸡尾酒会以饮为主、以吃为辅,菜点相对较少,结构为:鸡尾小点(canapes)、冷盘类(cold cut)、热菜类(hot item)、现场切肉类(carving item)、绕场服务小吃(pass around or special addition)、甜点及水果类(pastries & fruit plate)、佐酒小吃(condiments),一般讲究菜点精美,但限量供应。

例:某一餐厅设计的西餐正式宴会菜单为:苏格兰烟熏三文鱼(Thinly Sliced Scottish Smoked Salmon with Traditional Accompaniments)、原味鸽汤(Essence of Pigeon and Truffles poached Quail Egg)、柠汁蒸明虾(Steamed Tiger Prawn in Lemon – Butter Sauce with Broccoli Flan)、美式小牛仔扒酥盒(U. S. Beef Tenderloin – Baked in Flaky Puff Pastry with Mushroom and Goose Liver Stuffing Madeira Wine Sauce, Berny Potatoes Vegetable Garnish from the Morning Market)、巧克力蛋糕(Gateau Poera—A Rich Chocolate Layer Cake on an Apricot Coulis)、小甜点(Pralines)、咖啡或茶(Coffee or Tea)。

(2)菜名设计。美食配以美名,方显其名贵。设计宴会的菜名须根据宴会的性质、主题,采用寓意的命名方法,使菜名主题鲜明、寓意深刻、清新雅致、如诗如画,让宾客见之悦目、听之悦耳、食之齿留余韵,从而感悟到宴会的主题和饭店匠心独具的盛情。如白族花宴中的"金针银线绣梅花",扬州西园大酒店"红楼宴"中的"荷塘清趣"、"白雪红梅"等,婚宴菜单中常见的"花好月圆"、"鸳鸯戏水"、"龙凤呈祥"、"珠联璧合"、"百合莲心"等,寿宴中常见的"寿比南山"、"龟鹤长寿"、"松鹤延年"、"瑶池赴会"、"万寿无疆"等,都是值得玩味的好菜名,而'99财富全球论坛的菜单,将每道菜名的第一个字连起来,就成为"风云际会,财富鞠躬"。可见烹饪大师们独具匠心的设计。

(3)菜单装帧设计。与零点餐厅菜单不同,宴会菜单既要体现情、礼、仪、乐的传统，又需是一份供宾客收藏的留念菜单，其装帧设计必须十分考究，主要包括选择制作材料，安排菜单内容，设计菜单的形状、大小、色彩、款式、字体及印刷等内容。

菜单多用经久耐用的重磅覆膜纸、精美的铜版纸或亚光铜版纸印刷制作。菜单内容按上菜次序排列，一般不印价格。菜单的字体可灵活运用，字体大小以适于主要宾客阅读为宜，如中式宴会可用飘逸的毛笔正楷字，寿宴可选用古朴的隶书、行草，正式宴会菜单则须用端庄的字体。菜单的形状、款式、大小、色彩等，则应体现别致、新颖、适度的原则，可选用工艺扇、工艺磁盘、微型石雕等。

例：上海锦江集团接待 APEC 会议的宴会菜单别具一格。将英文菜单雕刻在玻璃工艺品上，与中国画轴连在一起，画轴拉开又是一幅中国书法菜单，每道菜第一个字连接成为"相互依存，共同繁荣"，这是 APEC 会议的主题，令贵宾叹为观止。江泽民特意把具有深厚中国文化底蕴的宴会菜单作为礼品赠送给各国宾客。

（资料来源：陈金标主编《宴会设计》，中国轻工业出版社出版）

3. 宴会台面设计

宴会台面设计又称餐桌布置艺术，它是根据宴会主题、形式、主办单位的要求、接待规格、用餐人数、习惯禁忌、特别需求、时令季节，结合宴会厅的形状、结构、面积、空间、采光、设备等情况，设计宴会餐桌排列组合的总体形状和布局。宴会台面设计主要包括台型设计、宴会坐次设计和台面摆台设计等内容。

（1）台型设计。设计台型时，首先要对服务区域进行总体规划，即确定主桌或主宾席区及来宾席区位置、餐桌与餐椅布置要求，设置工作台，安排主席台或表演台，必要时考虑会议台型与宴会台型的区域分隔，统筹兼顾。

中餐宴会一般使用直径为 180 厘米的圆桌和配套的玻璃转盘，并配以与宴会厅色调相谐的餐椅，通常一桌 10 把。中餐宴会常见的台型有"吕"字形（两桌宴会）、"品"字形（三桌宴会）、"◇"菱形（四桌宴会）、"立"字形（五桌宴会）、金字塔形或梅花形（六桌宴会）；大型宴会多用"主"字形排列，需在宴会开始前将事先画好的宴会厅场景布置示意图张贴于宴会厅正门口显眼的地方，便于来宾对号入座。

西餐宴会一般使用可以拼接的长台、半圆台和扇面台。餐台的大小和台型拼法，根据宴请的性质、参宴人数、宴会厅的形状和大小、服务的组织和主办方的要求来进行，并做到尺寸对称、出入方便、图案新颖、布局和谐。西餐宴会常见的餐桌排列有"一"字形、"口"字形、"回"字形、马蹄形、"T"字形、"E"字形及分散形等。

会议的台型可根据会议的主题、主办方的要求、参加会议的人数和会议厅的大小和形状设计为教室形、剧场形、长方台形、"口"字形、"一"字形等。会议的主席台要位置显著，会议需用到的设施设备如讲台、麦克风、签字台、幻灯机、投影仪、写字板等需设计好位置。

(2)宴会坐次设计。宴会的坐次设计就是根据宴会的性质、主办单位或主人的特殊要求,根据参宴宾客的身份,确定其相应的座位。坐次安排须符合礼仪规格,尊重风俗习惯,便于席间服务。

①中餐宴会的坐次安排。以 10 人一桌的正式宴会为例:餐桌一般置于厅堂正面,主人的座位通常设于圆桌正面的中心位置,面向宴会厅正门,副主人与主人相对而坐;主人的右左两侧分别为主宾和第二宾的坐次;副主人的右左两侧分别为第三、第四宾的坐次;主宾、第三宾的右侧分别为主、客两方翻译的坐次,如图 7-1(A)。有时,主人的左侧是第三宾,副主人的左侧为第四宾的坐次,其他座位为陪同席,如图 7-1(B)。

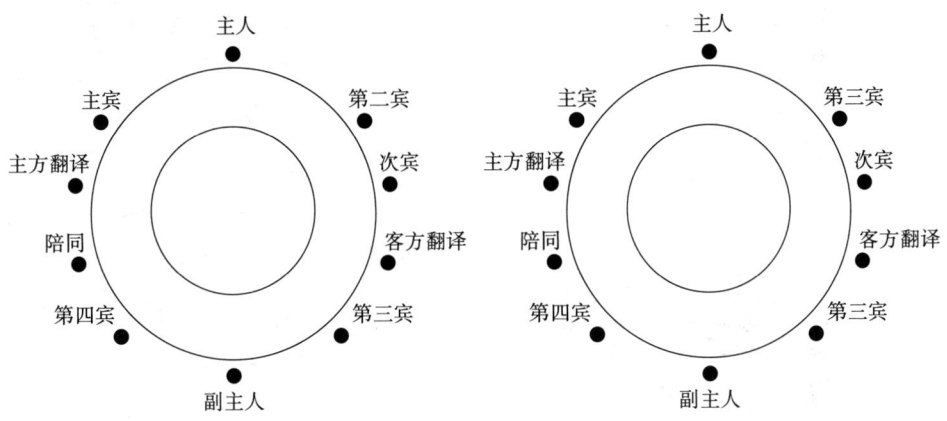

图 7-1(A) 10 人一桌中餐宴会坐次排列　　图 7-1(B) 10 人一桌中餐宴会坐次排列

但在举行一些民间传统宴会(如婚宴、寿宴)时,中餐宴会坐次安排必须遵循中国传统的礼仪和风俗习惯,其一般原则为"高位自上而下,自右而左,男左女右",见图 7-2。

多桌宴会坐次安排的重点是确定各桌的主人位。以主桌主人位为基准点,各桌主人位的安排有"顺向"和"相向"两种方法,分别见图 7-3A、7-3B。

坐次的具体安排通常由坐次卡体现。坐次卡是指根据饭店总体形象而设计出的,写有宾客姓名的长方形台卡。一般由主办单位负责或主人在宴会开始前根据坐次安排放置在相应的座位上。大型宴会一般预先将宾客坐次打印在请柬上,以便宾客抵达时能迅速找到自己的座位。

②西餐宴会的坐次安排。西餐宴会坐次一般根据宴会性质、人数、男女宾客、职务高低以及是英式还是法式来确定。家庭式宴会只有主客之分,安排坐次时,只需考虑男女穿插入座、夫妇穿插入座,以便于交谈,扩大交际,如图 7-4。

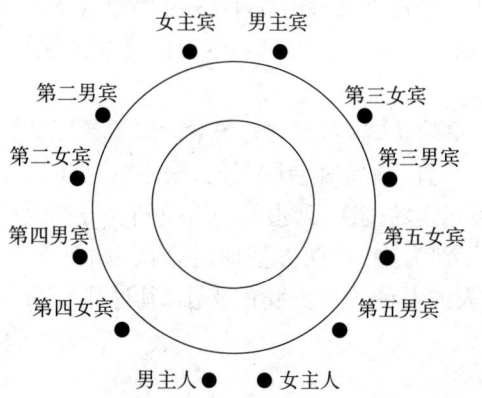

图 7-2(1)

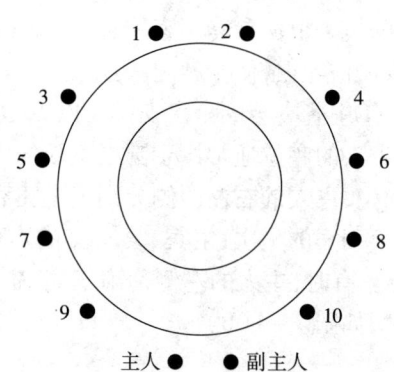

图 7-2(2)

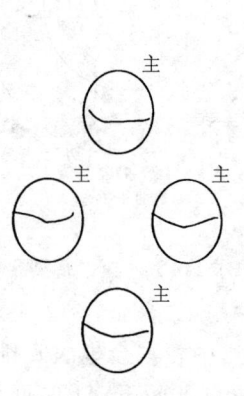

图 7-3A

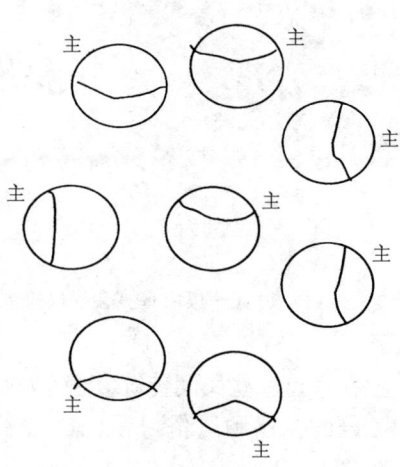

图 7-3B

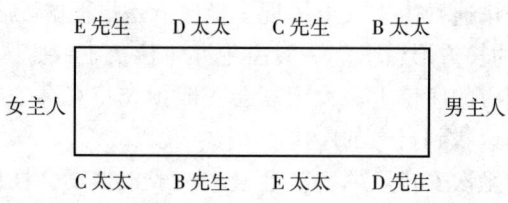

图 7-4

若是外交、贸易或工作性质的宴会,气氛较正规、严肃,安排坐次时,需考虑参宴双方首要人物人数、双方首要人物是否带夫人、双方是否各自带有翻译、主客穿插入座等因素,如图7-5。大型宴会需要分桌时,餐桌主次按"高近低远,右高左低"的原则而定;每桌都有若干主人,且每桌主人位置要与主桌的主人位置方向相同,如图7-6。

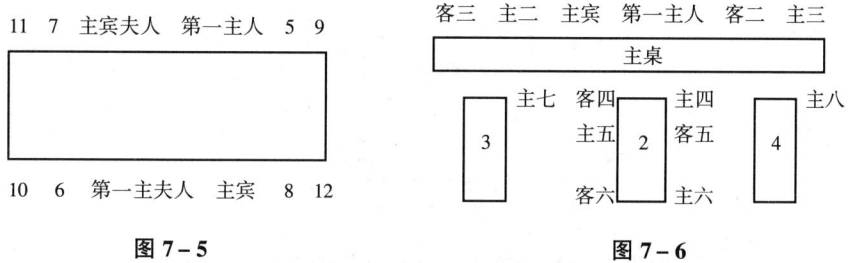

图 7-5   图 7-6

(3)台面摆台设计。宴会台面设计的效果不仅决定宴会的气氛,而且体现宴会设计者的水平及整个宴会的服务质量。宴会台面设计主要包括台布的选用、餐具的选择与布置、餐巾的选择和餐巾花造型、餐桌上的鲜花造型及其他饰物布置(如椅套)等内容。若是冷餐会则还包括自助餐台设计(见第五章第四节)。

饭店一般选用印花、刺绣、编织的各种颜色的台布,但以与餐厅整体设计和宴会主题和谐为宜;还可通过台布、转台、台裙等不同的颜色、形状和组合来衬托台面效果,或以特制的台面中心(如岁寒三友、松鹤延年、春回大地等图案)反映台面的主题。餐具的选择和布置须根据宴会的性质和档次、服务方式和内容、菜点的数量和色彩等来进行。

选择餐巾时,应注意其颜色和质地与台布、餐具及宴会主题协调;餐巾花型要适合宴会的性质、主题、规模和时令季节等,并适合宾客的身份、宗教信仰、风俗习惯及喜好,同时突出主人位。餐桌的鲜花应选择插花,如玫瑰、月季、康乃馨、百合、马蹄莲、晚香玉、荷花、香雪兰等;或植株低矮、丛生、密集多花的盆花,如仙客来、长寿花、紫罗兰、郁金香等,并根据宾客禁忌、宴会主题、季节变化予以调整。

宴会的台面布局要对称和谐、美观大方,既方便宾客就餐,又利于服务操作。中餐宴会摆台顺序为:铺台布→放转盘→围台裙→餐椅定位→骨碟定位→摆翅碗、瓷羹和味碟→摆羹筷座、银羹、筷子及牙签→摆酒水杯(水杯、红酒杯和烈性酒杯)→摆公用餐具(分羹、分筷和汤勺)→摆烟盅、火柴(或不摆)→摆餐巾花→摆宴会菜单、席次卡→摆花瓶或插花。中餐宴会的台面布局及个人餐位摆放示意如图7-7。

西餐宴会摆台按"铺台布→摆蜡烛台→餐椅定位→摆装饰盘(垫盘、装饰盘)→摆主菜刀、鱼刀、汤匙和头盘刀→摆主菜叉、鱼叉和头盘叉→摆水果刀、叉和甜品匙→摆面包盘、黄油刀和黄油碟→摆酒杯(水杯、红葡萄酒杯和白葡萄酒杯)→摆

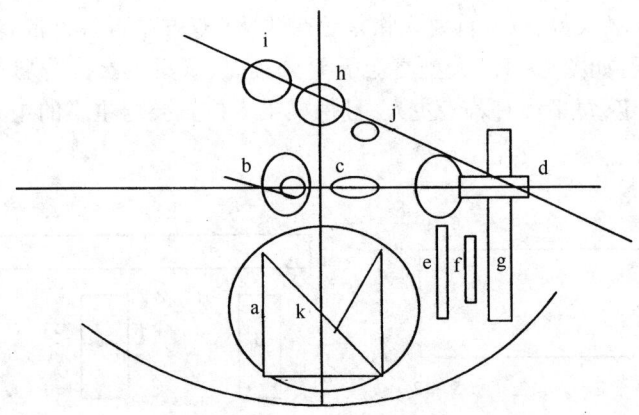

图7-7(A) 中餐宴会摆台个人餐位摆放示意图
a.骨碟 b.翅碗及瓷羹 c.味碟 d.羹筷座 e.银羹 f.牙签
g.筷子 h.红酒杯 I.水杯 j.烈性酒杯 k.餐巾

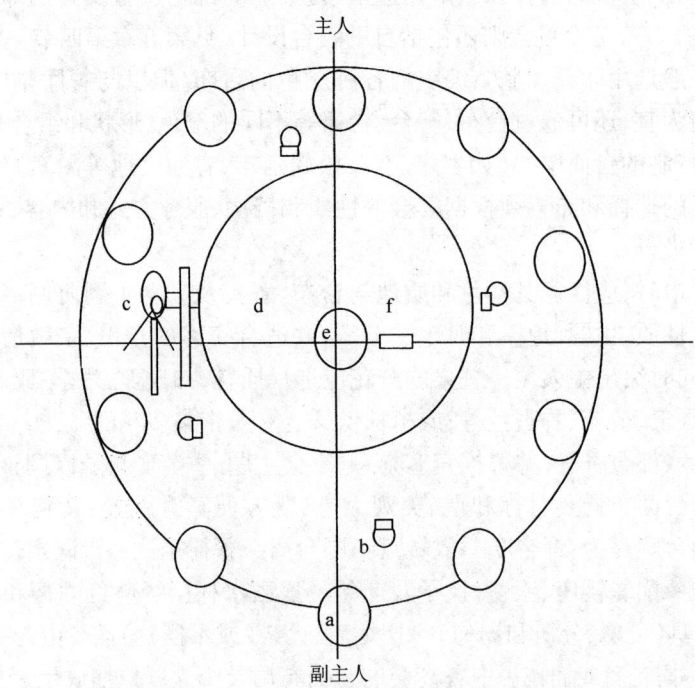

图7-7(B) 中餐宴会摆台台面布局示意图
a.骨碟 b.烟盅及火柴 c.公用筷、勺、羹及座 d.转盘 e.花瓶 f.席次卡

餐巾花→摆椒盐瓶、糖盅、烟盅、花瓶、菜单、坐次卡等"顺序进行。

西餐宴会的台面布局及个人餐位摆放如图7-8所示。

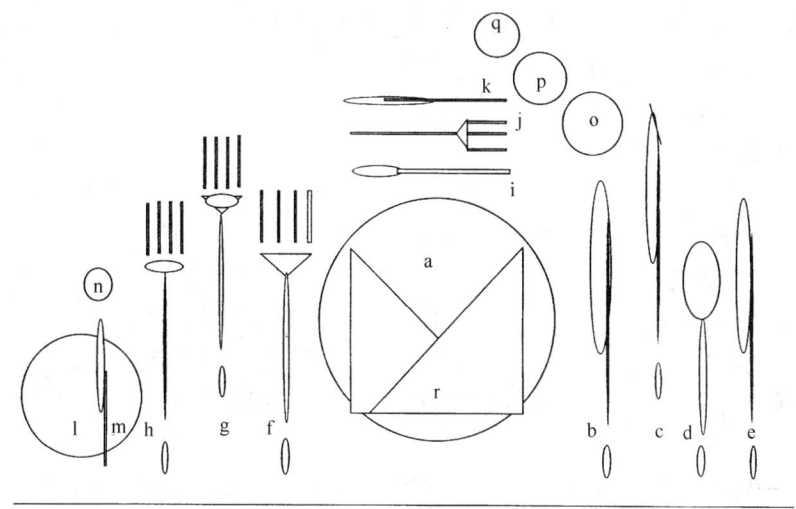

图7-8(A) 西餐宴会摆台个人餐位摆放示意图
a.装饰盘 b.正餐刀 c.鱼刀 d.汤匙 e.头盘刀 f.正餐叉
g.鱼叉 h.头盘叉 i.甜品匙 j.甜品叉 k.水果刀 l.面包盘
m.黄油刀 n.黄油碟 o.水杯 p.红葡萄酒杯 q.白葡萄酒杯 r.餐巾

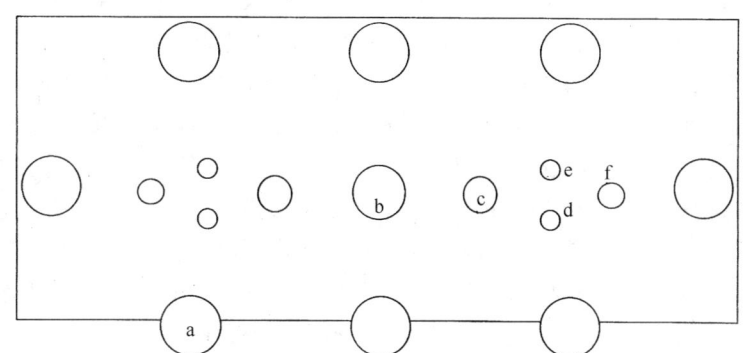

图7-8(B) 西餐宴会台面布局示意图
a.装饰盘 b.花瓶 c.蜡烛台 d.胡椒瓶 e.盐瓶 f.烟盅

4．宴会服务设计

服务是整个宴会不可或缺的重要环节。宴会服务设计主要包括服务程序与服务标准的设计、服务方式的设计、席间音乐和活动的设计以及突发事件处理的设计。

　　(1)服务程序和标准的设计。宴会的服务程序和标准的设计,就是设计宴会服务的先后顺序及时间安排,并确定每一具体环节的服务要求。宴会服务程序可分为宴会前准备、迎宾服务、就餐服务和宴会收尾工作等四个基本环节。宴请性质、规格档次不同,服务标准也不同。如宴会与会议、中餐宴会与西餐宴会的服务标准不同,国宴、便宴与家宴的服务标准各异。一般来讲,宴请活动的规格档次越高,服务要求也就越高。

　　(2)服务方式的设计。宴会的服务方式取决于宴请的性质和规格档次,同时又反映宴会的规格、烘托宴会的气氛,它既包括服务人员的站姿、走姿,又包括上菜方式、服务的具体动作。宴会服务方式的基本要求是优美得体、新颖别致、符合礼仪。如1986年10月18日广东省政府在白天鹅宾馆举行的欢迎英国女王伊丽莎白二世的宴会中,在上"金红化皮乳猪"这道菜时,采用了"侍女"提宫灯前导,二位轿夫身着唐朝服装抬着装有"金红化皮乳猪"的轿子,后跟两排服务员手托乳猪进场的方式,收到了出奇的效果。

　　(3)席间乐和活动的设计。宴会的席间乐和活动取决于宴会的性质、主题,主办单位的要求,宴会厅设施设备的性能及整个宴会过程的安排。宴会的席间乐和活动的形式主要有席间音乐、表演活动、自娱自乐等。

　　席间音乐是宴会必不可少的助兴工具。美味佳酿和优雅舒适的环境配上优美动听的音乐,会烘托和升华宴会的气氛,给与宴者带来超值的美的享受。选择宴会席间乐,首先要与宴会的主题相符,如国宴上乐队演奏的两国国歌,婚宴上的《婚礼进行曲》,生日宴会上的《祝你生日快乐》,中餐宴会上的民族音乐《塞上曲》、《梅花三弄》、《百鸟朝凤》等,西餐宴会上的西方古典音乐如莫扎特的钢琴曲、肖邦的小夜曲等;其次,要与宴会的进程相一致,如迎宾时的《迎宾曲》、开席时的《祝酒歌》、席间的《步步高》和送客时的《欢送进行曲》;再次,要符合与宴者的欣赏水平;最后,还要与宴会的环境相协调,注意民族特色和地方特色。

　　表演活动即根据主办单位的需要,设计一台文艺表演、时装表演或音乐演奏等。文艺节目可以丰富多彩,如地方戏、小品、相声、快板、演唱、评书等,可配以小型乐队伴奏,演唱时可伴舞。时装表演对宴会厅的场地、灯光、音响及布置有较高的要求。音乐演奏可针对宾客的欣赏水平和宴会主题,选择演奏世界名曲,西方音乐中的轻音乐、爵士乐、古典音乐和我国的民乐,乐器包括钢琴、小提琴、萨克斯管、手风琴、竖琴、琵琶、二胡、古筝等。表演活动关键要做到活泼、轻松、丰富多彩、和谐连贯,既有观赏性又有娱乐性,同时注意舞台、灯光、音响的设计和控制,且不能影响宴会的主要活动,如进餐、致辞等。

　　宴会席间,还可根据主办者的要求开展各种娱乐活动,如采用自娱自乐的方式——卡拉OK、有奖竞猜游戏、与宴者即兴表演、跳舞等。其设计的关键是场地和灯光、音响、设备要配套,并兼顾服务员及服务过程的协调性。

(二)宴会前的组织准备

宴会厅及其他相关部门(如厨房、绿化部、工程部等)的服务员,在接到宴会预订部的宴会通知单后,应根据各项具体要求,在宴会开始前进行一系列相应的准备工作,如厨房准备宴会所需原材料并加工制作;绿化部准备宴会用的花草盆栽并进行相应装饰布置;工程部准备舞台、灯光、音响及其他设施设备并进行相应的布置安装;宴会厅服务员做好宴会开始前的服务准备工作。

宴会前的组织准备主要包括掌握情况、人员分工、场地布置、物品准备与摆台、摆放冷盘(中餐宴会)、开宴前的检查和召开餐前会等各项工作。

1. 掌握情况

接到宴会通知单后,餐厅服务员应做到"八知"、"三了解"。

"八知"是:知宴请规模,知宴会标准,知开餐时间,知菜单内容,知宾主情况,知收费办法,知宴请主题,知主办地点等。

"三了解"是:了解宾客风俗习惯,了解宾客进餐方式,了解宾客特殊需要和爱好。

对于规格较高的宴会,还应掌握宴会的目的和性质,有无席次表、坐次卡,有无音乐或文艺表演,有无司机费用等。

2. 人员分工

人员分工,即根据宴会要求,对迎宾、值台、传菜、酒水及衣帽间、贵宾室等岗位进行明确分工,提出具体任务和要求,并将责任落实到每个人。大型宴会可将宴会桌次和人员分工情况用图形标示。

进行人员分工时,要根据每个人的特长安排工作。要注意男女服务员比例要适当;参与服务的人员均需具备熟练的宴会操作技能和临场应变能力;服务员仪容仪表要美观、大方,身材匀称,能始终坚持微笑礼貌服务;值台服务员身材不能过矮,传菜服务员须有体力、托盘技能强;各区域负责人要有丰富的工作经验,精通宴会的全部工作,有处理突发事件的能力;贵宾席、主宾区须选择有多年宴会工作经验、技术熟练、动作敏捷、应变能力强的基层管理者或服务人员。

参加服务的人数要根据宴会的规格和规模而定,值台服务员一般主桌安排至少2名,其余一桌安排1名或三桌安排2名;传菜服务员主桌安排1名,其余可二三桌安排1名;迎宾、贵宾室、衣帽间等岗位的人数则视具体情况而定。

3. 宴会场地布置

布置宴会场地须根据宴会的设计方案精心实施,既要反映宴会的特点,又要使宾客进入宴会厅后感到清新、舒适、美观。布置台型时要考虑中、西方国家的不同习惯,如中餐突出主桌,而西餐宴会不突出主桌等。桌椅排列要整齐,并留有宾客行走通道和服务通道。宴会厅的室温要保持稳定,且与室外气温相适应,一般冬季保持在20~24℃之间,夏天保持在22~26℃之间。酒吧台、礼品台(或签到台)、贵宾室、工作台等根据宴会的需要和宴会厅的具体情况灵活安排。

4. 物品准备与摆台

须根据宴会类型、规格和宴会设计方案提前备足宴会需要的物品,如中餐宴会须准备宴会菜单、酒水、茶叶、菜肴跟配的作料、小毛巾、分菜用具及其他服务用具等。

开宴前根据宴会通知单要求摆好餐台。

5. 开宴前的检查

所有准备工作就绪后,宴会管理人员要进行一次全面检查,内容包括:

(1)餐桌检查。包括台型和餐桌摆放是否符合宴会的规格和主办方的要求,台面物品是否完好齐全、卫生清洁、席号牌、坐次卡是否已就位等。

(2)卫生检查。包括个人卫生、餐用具卫生、宴会厅环境卫生、菜肴酒水卫生等。

(3)安全检查。包括宴会厅各出入口是否通畅,太平门标志是否清晰,洗手间用品是否齐全,各种灭火器材是否完好、按规定位置摆放且其周围无障碍物,宴会的用具和餐椅是否牢固可靠,地面是否平整完好、无水迹油污,宴会用易燃品是否由专人负责并放置安全。

(4)设备检查。包括电器设备检查,保证各种灯具、电线、插座、电源、开关等完好;空调设备检查,保证空调机性能良好,在开宴前30分钟就达到所需温度并始终保持稳定;音响设备检查,宴会开始前装好所需音响设备,调整好扩音器音量并逐个试音以保证音质,将有线设备的电线放置在地毯下面;其他设备检查,如对工作台、酒水台、贵宾室、屏风及其他装饰布置物品等进行检查,保证其符合宴会需要并利于营造宴会气氛。

一旦发现问题,立即组织人力及时解决。

(三)宴会现场控制

宴会过程服务是宴会管理和服务质量的最终体现。为确保宴会成功,宴会厅经理或有关管理人员要做好宴会服务过程的管理工作,控制宴会现场。宴会现场控制的重点是:

1. 控制宴会进程

宴会的现场管理人员必须熟知整个宴会的策划方案,掌握宴会所需时间,主人讲话致辞、领导敬酒、席间表演等各个细节,以便及时安排斟酒上菜等时间,切忌在奏国歌、讲话致辞、领导敬酒祝酒时上菜;掌握不同菜点的烹制时间,以便及时与厨房协调,保证按顺序上菜并控制好上菜的间隔时间,避免上菜速度过快或过慢,影响宴会气氛;注意主桌或主宾席与其他餐桌宾客的进餐情况,适当调控两者的速度,保证整个宴会顺利进行。

2. 督导宴会服务

现场管理人员要加强巡视,及时根据宴会的进程和场上的变化调度人员,协调好厨房与餐厅之间、各个服务区域之间及其他各方面的关系和工作进度,知道和纠正服务员的不良或不规范行为,及时弥补服务工作中的不足,保证宴会服务达到规范的要求。

3. 处理突发事件

宴会进行过程中经常会出现一些新情况和新问题,现场管理人员必须当机立断,迅速处置,让宾客的要求在最短时间内解决,把突发事件对宴会的影响控制到最小,把饭店的损失降到最少,尽量消除突发事件对饭店形象的负面影响。

案例 7-2

某饭店宴会厅里正在举办规模盛大的记者宴会。席间,一切按计划进行,忽然,离主桌最远的一张桌前有位女记者发出尖叫声,原来是一个实习生把汤撒在了她身上,一身套装湿淋淋的。宴会厅朱经理、公关主任一面安排服务员收拾倒翻在地毯上的汤碗,一面与另一名女服务员小杨用身体为女记者遮挡着走出了宴会厅。朱经理交代小杨处理后返回了宴会厅。

小杨先安排客人到房间里淋浴,到客房部暂借了一套干净的饭店制服请女客换上,旋即将女客的外衣送到洗衣房快洗,又转弯抹角问清了女客的内衣尺寸,并让人以最快的速度到附近的商店去购买。而后小杨便陪同女客到1楼餐厅单独用餐,并代表饭店向她表示真切的歉意,女客很快便恢复了平静。

因处理及时,3楼宴会厅里早已恢复了先前的热闹气氛。此时,饭店外方总经理正好前来敬酒,朱经理把事情的经过向他汇报后,他立即同朱经理来到1楼餐厅,郑重向女客致歉,后来又特地向女客的上司表示歉意。女客反而感到不好意思,她指指身上的饭店制服,幽默地说:"我都成了您饭店的员工了,自己人嘛,还这么客气!"

半小时后,洗衣房已把女客的衣服洗净烫平,公关部秘书早已买来了内衣。女客高高兴兴换上自己的套装,还不时向朱经理和小杨道谢。临出门时,朱经理还为她叫了一辆出租车……

(资料来源:《饭店世界》,1994年第一期;蒋一飙《酒店服务180例》,东方出版社)

(四)宴会结束工作

宴会的结束工作主要包括结账、征求意见、拉椅送客、清理餐厅及召开餐后总结会等内容。

1. 结账

结账是宴会结束工作中的重要内容之一。为确保饭店应得收入如期实现和维护饭店的良好形象,结账要做到准确、及时,既不能多算,也不能少算;多算会导致

主办单位不满,影响饭店的声誉,少算则是饭店损失应得收入,增加宴会成本。结账工作需注意:

(1)宴会临近尾声时,宴会管理者应让负责账务的服务员准备好宴会账单。

(2)准确清点宴会实际用酒水、香烟,在宴会账单上如实反映。

(3)若有加菜,也须将其费用如实加到宴会账单上。

(4)在结算前要认真核对各种费用,不能缺项,不能算错金额。

(5)备齐各种原始账单后,由饭店财务部收银员统一开出正式收据,宴会结束立即请宴会主办单位的经办人结账。

2. 征求意见

宴会结束后,宴会管理者应主动征询主办单位对宴会的意见和建议。征询意见可以是书面的,如请宾客填写《宾客意见簿》;也可以是口头的,如宴会进行过程中或宴会结束后通过电话征询宾客对菜肴(尤其贵重菜肴)、服务、宴会组织安排等的看法。一般来说,宴会结束后,要给宴会主办单位发一封征求意见和表示感谢的信,一是表示谢意,二是希望今后继续加强合作。

3. 送客

主人或主办单位负责人宣布宴会结束时,服务员要提醒宾客带齐自己的物品。当宾客起身离座时,服务员应主动为其拉椅,并视具体情况和宴会服务要求,目送或送宾客到宴会厅门口,必要时在宴会厅门口列队欢送。衣帽间服务员根据取衣牌号码,及时、准确地将衣帽取递给宾客。

4. 清台,整理宴会厅

宾客离席时,服务员要检查台面是否有未熄灭的烟头、是否有宾客遗留物品。宾客全部离开后才能清理台面。清台时,先整理餐椅,再按餐巾、小毛巾、酒杯、刀叉、瓷器的顺序分类收拾、送洗。贵重物品要当场点清。然后撤餐桌、餐椅,搞好场地卫生,将宴会厅恢复原样。宴会管理者在各项结束工作基本完成后要认真进行全面检查。

5. 宴会后总结

为了及时总结经验教训,大型宴会结束后,主管要召开总结会,通告宴会进行的情况和宾客的意见和建议,对突发事件的全面情况和处理给予有效评价,及时表扬工作出色的服务员,重申有关规定和要求,并对今后的服务工作提出期望。会后,要关好门窗,关上电灯,切断电源。待全部工作检查完毕,所有服务员方可离开。

案例 7-3

2001年10月20日在上海国际会议中心举行的APEC(亚太经合组织)欢迎晚宴,其环境气氛设计为:

1. 宴会厅的布置

宴会厅里铺着红色织花地毯,窗帘是紫红色的,加上舞台以红色为主,整个环境洋溢着喜庆的气氛。而台布、椅套、装饰鲜花则以白色为主,红色点缀其间。台布镶上一圈红色的群边,10支白玫瑰为主的花盆里插上一二支红掌、红鸡冠花,再配上一支紫色洋兰,显得高贵典雅。

宴会跨度长达50米的背景,以中国的国花——牡丹为主体,雍容华贵。现代化的电脑灯效,又衬托出牡丹的国色天香。整个背景既富有民族特色,又颇具现代感。

为适应表演,宴会厅灯光比较暗,而用餐却要一定亮度,尤其要展现菜肴的特色,为此每桌选用三盏十分精美的银烛台灯。灯高12厘米,底座直径7厘米,铜质镀银,灯罩由一个葡萄酒杯镶嵌其中,这都是饭店有关人员根据宴会的灯光效果设计要求临时定做的。浮在水面的蜡烛既要亮度适中,又要确保燃烧2小时,还要无烟味。最后被选中的300多支蜡烛灯芯都较粗,燃烧时间确保3小时。

2. 餐桌设计与台面布置

参加会议的各国领导人及配偶就坐的主桌呈半弧形,长约30米,宽约1米,正对着文艺演出的舞台。主桌座椅专门从江苏定制,是中国的太师椅和西式椅子的结合,四只脚用金套包住,扶手下方也镶有金边,中间是用海绵做的软垫,既具有太师椅的气派,又有西式椅子的舒适感。

约3000平方米的宴会厅里还摆着99张圆形餐桌,招待官员和代表。所有餐桌都用红、黄两色绸缎装饰,餐桌中央是白玫瑰和洋兰灯鲜花。宴会用的圆桌可以坐14人,但只坐了10人,为的是空出位置,让贵宾观赏节目时视线没有阻碍。

餐具的颜色以银色为主,金黄色点缀。大到引人注目的冷盘盖,其银色的主体上镶着金黄的小把手,冷盘底托也是银色,而三只脚为金黄的龙头;小到筷架、刀叉、毛巾碟和放黄油的碟子都在银色的主体上烫了金边,连葡萄酒杯上也烫了金边,餐具整体协调、大气。与之相映,淡黄的餐巾松松地卷着,一个红色的中国结将其轻轻扣住;筷子套与餐巾同色,也是由布制成。

宴会装菜点的瓷盘是在景德镇定制的,白色镶蓝色的牡丹花图案围边,漂亮而又大气。冷盘的镀银盖子则是按盘子实样在上海定制。

3. 宴会文艺节目演出

在宴会厅举行的文艺演出,云集了中国目前奏乐、声乐、舞蹈、戏曲、杂技以及少儿艺术团体的优秀人才。舞台上,由超大型屏幕放大几十倍的画面清晰、亮丽,具有很强的视觉冲击力。

第二节　宴会的销售管理

宴会是饭店生产的一种包括菜点、酒水、服务、环境气氛等在内的商品。这种商品能否卖出去、销售效果如何,很大程度上取决于宴会销售管理的绩效。销售管理绩效显著,就能使宴会设施设备得到充分利用,增加饭店经济收入;反之,则会闲置宴会设施设备,降低饭店经济收入。因此,加强宴会销售管理,使宴会收益最大化,是宴会部工作的重头戏。

"把合适的产品销售给合适的人",宴会销售才能成功。因此,宴会销售要针对宴会客源、采用合适的宴会宣传资料、运用高超的推销技巧通过预订组织安排宴会。

一、宴会客源分析

（一）团体购买型

不同性质的团体,其宴请的目的和需求特点不一样。

1. 工商企业、事业单位的宴请目的有:公务宴请、周年庆祝、庆祝新产品开发、开业庆典、宴请上级部门或重要合作单位、合作协议签订仪式或其他与企业发展密切相关的大事等。

2. 协会和学会的宴请目的有:召开年会、学术讨论会及会议用餐,或庆祝某一学术带头人的华诞或会员单位之间的某些大事。

3. 政府机关的宴请目的有:节日庆祝活动,举行各种会议、公务宴请。

4. 大使馆的宴请目的有:国庆招待会,各国传统节日庆祝活动等。

（二）私人购买型

私人购买的典型特点是费用一般个人自理,宴请的主要目的是表示庆贺和纪念。

1. 以庆祝生日为主题的弥月酒宴（满月宴）、周岁宴、生日宴请等。

2. 以庆祝学业为主题的入学宴请、升学宴请、毕业宴请等。

3. 以庆祝事业为主题的祝贺就职、祝贺高升、祝贺开业、祝贺创业成功、祝贺退休等。

4. 以纪念婚姻为主题的祝贺新婚、祝贺生孩子、结婚纪念及其他婚姻生活中的大事。

5. 以祝贺朋友团聚为主题的校友会、同乡会、饯行宴等。

6. 祝贺特殊节假日,如元旦、春节、元宵节、国庆节、中秋节、劳动节、儿童节、母亲节等。

如上所述,不同类型的客源其宴请目的不同,同一类型的客源也有不同的宴请目的;不同的宴请目的,就会有不同的宴请主题、不同的需求特点,如价格需求、环境需求、服务需求、礼品需求、音乐需求、菜式需求、酒水需求、活动需求、礼仪需求等。

如以纪念为主题的各类宴会,需满足宾客求纪念的心理,可通过别具一格的环境布置、纪念性的菜点命名和赠送各类有纪念意义的礼品,或免费拍照等方式,给其留下富有意义的纪念;以欢迎为主题的各类宴会尤其是大型宴会,则要在厅堂布置、背景音乐、服务方式、祝酒辞、宴会后活动安排等方面体现东道主的热情好客;而以庆祝为主题的各类宴会,则可在菜式安排、酒水选择(香槟酒、红葡萄酒)、服务方式、文艺活动安排方面尽显喜庆气氛。

二、宴会宣传资料管理

各类宣传资料应有很强的针对性,并在宴会推出前的几个月设计并广泛分发。

(一)宴会宣传册

宴会宣传册一般由饭店的公关设计部或委托专业设计公司根据宴会的主题进行设计。所用材料的质地、印刷的质量、装帧都比较精美。它往往陈列在前台的资料架上、客房服务指南的上面、餐厅醒目位置、饭店门口的宣传架或其他公共场合。

一份好的宴会宣传册一般应包括:①宴会的主题,一般印在封面上;②饭店名称和标识,一般印在封面或封底;③有关的图片资料:反映宴会主题的典型图片(放在封面)、宴会厅设施设备、菜点造型、宴会服务场面等;④文字介绍:简短的宴会菜单介绍、经营项目介绍、宴会主题介绍、厨师烹饪技艺介绍等;⑤预订电话、饭店地址等,一般印在封底;⑥除以上基本信息以外,根据宴会主题的其他创意,如色彩的运用、文字的编排、形状选择、大小设计、内容安排、图案运用等,在宣传册上介绍本饭店以往接待宴会的成功经验,可加强消费者购买宴会的信心。

(二)宴会广告

宴会广告是宴会宣传册内容的简化和浓缩。宴会广告往往通过报纸、电视、互联网、饭店外墙布幔、横幅、气球、电梯广告等载体向公众传递宴会信息。注意内容宜简不宜繁,突出主题及消费者关注的卖点即可。例如,天津凯悦饭店以大篇幅在当地报纸上刊登婚宴广告,根据新婚夫妇的特殊需要提供各种优惠,还刊登接待婚礼的优惠价格、菜肴图片以及免费提供新婚洞房等特殊优惠,增加了婚宴产品的吸引力。

(三)宴会菜单样本

宴会菜单样本是对宴会产品进行介绍和推销的非正式菜单。饭店要准备几套不同档次的宴会菜单样本。宾客可调换其中的一些菜,也可自己选菜。宴会菜单样本应融技术性、艺术性、创造性于一体,最好附上特色菜点的照片,增加消费者的购买欲望。

三、宴会推销策略

(一)选定推销对象

即选择"合适的人"。首先,饭店应根据自身的形象定位选准推销对象,不能盲目地"漫天撒网",或一味"屈尊求客"——以低廉的价格吸引客源,以避免白费推销成本和影响饭店的声誉和品牌。其次，饭店推销人员应找准宴会具体购买的经办者，如企业中的办公室主任、总经理办公室秘书、工会主席、婚宴的购买决策者（一般为新娘新郎）等，并与之建立良好的关系。了解宴会具体购买者的个人背景及其所在团体的背景，以选择适宜的推销方式和推销资料。

（二）面对面推销

宴会推销人员在选择客源的基础上，根据掌握到的信息，选择合适的推销时机、方式与选定的目标客源进行接触，通过介绍宴会产品特色引起对方的注意和兴趣，并具体了解目标客源的需要和购买动机，再通过灵活运用劝说、展示、报价、让步等洽谈技巧，解决双方洽谈中的具体问题，从而建立起良好的合作关系。必要时，可为其提供一桌让主办方有关人员"试吃"。若对方要求提供外卖宴会，推销员则要根据外卖宴会的地点及饭店自身的条件周全考虑。广州中国大酒店就曾凭借自己的实力，承办了2000年5月12日广东南海高新技术交流会2000人的自助餐外卖活动。

（三）建立购买关系

面对面推销一旦有成效，获得对方的口头认可，推销人员应在尽可能短的时间内与对方建立书面合同关系。建立购买关系后，推销人员应表示友好之情，不时保持联系，并在日后信守承诺，切实为宾客着想。

四、宴会预订管理

宴会预订既是宴会推销过程，又是客源组织过程。只有组织好客源，才能提高设施设备利用率，完成产品交换，最大限度地增加宴会收入。

（一）宴会预订员的选择

宴会预订是一项专业性很强的工作，必须挑选有多年餐饮工作经历、了解市场行情和有关政策、应变能力强、专业知识丰富的人员承担此项工作。具体来讲，宴会预订员应具备以下知识和技能：

1. 了解本饭店各个宴会场所的面积、设施情况并懂得如何变通以适应客户要求。

2. 清楚本饭店各类菜点的加工过程、口味特点，并能针对季节和人数的变动，提出对菜单作相应调整的建议。

3. 了解各个档次宴会的标准售价、同类饭店的宴会价格情况，并有讨价还价的能力。

4. 具备本部门宴会服务人员的专业素质、工作能力等。

5. 了解酒水知识，熟悉与具体宴会菜单相配的酒水。

6. 具有一定的社交能力、语言和文字表达能力，能正确填写各种宴会预订表格和抄写宴会菜单，具有一定的外语会话能力。

7. 能解答宾客就宴会安排提出的各种问题。

(二) 宴会预订方式

宴会预订方式是指客户为预订宴会而与饭店宴会预订员之间洽谈联络,沟通宴会预订信息而采取的方式方法。常见的宴会预订方式主要有:

1. 电话预订

这是饭店与客户联络的主要方式。常用于小型宴会预订、查询和核实细节。大型宴会需要面谈时也可通过电话来约定会面的时间、地点等。

2. 面谈预订

这是一种比较理想有效的预订方式。宴会预订员与客户当面洽谈讨论宴会所有的细节安排,解决客户提出的特别要求,讲明付款方式,填写订单,记录宾客信息资料等,以便以后用信函或电话方式与客户联络。

3. 书面预订

包括信函、传真等,适用于远距离、提前较长时间预订的客户。所有客户寄来的信件都必须立即答复,并附上建议性菜单。书面预订一般需结合电话或面谈预订方式,最终达成协议。

4. 网络预订

这种方式手续简便,且不受时空限制。饭店应指定专人及时管理相关网页,及时回复,避免客户预订"石沉大海"。

需要注意的是:饭店所有宴请活动的承接虽然可由营销部(或销售部)和宴会部负责,但宴请活动的最后确认和宴会厅的安排必须要由宴会部经理批准执行。

(三) 宴会预订程序

宴会预订程序包括:接受预订→填写宴会预订单→填写宴会安排日记簿→签订宴会合同→收取订金→跟踪查询→正式确认→发布宴会通知单→督促检查→宴会的取消和变更→建立宴会预订档案。

(四) 表单在宴会预订管理中的运用

为了使宴会预订工作更加有效和有序,避免错漏,合理利用宴会资源,饭店常常利用表单来进行宴会预订管理。常用的宴会预订表单有宴会预订表、宴会合同书、宴会安排日记簿和宴会更改通知单。

1. 宴会预订表

宴会预订表是预订员在接受宾客预订时需填写的表,其格式大致如表 7-1 所示。

表7-1　宴会预订表

```
                                              编号_____
宴会名称_____
联络人姓名_____  电话号码_____  地址_____
公司(单位)名称_____
举办日期_____  星期_____  时间_____  时至_____时
宴会形式_____  收费标准_____  元/桌或元/人
付款方式_____  其他费用_____
预订人数_____  保证人数_____
餐台数_____  酒水要求_____
宴会菜单：                              台型设计图
_____
_____
_____

一般要求：
菜单_____  名卡_____  坐次卡_____

会议用具：
投影仪_____  幻灯机_____  放映机_____  银幕_____  翻图板_____
白板_____  讲台_____  铅笔/钢笔/记事本_____
横幅_____  录像设备_____  扩音器_____  接待台_____

娱乐设施：
舞台_____  鲜花_____  聚光灯_____  照相机_____
卡拉OK机_____  麻将桌_____张

备注_____
_____

订　金_____
接洽人_____  核准人_____
日　期_____  日　期_____
处　理_____
```

宴会预订表必须包括的项目有：
(1)宴会活动的日期、时间。
(2)计划安排的宴会厅名称。
(3)预订人姓名、联络电话、地址、单位名称。

（4）宴请活动的类型。
（5）出席人数。
（6）菜单项目、酒水要求。
（7）收费标准及付款方式。
（8）上述事宜暂定或确认的程度。
（9）注意事项。
（10）接受预订的日期、经办人姓名。

2. 宴会合同书

宴会合同书是饭店与客户签订的合约，双方均应严格履行合同的各项条款。宴会合同书的一般格式如表 7-2 所示。

表 7-2　宴会合同书一般格式

本合同是由＿＿＿＿＿＿＿＿＿＿饭店（地址）＿＿＿＿＿＿＿＿＿＿
与＿＿＿＿＿＿＿＿＿＿＿＿＿＿公司（地址）＿＿＿＿＿＿＿＿＿＿
为举办宴会活动所达成的具体条款：
活动日期＿＿＿＿＿＿＿＿星期＿＿＿＿＿＿＿＿时间＿＿＿＿＿＿＿
活动地点＿＿＿＿＿＿＿＿菜单计划＿＿＿＿＿＿＿＿
饮　　料＿＿＿＿＿＿＿＿娱乐设施＿＿＿＿＿＿＿＿
其　　他＿＿＿＿＿＿＿＿结账事项＿＿＿＿＿＿＿＿
预付订金＿＿＿＿＿＿＿＿＿＿＿＿＿＿＿＿＿＿
客户签名＿＿＿＿＿＿＿＿饭店经手人签名＿＿＿＿＿＿＿＿
　　　　　　　　　　　　日期＿＿＿＿＿＿＿＿＿＿＿＿
注意事项：
● 宴会活动所有酒水应在餐厅购买。
● 大型宴会预收 10% 定金。
● 所有费用在宴会结束时一次付清。
　本宴会合同一式五联，一联客户保存、二联客户签名后回收、三联收银留存、四联预订部留存、五联宴会部经理留存，经双方签字后生效。

3. 宴会安排日记簿

宴会安排日记簿是饭店根据餐饮活动场所设计的、用于记录预订情况、供预订员查核的簿籍。每个预订员在受理预订时，首先需问清宾客宴请日期、时间、人数、形式，然后从日记簿上查明各餐厅的状况，最后在日记簿上填写有关事项。

宴会安排日记簿一日一页，主要项目包括宴会日期、时间、客户电话号码、与会人数和宴会厅名称、活动名称、是确定还是暂定等。单间分隔的宴会厅房的宴会安排日记簿格式如表 7-3。若数个宴会厅可打通构成一个大宴会厅，其宴会安排日记簿格式如表 7-4。

表7-3　宴会安排日记簿(一)

_____年_____月_____日　星期_____

厅房	预订	确定	时间	宴请形式	人数	联系人地点、电话	特别要求
A厅			早				
			中				
			晚				
B厅			早				
			中				
			晚				

表7-4　宴会安排日记簿(二)

_____年_____月_____日　星期_____

A厅	B厅	C厅
早:宴会名称_____人数_____ 时间_____时至_____时 联系人_____电话_____ 公司名称_____收费_____ 预订员_____	早:宴会名称_____人数_____ 时间_____时至_____时 联系人_____电话_____ 公司名称_____收费_____ 预订员_____	早:宴会名称_____人数_____ 时间_____时至_____时 联系人_____电话_____ 公司名称_____收费_____ 预订员_____
中:宴会名称_____人数_____ 时间_____时至_____时 联系人_____电话_____ 公司名称_____收费_____ 预订员_____	中:宴会名称_____人数_____ 时间_____时至_____时 联系人_____电话_____ 公司名称_____收费_____ 预订员_____	中:宴会名称_____人数_____ 时间_____时至_____时 联系人_____电话_____ 公司名称_____收费_____ 预订员_____
晚:宴会名称_____人数_____ 时间_____时至_____时 联系人_____电话_____ 公司名称_____收费_____ 预订员_____	晚:宴会名称_____人数_____ 时间_____时至_____时 联系人_____电话_____ 公司名称_____收费_____ 预订员_____	晚:宴会名称_____人数_____ 时间_____时至_____时 联系人_____电话_____ 公司名称_____收费_____ 预订员_____

　　注:没有确定的预订用铅笔填写,确定后改用红笔记录。如需要 A、B 两个厅打通使用,则用横线在表上用双箭头号"←→"连接 A 与 B,以便安排。

4. 宴会通知单

　　宴会正式确认后,预订人员对饭店内部各有关部门应发布一份类似公文的宴会通知单,告知各部门在该宴会中所应负责执行的工作。各部门接到宴会通知单后,必须按照通知单上的要求执行工作。宴会通知单的大致内容如表7-5。

表7-5 宴会通知单

发文日期:2002年8月7日					编号:A0001		
宴会日期:2002年8月15日 星期四					订金金额: 元	收据单号:00571	
宴会名称:×××喜宴					付款人:×××	接洽人:×××	
联络人:×××先生 电话:××××××× 客户名称: 传真:×××××××					付款方式:付现金		
时间	类型	地点	保证数	预估数	海报内容	××××喜宴	
7:00~20:00	结婚喜宴	国际宴会厅	100桌	110桌			
西餐厨房	准备婚宴仪式用三层蛋糕				美工冰雕	在宴会厅门口赠喜宴冰雕一座	

中餐厨房	准备宴会菜肴,菜单如下:
	  果律大龙虾 八味美佳碟
	  八珍烩鱼翅 夏果炒鲜贝
	  红烩大刺参 吉祥照双辉
	  游龙一线天 鲍鱼扒津白
	  万佛跳金墙 精致花品点
	  巴参炖雪蛤 四季鲜水果
	1.每桌1580元,外加10%服务费
	2.8月15日18:10准时出菜
					宴会服务部	宴会现场摆设:
						1.8月14日22:00后,花商将进场布置
						2.舞台中央置西式行礼台,右方置司仪台,左方置蛋糕桌和香槟台
						3.主桌1桌24人,设银器、台裙及椅套
						4.8月15日16:00工作人员在四季厅开会
						5.客人自备香烟、喜糖
						6.附场地布置图	

酒吧	准备酒水饮料				客房部	提供豪华套房一间,8月15日入住,8月16日退房	
保安部	1.8月14日20:00后请协助花商将进场布置 2.客人要求当日饭店派人至现场保护礼金 3.当日宾客众多,请派人疏导人流				工程部	1.行礼台麦克风1支,司仪台麦克风2支 2.准备配合各项程序播放的音乐	
花房	客人自请花商布置会场,请多配合				器材收费:		
预订人员:×××					宴会经理:×××		
发送部门	□总经理 □西厨房 □花房	□餐饮部 □中厨房 □美工冰雕	□宴会部 □管事部 □其他	□财务部 □餐厅部	□工程部 □保安部	□客房部 □采购部	

5. 宴会更改通知单

宴会预订单已发往各部门后,如遇客户提出临时变动,则宴会部应迅速填写宴会更改通知单送交有关部门,以便各部门及时进行相应的调整。宴会更改通知单的一般格式如表7-6所示。如果某暂定的宴会预订被取消,预订人员还要填写一份取消宴会预订报告,其格式如表7-7所示。

表7-6 宴会更改通知单

```
宴会预订单编号_____
发送日期_____时间_____
宴会名称_____
日期_____
部门_____更改内容_____
             _____
        由_____发送
        宴会部经理签名_____
        日期_____时间_____
```

表7-7 取消宴会预订报告

```
公司名称_____    联系人_____
宴请或会议日期_____    业务类型_____
预订的途径与日期_____
失去生意的原因_____
挽回生意的报告(简明扼要的步骤)
_____
_____
进一步采取的措施
_____
             宴会部经理签名_____
             日期_____
```

五、宴会售后管理

国外有关调查资料表明:吸引新顾客所花的成本是保持老顾客所花成本的5倍。因此,宴会销售活动不应以宴请活动的结束为终结,而应继续加强沟通和联系,以便建立长期的友好合作关系,使客户成为饭店的老顾客。

(一)信息反馈并致谢

宴会销售部一般应在宴请活动结束后的一周内,用信函、电传或电话主动征询主办单位或主办个人对本次宴请活动的意见和建议,并对其选择本饭店举行宴请活动再次表示诚挚的谢意,甚至还可代表饭店送上一份小巧精美的礼物。在对宾客提出的宝贵意见和建议表示感谢的同时,还要及时向有关部门反馈,以期下次做得更好。

(二)跟踪回访

销售人员还应与客户保持长期的联系,比如节假日的一个电话、一个电子邮件或一张明信片,就能传达饭店的祝福和问候;密切关注有关客户的重要信息,客户个人或所在单位的周年纪念日来临前的几个月,就更要加强同客户的联系,以期"水到渠成",使客户再次选择本饭店举办宴请活动。

(三)建立宴会档案

宴会档案是饭店在宴会经营活动中留下的原始记录,是经过挑选、整理、保存的文件,是历史的真凭实据,是饭店的财富。宴会档案包括宴会预订资料、宴会执行资料和宴会活动总结资料,每一项资料所记录内容都应具体详实。建立宴会档案有助于提高宴会部的工作效率,改善宴会经营效果,增强宴会部的灵活性和适应性,切实为宾客提供个性化的宴会产品。饭店有必要派专人负责宴会档案资料的管理工作。

第三节 宴会及大型活动的运转管理

宴会的运转管理就是按照既定的内容、程序和标准,组织实施已设计好的宴会产品的过程。宴会服务过程是复杂细致的,不同类型、不同主题的宴会可能遇到的问题不同,无论事先将产品设计得多么完美,在实施过程中都可能有偏差。因此,宴会的运转管理尤其重要。

一、中餐宴会的运转管理

中餐宴会服务可分为宴会前的组织准备、宴会迎宾工作、宴会就餐服务和结束工作四个基本环节。

(一)宴会前的组织准备

1. 准备工作程序

包括掌握情况→人员分工→宴会场地布置→熟悉菜单→物品准备与摆台→摆放冷盘→开宴前的检查→召开餐前例会等程序。

2. 准备工作注意事项

(1)根据宴会通知单上的具体要求进行各项准备工作。

(2)规模较大的宴会,要确定宴会现场总指挥人员。

(3)场地布置要突出主题,台型布置要突出主桌,灯光、灯饰要适合宴会所需的气氛,厅内温度要适宜。

(4)宴会服务员应熟悉上菜顺序和宴会菜单,能准确说出每道菜点的名称、风味特色、配菜和作料、制作方法及典故,并能准确提供服务。

(5)按宴会的规格准备物品和摆台。摆台须做到:餐位间距均匀;餐具摆放准确;动作规范麻利,一次到位;物品齐备,布局和谐。

(6)大型宴会开始前15分钟左右摆上冷盘,然后根据情况可预斟红酒。摆放冷盘要注意色调和荤素搭配合适,并保持间距相等。小型宴会一般不预斟酒水,待宾客入座后才斟。

(二)迎宾工作

1. 迎宾工作程序

包括提前迎候→热情迎宾→衣帽间服务→休息厅服务→引宾入座→就座服务等程序。

2. 迎宾工作注意事项

(1)根据宴会入场时间,宴会主管人员和迎宾员提前在宴会厅门口迎候宾客,值台服务员站在各自负责的餐桌旁准备服务。

(2)宾客到达时,要热情问候并表示欢迎。

(3)为宾客保存衣物时,要主动、细致,并及时把衣物寄存卡递送给宾客。

(4)引领宾客到休息厅休息,然后递上小毛巾并斟茶水。

(5)主人表示可入席时,引领宾客入席,并协助拉椅让座。

(6)视情况可直接引领宾客到宴席就座。

(三)就餐服务

1. 入席服务

宾客来到席前,值台服务员要面带微笑,拉椅帮助宾客入座,注意先宾后主、先女后男。宾客坐定后,要协助宾客松餐巾、脱筷套、撤走席号牌、席次卡、撤去冷盘的保鲜膜。

2. 斟酒服务

(1)斟酒时,要先征求宾客意见,待其选定后再斟倒。先斟饮料,再斟葡萄酒,最后斟烈性酒。

(2)斟酒的顺序为主宾、副主宾、主人,然后按顺时针方向斟倒。为每位宾客斟酒前,先向其示意。

(3)斟酒不可太满,葡萄酒一般斟至杯的 1/2,其余酒水斟至杯的 4/5 为宜。瓶口不可碰杯口。杯内酒水少于 1/3 时,要及时添加。

(4)宾客干杯或互相敬酒时,应迅速拿酒瓶到台前准备添加。主人和主宾讲话前,要注意观察每位宾客杯中的酒水是否已准备好。宾、主离席讲话时,服务员应备好酒杯斟好酒水供宾客祝酒。

(5)啤酒泡沫较多,斟倒时速度要慢,让酒液沿杯壁流下以减少泡沫。

3. 上菜、分菜服务

(1)主人宣布宴会开始时,根据宴会规格,按设计好的宴会服务方式和顺序上菜、分菜。上菜前撤走花瓶。

(2)一般选择在陪同和翻译人员之间上菜,也有的在副主人右边上菜。严禁在主人和主宾之间或来宾之间上菜。

(3)每一道菜主桌要先上二三秒,其他桌随后上。

(4)新上的菜要转到主人和主宾面前。

(5)有配料的菜,先上配料,再上正菜。

(6)上菜后要主动报菜名,并简要介绍菜肴的风味特点、历史典故,然后根据主人的要求分菜和提供相应的服务。

(7)上最后一道菜时,一定要告诉宾客菜已上完。

(8)可用转台式分菜、旁桌式分菜、叉勺分菜、各客式分菜,也可将几种方式结合起来服务。

4. 席间服务

宴会进行中,服务员要勤巡视,及时添加酒水、换骨碟、换烟盅、送撤小毛巾、更换餐具等,并留心观察宾客的表情及需求,主动提供服务。

(1)始终保持转台的清洁。

(2)宾客席间离座,应主动拉椅、整理餐巾;宾客回座时,应重新拉椅、铺餐巾。

(3)宾客站起祝酒时,应立即上前拉椅,宾客坐下时推椅,以方便宾客站立和入座。

(4)上甜品水果前,送上热茶和小毛巾;撤走除茶杯、有酒水的酒杯和牙签以外的全部餐用具,整理餐桌及转台,服务甜品和水果。

(5)宾客吃完水果后,撤去水果盘,送上小毛巾,然后撤去用甜品和水果的餐具,摆上花瓶,以示宴会结束。

(四)结束工作

包括结账→送客→清台→餐后检查→餐后总结等程序。

(五)宴会服务注意事项

1. 服务操作时,注意轻拿轻放,严防打碎餐具和碰翻酒瓶、酒杯。

2. 宴会期间,严禁两个服务员在宾客的左右两边同时服务。

3. 宴会服务应注意节奏,以主桌宾客进餐速度为标准。

4. 当宾、主致辞,或举行国宴演奏国歌时,服务员应停止一切操作,迅速退至工作台两侧肃立,姿势端正,排列整齐,保持安静,切忌发出响声。

5. 席间若有宾客突感身体不适,应立即请医务室协助并向领导汇报;将食物原样保存,留待化验。

案例 7-4

某高级宾馆的宴会厅正在举行庆祝某公司成立的宴会。为了搞好这次宴会接待工作,宴会部早就作了精心准备。

宴会开始后,一切按设计程序进行。上菜、报菜名、派菜、递毛巾、斟酒、撤换菜盘等均有条不紊。在上完某道菜后,该轮到主人和主宾讲话了。

可是,主人没讲两句话,手端烤鸭的服务员向各个餐桌走去,大家的视线都投向了他们。主人见宴会的气氛因服务员的出现而受到了影响,急忙提议大家再次干杯,但仍止不住嘈杂声。他心想:"祝酒时上菜,真是乱来,回头再找饭店算账。"

(资料来源:程新造《星级饭店餐饮服务案例选析》)

二、西餐宴会的运转管理

西餐宴会服务可分为宴会前准备工作、餐前鸡尾酒服务、席间服务和结束工作四个基本环节。

(一)宴会前准备工作

1. 准备工作程序

根据宴会通知单上的具体要求开展各项准备工作,其程序为:掌握情况→人员分工→宴会场地布置→物品准备与摆台→开宴前的检查→召开餐前例会。

2. 准备工作注意事项

(1)根据宴请人数、宴会菜单进行台面布局、餐具摆放,做到布局合理,餐位间距相等,餐具摆放规范和谐,全台整齐、大方、美观、舒适。

(2)根据宴会通知单的要求摆放酒水杯。

(3)工作台上要准备足够的咖啡用具、茶具、冰水壶、托盘、烟盅及服务刀、叉、勺等;备餐间内准备面包篮、黄油、果酱及各种调味品等;酒吧要准备酒水。

(4)开餐前30分钟,将水杯斟倒4/5的冰水,点燃蜡烛,将黄油放在黄油碟里,也可将面包放在面包篮里摆上桌。

(二)餐前鸡尾酒服务

1. 根据宴会通知单的要求,宴会开始前30分钟或15分钟左右,在宴会厅门口为先到的宾客提供鸡尾酒会式的酒水服务。服务时,由服务员托盘端送饮料、鸡尾酒,并巡回请宾客饮用;茶几或小桌上备有虾片、干果仁等小吃。

2. 宴会开始前请宾客入宴会厅就座,按"女士优先"的原则帮助宾客拉椅、铺餐巾。

3. 一组服务员进行开餐前准备时,另一组服务员提供鸡尾酒服务。

(三)就餐服务

西餐宴会多采用美式服务,有时也用俄式服务,个别菜肴采用法式服务。下面介绍美式宴会服务。

1. 就餐服务程序(美式)

包括面包服务→酒水服务→上菜服务→甜品服务→咖啡或茶服务→推销餐后酒和雪茄→席间服务等程序。

2. 就餐服务注意事项

（1）服务面包时，应左手提面包篮，右手用面包夹在每位宾客的左侧为宾客派送。

（2）服务酒水时，服务员应先示酒、让主人试酒，主人认可后，再按"女主宾、女宾、女主人、男主宾、男宾、男主人"的顺序为宾客斟倒，注意斟酒量要合适并适时添加酒水。注意酒水与菜肴的搭配。

（3）按菜单顺序上菜。每上一道菜前，应先将上一道菜的餐具全部撤下。

（4）上甜品前撤走除酒杯以外的所有餐具，如主菜餐具、面包盘、黄油刀、黄油碟、椒盐瓶等，清理台面，摆好甜品叉、勺，然后服务甜品。

（5）服务咖啡或茶前，先摆好糖盅、奶盅。斟倒咖啡或茶时，先上咖啡杯具（杯、碟和匙）或茶具（杯、碟和匙），再用咖啡壶为宾客斟倒。

（6）有些高档宴会在宴会最后将餐后酒车推至餐桌前，征询主人是否用白兰地、餐后甜酒或雪茄烟。

（7）宴会进行中，要勤为宾客添酒水、换烟盅，主动替宾客点烟，主动询问宾客是否加黄油、面包。

（8）宾客离座时，要拉椅、整理餐巾；宾客回座时，协助宾客入座。

（9）服务时，始终遵循"女士优先"的原则。

（10）注意为每位宾客同步上菜。

（四）结束工作

包括结账→送客→清台→整理餐厅等程序。宴会结束后，应将宴会厅恢复原样。

案例 7-5

2002年10月27日晚，墨西哥总统福克斯为款待参加APEC会议的领导人举行晚宴。首先是鸡尾酒会，提供白、红葡萄酒、墨西哥特有的龙舌兰或用龙舌兰酒调制的各种鸡尾酒，并备有几种非常有特色的墨西哥风味小吃，如鸡肉卷（玉米面饼卷鸡肉）、托斯塔达（玉米小脆饼上加蔬菜丝、奶酪和辣椒汁的一种食品）、克萨迪拉斯（一种用油炸的玉米饼加奶酪或南瓜花等蔬菜，类似中国饺子形状的食品）等。正式宴会开始，第一道菜是棕榈嫩芽汤；第二道主菜是韦腊克鲁斯风味的瓦奇南科鱼（一种海鱼，外表为红色，把鱼做熟后，浇上用西红柿、葱头等炒成的汁，为墨西哥韦腊克鲁斯州的一道名菜）；第三道甜点，浇巧克力汁加椰子丝、芒果丁的冰淇淋。

（资料来源：2002年10月28日《羊城晚报》）

三、冷餐酒会和鸡尾酒会的运转管理

冷餐酒会是由鸡尾酒会发展演变而来，二者在许多方面相似，但在适用的场合和时间、就餐方式、环境装饰与布局、服务准备工作量及礼仪讲究方面都不同。

（一）冷餐酒会服务

冷餐酒会是以自助餐的形式举行的宴会，接待对象为宴会宾客。冷餐酒会的规模宏大、布置华丽、气氛热烈、菜肴丰盛、环境高雅，服务前的准备工作量大，而宴会进行中的服务则较简单，与自助餐的服务方式大同小异。

1. 准备工作

根据宴会通知单上的参加人数、酒会形式、台型设计、菜肴品种、布置主题等开展各项准备工作。准备工作程序及内容主要包括：掌握情况→人员分工→布置会场→自助餐台布置→菜肴陈列→餐前检查→召开餐前例会。准备工作的注意事项有：

（1）由于冷餐酒会进行中主要有自助餐台、酒水台、值台等三大岗位，因此在人员分工时，要根据员工特长分配其相应的工作。

（2）冷餐酒会有鲜明的设宴主题，要根据宴会主题、宾客人数、菜肴的道数、是立式还是坐式并结合宴会厅的形状和大小来布置会场和装饰环境，餐桌布置还要突出主桌或主宾区并留有通道。主桌一般要设坐次卡，其他桌用席次卡区别。

（3）自助餐台的布置和菜点陈列应根据通知单上所列的菜点品种和宾客的取食习惯来进行，注意整齐美观、取用方便。菜肴前还要摆放中英文对照的菜名牌。

（4）若是坐式冷餐酒会，则应在宾客就餐的餐桌上按规范摆放好头盘刀、叉、正餐刀、叉、汤匙、甜品叉、匙、面包盘、黄油刀、餐巾、椒盐瓶、席次卡、花瓶、烛台、汤盅等。

2. 迎宾工作

在冷餐酒会开始前 30 分钟或 15 分钟，一般在宴会厅门外为先到的宾客提供鸡尾酒、饮料和简单小吃，酒会快开始时才请宾客进入宴会厅。服务员应礼貌迎宾并热情引领宾客至宴会厅。

3. 就餐服务

坐式冷餐酒会需为宾客提供入座服务。主桌宾客按坐次就座，其他桌宾客可自由选择或根据请柬要求入座。服务员要为宾客斟冰水，并询问是否要饮料。待宾客全部入座后，宾、主致辞、祝酒并宣布酒会正式开始，宾客排队选取食品回到座位享用。

就餐过程中，服务员要各就各位，做好自己的工作：

（1）自助餐台的服务员要始终保持餐台的整洁并备有充足的餐具，冷菜要冷、热菜要热，并协助宾客取菜。值台的厨师要负责向宾客介绍、推荐并协助宾客取用菜肴，为宾客切割烤肉，及时添加菜肴，乐于回答宾客的提问。

（2）酒水台的服务员要始终保证有足够数量的已斟倒好的酒水，分类陈列，并始终保持酒水台整洁，必要时为宾客托送酒水。

（3）席间，值台服务员要随时接受宾客点用饮料，不忘告知宾客须额外付费，并负责将所点饮料送到餐桌或宾客手中;要勤巡视服务区域,及时撤走空盘、空杯,撤换烟盅,为宾客点烟等。

4. 结束工作

冷餐酒会的结束工作也包括结账、送客、清台和整理餐厅四项基本内容,此外要注意:

(1)冷餐酒会一般按人数计费,另点酒水另计费。在结账前要先核实人数、清点酒水,据实结账。

(2)若主办方不为宾客另点的酒水付款,则须将宾客另点的酒水另开账单结账。

(3)剩余的菜点在保证质量的前提下尽可能回收利用,以节约成本。

(二)鸡尾酒会服务

鸡尾酒会以供应各种酒水为主,也提供简单的风味小吃、点心和少量的热菜。鸡尾酒会一般不设座,只准备临时酒吧,在餐厅四周设小圆桌,桌上放置餐巾纸、烟盅、牙签等物品。

1. 准备工作

根据宴会通知单的具体要求和场地特点,安排台型、桌椅,准备所需的各种设备,如致辞台、立式麦克风、横幅等。准备工作主要包括掌握情况、人员分工及酒吧、餐桌、自助餐台布置布局等。

酒吧台要准备:

(1)参加人数的3倍数量的酒杯,其中必须包括红葡萄酒杯、白葡萄酒杯、白兰地杯、果汁杯、啤酒杯、高杯(海波杯)、利口杯、雪莉杯、鸡尾酒杯等。

(2)准备各种规定的酒水、冰块、调酒用具,清点和记录所备酒水的数量,酒会开始前还要请主人清点,清点结果记录在酒会领料单上。

自助餐台要准备:

(1)足够数量的餐盘、刀叉,并陈列于餐台的一端或两端。

(2)餐台中间陈列小吃、菜肴。

(3)规格高的鸡尾酒会还准备肉车为宾客切割牛柳、火腿等。陈列要整齐、美观,方便宾客取用。

餐桌餐椅的准备:

(1)在餐厅或场地四周摆放小圆桌。

(2)桌上摆放花瓶、餐巾纸、烟盅、牙签盒等物品。

(3)靠墙或在适当位置放少量椅子。餐桌餐椅的摆放布局要与酒水台、自助餐台相辅相成,整体美观和谐、使用方便。

鸡尾酒会还常用刻上主办单位及其产品或标识的冰雕作为装饰,突出主办方的意思。

进行人员分工时,要根据酒会的规模配备人员,一般 10~15 位宾客配备 1 名服务员;调制鸡尾酒、托送酒水、自助餐台、绕场服务菜点和切割烤肉分别由专人服务。

2. 服务工作

鸡尾酒会进行中的服务工作主要包括酒水服务、菜肴服务和吧台服务。

(1)酒水服务:服务员用托盘托送斟好酒的杯子,始终在宾客中穿梭巡回,由宾客自行选用或另点鸡尾酒。服务员还负责回收空杯、空盘,重新布置小桌。

(2)菜肴服务:服务员要保证数量足够的餐具;介绍菜点并帮助宾客取食;添加点心、菜肴;必要时用托盘托送绕场服务类菜点;负责清理小桌上的空盘及脏物等。

(3)吧台服务:酒吧服务员应根据酒会进行的情况安排各项工作,如补充酒杯、清理吧台、协助酒水服务员装盘等;按照标准保证酒水供应;协助调酒师做好鸡尾酒的供应工作;协助其他酒吧的工作。

始终保持鸡尾酒会的场地整洁也很重要。

3. 结束工作

鸡尾酒会的结束工作也包括结账、送客、清台、整理餐厅等内容,但由于鸡尾酒会的标准餐有时不含酒水,因此在结账时要注意:

(1)若主办单位要求宾客可随意点用酒水而由服务员计账,最后由主办单位一次付清,则服务员在为宾客点酒时要及时准确记录,酒会结束时还需请主人再次清点剩余的酒水数量,以确定酒水的实际使用数量,清点结果记录在酒会退料表上,然后据实结账。

(2)若主办单位只负责酒会标准餐内的酒水,而超出标准餐的酒水由宾客自付,那么,宾客另点酒水时,服务员务必告知宾客须自行付款,宾客认可后才立即开单、取酒、服务并及时结账。

四、其他大型活动的运转管理

(一)会议服务

近年来,由于境外商务、公务旅游客源的持续稳定增长,各种贸易洽谈、国际展览、国际会议持续不断,会议份额不断增长。据国际大会和会议协会(ICCA)统计,每年全世界举办的参加国超过 4 个,与会外宾人数超过 50 人的各种国际会议有 49 万个,会议总开销超过 2800 亿美元。为了从庞大的会议市场中分得"一杯羹",我国不少地方政府都把会展经济当作一个大产业来抓,如大连的国际服装节、杭州的西湖博览会、上海的 AEPC 工商领导人峰会、广州的进出口商品交易会、北京的国际会议……饭店也越来越重视会议客源,甚至把会议客源列为自己的主要目标市场去开发。

要赢得会议组织者的青睐,饭店除了要具备功能齐全的会议设备设施、便利的交通设施和条件、优美安全的店内外环境、完善的娱乐设施等条件外,严密的会议组织、优质的会议服务是必不可少的。

1. 会议前准备工作

(1)服务员要掌握会议的主办单位、参加人数、召开时间、出席对象等情况及其具体要求。

(2)根据宴会通知单(或专门的会议通知单)和主办者的要求,事先悬挂会标、横幅或条幅等。

(3)根据参加人数摆好桌椅,按规定布置好讲台、主席台,安置好麦克风,在会议厅门口处适当位置放置签到台,铺好台布,备好签到本、笔及有关资料(主办者要求需在会前分发给与会者);休息室准备好沙发、茶几、座椅、绿色植物等,并在茶几上放好烟盅。

(4)会议桌上适当放置烟盅,会议记录用文件夹、信笺和笔,每人一份,摆放整齐。若需幻灯机、录像机、黑板、电脑、投影仪等设备时,服务员要与工程部联系,一起做好准备工作。

(5)需提供饮料或茶水时,服务员应事先备好相应的杯具。一般在会议开始前将杯具摆在桌上,并在工作台备足开水。一般国际会议则是在桌上摆好冰镇饮料,如矿泉水、冰水等。

(6)会议开始前,要按会议通知单要求检查扩音设备、空调设备、照明设备,保证性能完好。

(7)派专人负责会议过程中视听设备的使用和一般维修。

(8)要有一名专职会议联络人与会议组织者保持密切联系,并向会议组织者提供饭店会议联络人的电话号码,以保证满足会议期间的额外需要。

(9)若是签字仪式,则要根据人数和订单的要求,结合会议厅的具体情况,确定签字台的大小和位置,在台上铺台呢、围台裙,摆相应的笔墨;摆放相应数量的座椅;台后要留出适当的空间;必要时要按照国际惯例在签字台后的墙面挂国旗;在会议厅适当位置设置酒吧,备好酒杯、托盘、餐巾纸、酒水(如香槟酒)等。

2. 入场迎宾工作

(1)服务员应站在会议室门口迎候宾客,对老年体弱者搀扶进门,帮助宾客挂好衣帽。

(2)协助宾客入座后,送上小毛巾,由一名服务员由里往外倒茶水。

(3)了解会议工作人员所坐的位置,以便有事联系。

3. 会议过程服务

(1)坚守岗位,注意观察和控制会议室的门,保持会议室周围安静,保证会议安全。

(2)若需在会议中添加茶水,则一般20~30分钟添加一次,且服务动作要轻,不能干扰会议的进行。适时送小毛巾、换烟盅。

(3)要由主人负责主席台服务。

(4)服务员若无必须马上要办的事,不能随便进出会场,要保持会场安静。

(5)会议中途休息时,要为宾客提供休息室服务,并及时整理会议室。

(6)若是签字仪式服务,一旦宾客签字完毕,服务员要立即用托盘将酒水送到所有宾客面前。主要宾客应由专人负责。祝酒服务要敏捷、稳妥、快速。待宾客干杯后,要立即用托盘将空酒杯撤走。

4. 会议结束工作

(1)会议结束时要及时打开会议室的门,在门口欢送宾客。

(2)向会议组织者征求意见和要求,并办理结账手续。

(3)检查会议厅内有无宾客遗留物品,若有,要立即送还或及时上交。

(4)进行安全检查,关闭电器开关。

(5)收拾会议桌,与工程部员工一起清理会场,将会议厅恢复原样。

(二)外卖服务

许多饭店为了扩大影响、提高声誉、拓展市场、增加经济效益,还为宾客提供宴会外卖服务。外卖服务(Outside Catering)是指饭店派员工到宾客驻地或指定地点为其提供宴请服务。由于外卖服务对饭店的餐饮生产技术、服务组织、设施设备、现场布置、安全保卫等工作都提出了更高的要求,因此其宴会收费较高,一般是宴会价格加上25%的服务费(在饭店内的服务费一般为15%)。不同形式的宴会还有不同的最低人数限制和最低价位要求。常见的外卖服务形式有冷餐酒会、鸡尾酒会、中西餐宴会等。

我国的宴会外卖服务起源于宋代,当时的餐饮市场上出现了专门料理有关筵席、婚丧庆吊饮食的组织——"四司六局"。其四司为账设司、厨司、茶酒司和台盘司;六局为果子局、蜜煎局、菜蔬局、油烛局、香药局和排办局,他们分工合作,任凭呼唤,承揽筵席的一切事务。到了清代,宴会外卖服务成为一些饭馆的经营项目,称为"出堂服务",即派厨师出堂,上门为客人操办筵席。现在各地都有上门提供餐饮服务的职业厨师,饭店也纷纷推出此项餐饮服务。

1. 外卖服务的一般程序

(1)接受预订

因准备工作较多,饭店一般需要客户至少提前2~3周和饭店联系宴会外卖服务。宴会预订员受理宴会外卖服务的预订时,态度要积极,应详细了解宴会举办地点的情况和宾客的具体要求,并陪同客户亲临现场调查,判断可行性,确定设计方案,填写"宴会外卖预订单",签订"宴会合同书"。

北京王府饭店宴会部副经理叶琳说:"在与客户确认了宴会地点和宴会时间

以后,我们要陪同客户到现场勘探一番:服务区设在哪里,每张桌子的位置,灯光条件,菜单上是否允许提供热菜,周围是否有噪音干扰,是否有其他游人打扰,客人进入宴会场所的道路是否清洁,是否需要另外运来干净的卫生间等等,都要一一落实。"

(2)组织准备工作

◆厨房:厨房要根据预订菜单提前准备菜肴食品,注意热菜保温、冷菜保冷,无论远近,都要保证菜肴的质量。

◆服务组织部:宴会菜单设计完成后,厨房、宴会服务部等应开列本次宴会外卖所需的一切设施设备、家具、餐具、用具等物品的明细清单(包括所有用具、用品的名称、规格、数量、准备者、检查者和使用日期),并按规定领用或准备。宴请活动当天,派人提前到达宾客驻地或指定地点布置场地。若宾客选择的宴会举办地点为露天或郊外,应事先与当地保安部门联系,确保宾客安全和活动正常进行。

◆交通:车队应根据宴会外卖通知单准备足够的车辆运送家具、物品、菜肴、酒水及人员到现场工作,要求准时、安全。必要时租用搬家公司车辆搬运家具、物品。

◆人员分工:合理安排人员,明确分工,明确任务和职责,人员精干、工作效率高,并保证不低于店内的服务质量。

(3)宴请服务

◆全体工作人员应提前到达驻地,做好一切准备工作。

◆根据宴请活动的形式,按规范为宾客提供尽善尽美的服务。

◆宴会外卖的管理人员应始终在现场组织、指挥、检查和控制服务质量,督导工作,及时处理突发事件,保证宴请活动的顺利进行。

(4)结账收尾工作

◆宴会外卖的管理者在宴会结束后,立即核算出总账单,并请主办者按预订的付款方式结账。

◆全体参与宴会外卖活动的人员应通力合作,以最快的速度收拾现场所有的饭店用具,并将其分类清点,保证用品一件不少。如有损耗,需及时填写损耗报告单并写明原因。

◆回到饭店后,应将物品送交宴会部,脏餐具送至洗碗间,布草送洗衣房,其他物品送归原处。

2. 外卖服务注意事项

◆宴会外卖时间一般选在春、夏、秋三季,选择天气晴朗的日子。

◆晚宴要提供所有灯光布置服务,并由电工专门负责。

◆菜品一般以不易变质的食品原料及菜式为主,如生蚝或生鱼片等就不太适合在夏季采用。

◆有专门的人员负责安全保卫。

◆宴请现场须安排医护人员。
◆服务水准要保证不低于店内举行的宴会。
◆宴会结束后要将举办场地恢复原样,不损坏任何原物,不留下任何垃圾。

案例 7-6

北京长城饭店曾在白洋淀温泉城为宾客提供宴会外卖服务,宾客有上千位。饭店开着冷藏车、保温车、大卡车、大客车运送食品饮料及各种物品,出动了宴会服务员、酒吧服务员、电工、保卫员、医务人员。运送到白洋淀的食品饮料及物品数量为:各种肉类1290千克,蔬菜500千克,鸡蛋150千克,水果150千克,各式蛋糕4000个,饮料13种共120箱(2800多听瓶),餐具共8040多套,显示了饭店宴会部的实力。

本章小结

与零点餐厅相比,由于宴会部有诸多优势,饭店管理者越来越重视宴会服务与管理。他们重视宴会营销,精心设计宴会产品,重视丰富宴会文化内涵,挖掘古菜谱,不断推陈出新,迎合大众对宴会文化性、节俭性、营养性、特色性及大众性的需求趋势。他们针对不同的客源采取不同的推销策略,注重宴会销售全过程的系统管理,他们深知"赢得新客户所花的成本远高于保持老客户所花的成本"的事实,从而非常注重建立与客户的长期友好合作关系。他们建立针对不同宴会的一整套系统完善、详尽细致的宴会管理制度、宴会服务程序和标准以及宴会应急措施,并用于宴会服务与管理各项工作中。他们不仅尽可能满足客户的各种需求,还重视引导大众的宴会消费观念,引导饮食文化,提升宴会品质。在菜肴品种方面,他们不断创新,或粗料精制,或以茶、百花入馔,提供绿色食品、健康食品、美容食品等,极大地丰富了饮食市场。在服务方面,他们依据既定的程序和标准,并集思广益,不断改进,并充分发挥一线员工的创造性,为每位参宴宾客提供适时、适地、合情、合景的服务,力求使每一位宾客都满意。

思考与练习

1. 宴会在餐饮经营中有何重要作用?宴会经营和零点餐厅经营有何不同?
2. 如何针对宴会的不同类型进行产品设计?
3. 宴会台型设计有哪些种类?试以中餐和西餐正式宴会为例,谈谈进行台型设计时须注意哪些问题?并分别绘出5种台型设计图。
4. 宴会预订前应做好哪些准备工作?预订人员应如何受理预订?怎样才算是一名优秀的宴会预订员?

5. 宴会服务组织准备工作包括哪些内容？做好准备工作对宴会的圆满举行有何意义？

6. 简述中餐宴会、西餐宴会、冷餐酒会、鸡尾酒会服务程序的异同。

7. 宴会外卖与店内宴会有何区别？进行宴会外卖时还要注意些什么？

8. 如何成功举办一次大型会议？

9. 在进行宴会产品设计时，应统筹兼顾哪些方面问题？

10. 若本章案例 7-2、7-4 发生在你所在的饭店，作为宴会厅经理的你将吸取哪些经验教训、采取哪些措施以避免发生类似事件？

11. 某饭店将在 6 月 25 日承办某高校为 2500 名毕业生举行的晚宴，人均消费 50 元。你刚好是该饭店的宴会部经理，你将怎样设计这次宴会？怎样组织这次宴会服务？宴会服务过程中要特别注意什么问题？

第 8 章

餐饮服务管理

课前导读

　　本章我们所要学习的餐饮服务管理,主要包括餐饮服务软、硬环境氛围的设定,餐饮服务方式的选用和确定,餐饮服务质量管理的概念、特点、内容及提高服务质量的主要措施。这些基本知识和原理,是我们从事餐饮服务工作,尤其是餐饮经营管理工作必须熟悉和掌握的知识。

教学目标

- 了解餐饮服务环境、餐饮服务质量等概念
- 懂得餐饮服务环境设定对餐饮经营的影响
- 掌握餐饮服务软、硬环境设定内容
- 掌握中、西式服务方式及选用
- 掌握餐饮服务质量管理的内容和措施

第一节　餐饮服务环境的设定

　　餐饮服务环境即就餐环境,是指餐饮企业向顾客提供服务的场所及其周边环境。它一方面包括了餐厅建筑物及其设备设施构成的餐饮服务的硬环境,具体包括餐厅所处的周边环境、餐厅内外装修及装潢,内部营业厅及相关物品等凡是餐饮服务所应具备的设备设施;另一方面还包括了许多无形的要素,即通过服务所营造的具有一定氛围的餐饮服务软环境,具体包括餐饮企业的人际环境、文化环境及清洁卫生环境等。餐饮服务环境是影响服务质量的重要因素,无论是硬环境还是软环境,都要烘托出一种就餐的气氛,以便突出餐厅的宗旨和特色,招徕宾客。

一、餐饮服务硬环境气氛的设定

　　餐饮服务硬环境气氛是通过餐饮场所的位置、外观、景致、内部装潢设计格局、空间处理、家具陈设及温湿控制设备等方面的设计而营造出来的。

（一）门面装修与周边环境

　　餐饮企业的门面装修包括建筑物外观、名称和招牌等。通过门面装修外部装

潢应使顾客对餐饮企业的档次形成初步印象。周边环境也是餐饮服务内涵的组成部分,其好坏不仅会影响企业对顾客吸引力的大小,而且会影响餐饮企业的形象。

1. 建筑物外观设计

人们在有意或无意之间习惯于感受餐厅或酒吧的建筑外观,并由此产生联想,泛化到其内部的品质。餐饮企业店面装饰的实质就是为企业做宣传广告。对于第一次认识某餐饮企业的顾客来说,吸引顾客的地方是其外形设计和门面装饰。外观设计首先要与周围环境和谐统一,融为一体,形成舒适谐调、相得益彰的建筑气氛。其次,建筑物的外观应与餐饮企业的档次一致,以使顾客对服务质量形成合理的期望值。例如:东方宾馆的东方轩餐厅入口处是中国古典式拱门,向顾客表明这是一个中餐厅,大门两旁的仿古董瓷器和门口的精美壁画则向顾客暗示这是一个高档餐厅。第三,根据餐饮企业经营内容、形式和特色确定外观装饰的表现形式。第四,注意地区特色、民族特色,同时还应有时代感。

2. 招牌制作

制作餐饮企业招牌应把企业的名称、标志、标准色及其组合与周围环境尤其是建筑物风格有机地结合起来。招牌是十分重要的宣传工具,在外部装潢上往往起到画龙点睛的作用。企业标志要突出企业形象、企业特征,使其与企业的经营观念、企业行为等有机结合起来。

如哪里有肯德基哪里就有"白胡子老头像",再如:无论在纽约还是在中国的大中城市,随处可见被称为"金色拱顶"的麦当劳快餐店的霓虹灯招牌。标志招牌等作为导向要大而醒目,夜晚要有灯光照明。

3. 周边环境

周边环境是不易引起人们重视的背景条件,但是,一旦周围环境不具备或令人不快,马上会引起人们的注意。比如,顾客一般不会选择在杂乱无章的拆迁区,房屋脏乱、外墙皮剥落的建筑群中去就餐。再如:餐厅如果靠近垃圾集中转运地,其周围蚊蝇乱飞,即使内部装潢再高档、再豪华,顾客也会对污蚀环境产生反感……所以,设置餐饮经营场所,应选择周边建筑物整齐、新颖、别致、洁净、绿化好,同时,要能突出餐厅的可见度。餐厅出入门面应与交通便捷处相连,要设有与服务接待能力相当的泊车场。

(二)餐厅室内设计与装潢

1. 室内设计与装潢

餐厅室内的设计与装潢包括水平界面的地面、顶棚和垂直界面的墙面,使水平与垂直面组成有机整体。

①顶棚(又称天棚、天花板)。是室内空间的重要组成部分,其装潢最富有变化、引人注目。装饰天棚要注意:首先要与人的心理需求和环境感受相协调,使人感到轻松舒适。要求高度合理,色调、明暗、质地、形式等遵循上轻下重的原则;装

修材料和装饰品的使用应充分考虑其光学、声学、热学及消防安全等方面的因素；装修装饰应简约明快，整体和局部相结合，不得破坏建筑物固有的电线以及空调、通风、消防等线路和管道。

餐厅顶棚装修和装饰的常见方法有：平整式、凹凸式、悬吊式、井格式、结构式和透明玻璃顶等。此外，还可在顶棚装饰一些不影响格调和照明的帷幔、气球、彩带等装饰物品。

②餐厅内墙。墙面是室内空间界面竖直方向的面，和人的视线垂直，是人眼和人体最易接触的部位。没有经过装饰的墙面会令人产生不协调之感，被现代心理学家称为"空白的恐怖"。装修的总体要求是坚固耐用，易于清洁、防火防潮、隔热保温、隔音、采光等。装修方式上可采用乳胶漆、酪素涂料等涂刷或用墙纸、墙布、皮革、丝绒、大理石、面砖等材料贴面。在装饰方面通常采用假墙、假柱、假窗，或绘制壁画、布置背景、挂饰绘画书法作品等。

③餐厅地面。餐厅、酒吧地面常见的形式有地毯或木质、大理石、花岗岩、面砖等地面。在装修时，所选用的装修材料、质感和图案等应与整个环境相协调，并与顶棚、墙面和家具、艺术装饰品等相呼应。地面装修要注意防火防潮、防滑隔音、保温。

总之，进行室内设计与装潢要严把功能的实用性、投入的经济性和审美的情趣性等原则，兼顾环境意识、整体意识和个性化的原则。

2. 餐厅的色彩设计

当客人进入餐厅，首先进入视野的是具有很强表现力的色彩，无论是餐厅空间的总体色调或是色彩的组合，要给人以舒适、和谐、完美的感觉。餐厅色彩包括墙面、地面、天棚、桌椅、装饰灯光以及餐具的色彩，这些色彩的整体组合对餐饮经营效果具有十分重要的影响。

色彩是营造餐饮场所活动气氛的重要因素，不同的色彩对客人的心理和行为有着不同的影响。红、橙、黄色使人联想起阳光、火焰，给人以温暖的感觉，表现出热情奔放，因此多用于寒带地区的餐厅或一般地区餐厅的冬季装饰色；绿色、蓝色使人联想到大海、天空，给人以宽广、自由之感。而白色，使人联想起冰天雪地，给人以冷清感。绿色、蓝色、白色等冷色调，多用于热带地区餐饮场所的装饰，其效果较好。

在确定餐厅装饰色彩和色调时，一定要知道餐饮场所的经营功能和所要表达的餐饮气氛，同时要尊重习俗，注意民族忌讳。如：日本人忌讳绿色，而欧美人则把黑、白色作为高贵的象征。

3. 光线

光线系统决定餐厅的格调。餐厅使用的光线有两大类，即自然光和照明灯光，照明灯光又分为三类：基本照明、特别照明和装饰照明。不同光线有不同的作用，不同类型的餐饮场所,需要不同效果和方式的光线照明设计。

①基本照明。是指在天花板、墙壁、柱子等适当位置上配置的以照明光为主的照明设备,如烛光、白炽灯和日光灯等。它不仅可以弥补店内自然光线的不足,而且还可以起到调节环境、烘托气氛的作用。如以红色、橙色为主的白炽灯,能使菜肴产生愈加新鲜的效果,使宾客食欲大振。

②特别照明。它是为补充、加强餐厅某一区域的光源而特别设置的照明设备,如餐厅的演歌台和食品展示柜等。这种照明是餐厅制造特别气氛必不可少的照明设备。特别照明的配置往往作为定向光源直接照射特定区域,不仅有助于顾客观看和欣赏,而且满足顾客选择、比较的心理需求。

③装饰照明。主要用于餐厅门面及特定区域的灯光装饰,多采用彩灯、霓虹灯、落地射灯。通过运用装饰灯光线的虚实、控制的范围、照明的角度和方向,利用灯具本身的质感、造型、陈设排列及营造光线的秩序、节奏,予以强化餐厅室内外环境的整体风格,突出环境氛围。如万圣节餐饮活动,西餐厅可以布置怪异的鬼脸南瓜灯。

总之,光线照明的设计应做到实用性、技术性和艺术性的完美结合,光线的强弱以明亮而不耀眼、柔和而不昏暗为主。

4. 温度、湿度、气味和音响

①温度。顾客因职业、性别、年龄不同而对餐厅的温度有不同的要求。通常,妇女喜欢的温度略高于男性;孩子所选择的温度低于成人。人们在不同的季节对温度又有不同的要求,夏天要凉爽,冬天要温暖。因此,餐厅要注意调控温度,一般冬、春季的温度应保持在18℃~20℃;夏、秋季的温度保持在22℃~24℃。餐饮场所的温度控制,能影响宾客的就餐时间和消费水平。

②湿度。是指餐饮空间中的含水量,过干、过湿都会使宾客坐立不安,产生烦躁。只有适当的湿度,才能符合人体生理要求,才能给顾客一个轻松舒适的空间,减缓客人的流动。

③气味。顾客对气味的记忆要比视觉和听觉记忆更加深刻。因此,餐厅应突出菜香、酒香,控制和消除不良气味,利用餐饮产品的馨香气味来达到营造良好就餐气氛的效果。

④音响。是指餐厅里的噪音和背景音乐。噪音主要来自户外的嘈杂声、顾客的流动声、餐具的碰击声等。这些噪音极易引起宾客烦躁,除在设计时采取必要的隔音系统外,应提倡文明操作和服务,把噪音降低到最小程度。餐厅的背景音乐以播放轻音乐为主,乐曲的音量以不影响顾客说话,又不致被噪音淹没为度。娱乐型的餐厅和酒吧,气氛活跃热烈、轻松自由,劲歌热舞声、宾客的欢笑嬉闹声、调酒师雪克壶有节奏的摇荡声等汇集在一起创造了个性化的声场氛围。

(三)餐厅空间设计布局

1. 通道设计和活动线路安排

通道是指餐厅的流动空间,包括餐厅的出入口,餐厅内宾客和员工行走的通道,餐厅和厨房的连接通道,安全消防通道等。顺畅、安全、便利是通道设计的原则。所以,通道应尽量选取直线,宽度要比服务人员工作手推车宽。对于消防通道,不但要求顺畅、便于疏通,而且要有醒目的安全通道标志。

餐厅活动线路是指宾客、员工、菜点饮品和服务设备等在餐饮空间的流向和路线。宾客的活动线路应以从餐厅大门到座位之间的通道畅通无阻为基本要求,一般采用直线通道,避免曲折和环绕。员工活动线路的安排,应针对员工餐饮服务和销售的具体特点,以提高服务效率,避免与宾客相互碰撞为基本要求。

2. 餐位的设计和安排

餐桌、餐椅的设计和安排直接影响着餐饮经营场所的气氛和餐饮营运面积的有效利用率。餐椅的类型、质感、色调和装饰,构成了餐椅的观赏性功能。性能优良、舒适的餐椅还必须符合人体所需的尺寸和标准。两个最重要的尺寸是臀部至腿弯的长度和腿弯的高度。另外,靠背的支撑必须在人体上部的着力部位。

设计配置餐台应与餐厅形状、面积、经营风格及服务方式相适应。常用的餐台形状有圆形、方形和长条形。按每位宾客进餐时所占的圆弧弦长,圆形餐台可分为弦长 60 厘米的一般型、弦长 70 厘米的舒适型、弦长 85 厘米的豪华型。方形餐台常用于西餐厅、咖啡厅和酒吧,供 2~4 人就餐使用。长条形餐台用途广泛,不仅被西餐厅广泛采用,同时也可作为会议、自助餐台型设计组合的基本台型,并可临时布置成工作台使用。

餐台和餐椅之间的距离一是在餐椅椅面和餐台台面之间,应给予大腿部的活动留有足够的空间;二是用餐过程中餐椅相对于餐台的不同位置移动,在餐位布局时必须留有足够的空间。餐厅坐席的配置通常有纵形、横形、纵横混合形、异形等。

3. 餐饮娱乐区设计

娱乐与餐饮经营相结合不仅具有悠久的历史,而且越来越受到人们的青睐。在我国,这种形式可追溯到唐代。唐玄宗喜爱音乐,吃饭多用歌舞助兴。民间引用这种形式为食客助兴,形成了一种休闲餐饮形式。在西方,这种餐娱结合的形式至少也有几百年的历史,到 1959 年美国一餐饮企业将剧场搬进餐厅,形成餐饮剧场,客人品尝可口食品的同时欣赏美妙的歌舞表演,该餐饮企业的收入直线上升。现在,娱乐形式与餐饮经营相结合的方式较多,常见的有:小型乐队演奏、民乐演奏、歌舞表演、时装表演、卡拉 OK 等等。在条件许可的餐厅设立娱乐区是促进餐饮销售的有效举措。

设计娱乐区要考虑下列因素:首先,娱乐形式要同餐厅的经营风格、环境布置及目标客源一致;其次,娱乐形式与餐厅的硬件设施相配套;第三,娱乐形式与餐饮经营要平衡发展,即处理好两者关系,要以娱乐带动餐饮,娱乐与餐饮结合的最终目的是带动餐饮经营,创造经济效益。

二、餐饮服务软环境氛围的设定

餐饮服务软环境氛围包括餐饮企业所营造的和谐、友好的人际环境;舒适、雅致、美观的文化环境和洁净、令人心情舒畅的清洁卫生环境。好的软环境氛围会让员工感到工作愉快、精神饱满,会使顾客觉得在此就餐是物质和精神的双重享受。

(一)餐饮服务的人际环境

餐饮企业的服务环境是由企业的管理人员、服务人员和客人之间的相互关系所构成的。营造友好、和谐、理解、互助、协调的就餐氛围是餐饮经营的保证,是企业获得良好经济效益的基础。餐饮企业的管理,传统管理是以物为中心,忽视对人的心理和行为规律的研究;现代管理则以人为中心,研究人的心理和行为的规律,根据人们的个性特征和兴趣合理安排工作,用激励的方法,激发他们的积极性,形成内在的动力。优质服务需要由管理者对员工亲切、关心的微笑,转化为员工对顾客真诚、热情的微笑。有了服务员工的愉快,才会有顾客的愉快。管理者既要尊重顾客,也要尊重员工,设法使员工、顾客觉得在本企业工作或当本餐厅的顾客是一种骄傲。

管理人员不能把员工单纯看成是餐饮企业的服务员,他们更重要的是餐饮产品的销售员。服务员要建立、培养、加强与顾客的关系,在提供优质服务的过程中赢得顾客的信任。其实,许多顾客都希望成为向其提供服务的企业的"关系顾客"。顾客希望得到最亲切的关怀,渴望与服务提供者的关系更加亲密,更加私人化。为顾客服务,就是要从顾客的要求出发,把他们的意向反映到生产和销售服务上来。

顾客也是餐饮生产活动的参与者。首先,由于餐饮企业生产与消费的同时性的特点决定了顾客与生产过程是分不开的,即生产与顾客消费的接近关系;其次,由于顾客能频繁地接触餐厅,这种高度的互动关系由于顾客的参与而营造了餐厅的气氛,同时也对需求时间及服务发挥相当大的影响力;第三,顾客与顾客之间的关系及消费倾向,也能对其他人的消费行为产生影响。尤其是在消费过程中,顾客与顾客之间的互动影响很大,如某顾客所点的菜、饮料都可能受到其他客人的影响。

(二)餐饮企业的文化环境

餐饮企业文化是一种企业范围的意识现象。文化环境体现着餐饮企业经营的特色,是餐饮环境氛围的升华,是餐饮档次提高的主要依据。如何能使顾客在享受美味的同时,感受到餐厅特有的饮食文化氛围,这是每一个餐饮经营者都应认真思考的问题。餐饮企业所能满足顾客的不是简单的物质产品,而是享受性产品,客人的要求更大程度上不是物质上的,而是心理上的。这种享受性的产品发展到高层次就是文化性,也就是我们常说的"企业气息"。有的餐饮企业造价很高,装修很豪华,但进去感觉像个食堂,这里就有一个文化性的问题。

餐厅的建筑造型、功能布局、设计装饰、环境烘托、灯饰小品等有形气氛的设计,应选择一定的文化主题,才能真正体现、渲染热烈的进餐气氛,创造一种店景文化。不同主题的餐厅在装潢设计、布置装饰时的侧重点不同,必须认真分析研究其菜点饮品、服务方式、气氛营造这三个方面的主次地位,从而决定餐饮场所的装潢设计方法、内容和形式。

如北京硬石餐厅,高敞的天棚上是一幅巨大的圆形穹顶壁画,内容是古今乐人站在北京名胜前高歌作乐,与餐厅音乐的主题相融在一起。整个餐厅的设计装潢给人一种大剧院式的氛围,其服务员身着印有 Hard Rock café 标志的 T 恤和牛仔裤,极有青春气息。文化主题内容广泛,涉及不同时期、国家和地域的历史人物、文化艺术、风土人情、宗教信仰、生活方式等。

饮食产品本身就具有文化内涵。从菜品来讲,它的起源、烹制、风味都有一定的文化背景。餐饮经营者可以通过对这些菜品文化背景的研究,结合史料记载,运用现代烹饪技术推出具有民族特色或异国风情的丰富多样的菜品。同时,把各类"文化菜肴"适时地讲解给用餐顾客,让客人了解菜品的文化价值,使客人在物质和精神上都得到满足。

(三)清洁、卫生环境

餐饮服务首先要保证饮食卫生,包括环境卫生、菜肴卫生、服务人员衣着和个人卫生等。

清洁卫生是顾客外出用餐的基本期望,也是餐企业竞争的焦点。美国饭店协会对外出就餐顾客进行的调查表明,顾客对餐饮企业各种服务的重要性认识中,不论是哪一类型的餐饮企业,清洁和饭菜的质量是人们最关心的因素。一个餐饮企业的经营者不注意卫生管理方面的投资,就意味着他们拿企业的命运和公众的生命开玩笑。实际上,现代餐饮业中凡经营成功的企业在卫生管理方面都进行了较大投入,并十分重视在餐饮操作和服务过程中的卫生管理。比如,餐饮场所的洗手间如果干净整洁,备有香皂和小毛巾,而且放有绿化植物,以及抒情的背景音乐,使人方便之余顿感心旷神怡。明亮的镜子、干净的垃圾桶、别致的香皂、化妆纸等细腻的安排,将会使顾客感到该店的"服务周到"。

第二节 餐饮服务方式的选用和确定

常见的餐厅服务方式有两大类,即中餐服务和西餐服务,每一大类中又包含了不同的服务方式。下面进行具体介绍。

一、常用中餐服务方式

中国饮食文化所包含的不仅仅是与西餐迥异的珍馐佳肴,它更是反映了中华民族传统文化特色和特有的礼仪风情、款客之道。中餐在历史发展过程中,形成了自己独特的服务方式。常见的有:共餐式服务、转盘式服务和分餐式服务。

(一)共餐式服务

共餐式就餐方式是指就餐者围坐餐桌,用自己的筷子或用公筷、公匙到菜盘(盆)中夹取自己喜爱的菜肴。适用于中餐零点服务。

共餐式服务要点:

1. 摆台:根据用餐人数和餐桌大小,摆放餐位餐具的同时,另摆放1~2副(个)公筷(公匙)。

2. 问位开茶。

3. 上菜。服务员应选择适当的位置上菜、报菜名。对某些特色菜,服务员要介绍菜肴特色及食用注意事项。摆放菜肴时,注意荤素和颜色的交叉搭配。若菜肴颜色、味型反差明显,应更换公筷、公匙以免因使用同一餐具而串味串色。

4. 整鸡、整鸭、整鱼等菜肴,应协助客人分切成易于筷子夹取的形状。

5. 台面上的菜肴放不下时,应征求客人意见,对台面进行整理,撤并剩菜不多的盘子,切勿将菜盘叠架起来。

6. 注意随时为客人斟茶、添酒,更换烟缸或骨碟。

7. 所有菜肴上完后应告诉客人,最后祝客人用餐愉快。

(二)转盘式服务

转盘式是在一个大圆桌面上安放一个直径为90厘米左右的转盘,将菜肴放置在转盘上,供就餐者夹取的就餐服务形式。

转盘式服务是一种普遍使用的餐桌服务方式,适用于大圆台的多人用餐服务。其服务方法和程序是:

1. **摆台**

①铺上与餐桌大小适宜的台布;

②将转盘的圆形滑轨放在桌面中央,然后把干净的转盘放在上面,检查转盘是否旋转灵活。

③根据转盘式便餐或宴会的要求摆台。

2. **转盘式便餐服务**(与共餐式服务要求基本一致)

3. **转盘式宴会服务**

①宾客被迎宾员引到席前时,值台员面带微笑,拉椅帮助客人入座。待客人坐定后,帮助宾客落餐巾、松筷套。

②在适当位置上菜。为客人斟酒、分菜。

③席间要勤巡视、勤斟酒、勤换烟缸和骨碟。

（三）分餐式服务

分餐式服务是吸收了众多西餐服务方式的优点，并与中餐服务相结合的一种服务方式，因此又称为"中餐西吃"的服务方式。主要适用于官方的、较正式的高档宴会服务。

分餐式服务又分为边桌式服务和派菜式服务两种。

1. 边桌式服务

边桌式服务是在宴会餐桌旁设一个固定的或可手推的活动服务边桌，其目的就是实施桌边分菜服务。其服务程序是：

①示菜。跑菜员将菜肴用托盘送到餐桌旁，由值台服务员将其放在餐桌上，并向客人介绍菜肴特色。

②分菜。示菜后再将菜肴放在服务边桌上，迅速分菜。做到分菜均匀、干净利落。

③两名服务员配合，一名分菜，另一名将餐桌上前一道菜用过的脏盘撤下，然后上分好菜的餐盘。从主宾开始，按顺时针方向从客人右侧将餐盘置于每位客人面前。

④将菜盘中剩余的菜肴整理好，放回到餐桌上，供就餐者需要时添加。

2. 派菜式服务

派菜式服务同西餐的俄式服务极为相似，其服务程序如下：

①上餐盘。在每位客人面前放上洁净的餐盘。

②示菜。将菜肴送上餐桌，报菜名，同时介绍菜肴特色。

③派菜。将菜肴放到铺了干净垫巾的小圆托盘上，左手托盘，右手拿服务匙或叉分菜，做到分菜迅速、干净利落、不出声响。

④派菜顺序。从客人右侧依照主宾、主人，然后按顺时针方向绕桌将菜肴派入餐盘中。

⑤最后将剩余的菜肴整理好，放回餐桌上，供客人需要时添加。

二、常用西餐服务方式

西餐服务源于欧洲贵族家庭和王宫，现已被广泛运用于餐馆和饭店。常见的西餐服务方式有法式、俄式、美式、英式以及大陆式和自助餐服务等。这里着重介绍法、美、俄三种西餐服务方式。

（一）法式服务（French style service）

法式服务即从分餐车上为客人准备菜式的服务形式。法式服务源于欧洲贵族家庭及王室。20世纪初西查·里兹将其用于豪华饭店，故也被称为"里兹服务"。这是一种最周到、最讲礼节的服务方式，但其服务费用高、服务节奏较慢，主要适用于特色餐厅的高档西餐零点用餐。

法式服务方式由两名服务员共同为一桌宾客服务,一名为主,另一名为辅。前者主要负责接受宾客点菜,客前分割装盘或客前烹制,斟酒、上饮料、结账等工作;后者主要负责传递单据、物品、摆台、上菜、收台等工作。

法式服务技巧如下:

①法式服务事实上即是在分餐车上完成食物加工的最后一道工序,所以,做好分餐车的有关准备工作十分重要。

②把预先在厨房准备的放在分餐碟中的食物拿到客人餐桌边展示给客人看,然后拿回到分餐车上,当着客人面进行烹制表演或切割装盘。分菜时一般右手持勺,左手持叉。

③将分餐碟中的主菜放在餐碟的前部,蔬菜放在后部围着主菜。汁酱可以在分餐车上先淋在食物上,也可在餐桌上服务。

④服务员助手用右手从宾客右侧上菜、斟酒或上饮料,从宾客左侧上面包和黄油。

(二)美式服务(American Style Service)

美式服务是将在厨房内已经准备好的食物预先放在餐碟内,由服务员直接将餐碟上到餐桌上的服务形式,所以又称"盘子服务"。美式服务起源于美国的餐馆,是一种最基本、最简单快速而廉价的西餐服务方式,它要求员工有熟练的托盘技巧。

美式服务技巧如下:

①托盘。托盘的方式取决于要托碟子的个数。专业服务要求托餐时不得超过四个餐碟(传统的专业托盘通常是两个或三个餐碟的托法)。为了避免在托碟过程中烫伤手或手腕,往往将服务巾铺在左手掌及前臂上。

②右上右撤。"右上右撤"即从客人的右边上菜。用右手取餐碟上菜时,使用折叠的服务巾垫在手指与餐碟接触处,撤盘也是从客人的右边进行。现代美式服务右上右撤的规则已被世界上大多数餐厅及培训院校所采用。

③逆时针服务。一般情况下,上菜是从主人右边第一位客人开始,然后以逆时针方向依次服务,不分性别,最后服务主人。

(三)俄式服务(Russian Style Service)

俄式服务是一种优美典雅,十分讲究礼节,服务效率较高,能使每位宾客享受到体贴服务的方式。其最大特点是,使用大量的银器增添餐桌气氛。俄式服务起源于俄国沙皇宫廷及贵族,现欧洲各国的大多数豪华饭店采用这一受欢迎的服务方式。

俄式服务通常是由一名服务员为一桌宾客服务。客人点的所有菜肴均在厨房加工完成,菜肴送至餐厅时同时配上银质大浅盘(热菜配上加过温的热餐盘)。其服务技巧是：

①上空盘。上菜前，先上空餐盘。按照热菜上热盘，冷菜上冷盘的要求从客人的右侧按顺时针方向绕台将空盘摆放在就餐者面前。

②派菜。值台服务员用左手托起厨房装好菜肴的大银盘，右手拿服务叉或匙，从客人的左侧按逆时针方向分菜（这样可避免退行）。

③斟酒、上饮料和撤盘都在宾客右侧操作。

第三节　餐饮服务质量管理

一、餐饮服务质量概述

服务质量是餐饮工作的生命线。任何餐饮企业都要以服务质量求生存，以服务质量求信誉，以服务质量占市场，以服务质量赢效益。餐饮经营活动主要表现在两个方面：一是为宾客提供食品、饮料等有形产品；二是在提供上述有形产品的同时，为宾客提供面对面的餐饮服务，餐饮产品的销售过程就是服务人员的服务过程，餐饮服务与销售同步进行的特点决定了服务质量的高低直接影响着销售的好坏。

（一）服务质量的概念

服务质量，是指服务满足宾客服务需求的特性的总和。这里所指的"服务"，包含了为顾客所提供的有形产品和无形产品；而"服务需求"是指被服务者——顾客的需求，它包含了明确需求和隐含需求。"明确需求"是指行规规定的质量要求，即明确做出的规定；"隐含需求"则是指社会和宾客对服务产品的期望，指那些公认的、不言而喻的、不必做出明确规定的"需求"。总之，顾客的需求既有物质方面的，也有精神方面的，具体表现在顾客对食品饮料的价格、质量、卫生和服务等方面的需求上。

（二）餐饮服务质量的特点

餐饮服务从整体上讲是有形的实物产品和无形的服务活动，服务活动在一定时空条件下构成了一个集合体。它能够向宾客提供某种使用价值或满足客人的某种需求，并着重满足客人实物产品基本功能外的心理与精神要求。

由于餐饮业在经营上的特殊性，所以餐饮服务质量具有以下几个特点：

1. **综合性**

餐饮服务是一个精细复杂的过程，而服务质量则是餐饮管理水平的综合反映。餐饮服务质量有赖于各项餐饮计划、业务控制、设备维修与保养、物资供应、劳动组合、餐饮服务人员的素质、财务等方面的保证与协同配合。

2. 短暂性

餐饮服务中的大部分饮品、食品是现生产、现销售,生产与消费几乎同时进行。短暂的时间限制对餐饮管理及餐饮工作人员的素质是一个考验,能否在短暂的时限内很好地完成一系列工作任务,也是对服务质量的一种检验。

3. 关联性

从饮食产品生产的后台服务到为宾客提供餐饮产品的前台服务有许多环节,而每个环节的好坏关系到服务质量的优劣。在这许多工序中所有工作人员只有通力合作、协调配合并充分发挥集体的才智与力量,才能够保证实现优质服务。

4. 一致性

一致性是指餐饮服务质量与餐饮产品质量应一致。质量标准是通过制定服务规程这个形式来表现的,因此服务标准和服务质量是一致的。即产品质量、规格标准、产品价格与服务态度、服务技巧、服务效率均保持一致。

二、餐饮服务质量管理的内容

(一)对客服务质量的基本要求

1. 端庄的仪容仪表、文明礼貌的服务

仪容仪表是指人的外在形象,包括人的姿态、表情、衣着和修饰等方面的内容。优雅的表情,得体的动作与姿态,恰当的衣着、装扮,这些不仅反映了服务人员的修养和内在品德,也体现了饭店的精神面貌,是餐饮服务质量的外在表现。

文明礼貌的服务体现了餐饮的时代风格,是服务质量的展现和特征。礼貌是人与人之间在接触交往中相互表示敬重和友好的行为规范,是指人们待人处事时的容貌、表情、言语、动作谦恭的具体表现。礼节则是指人们在日常生活和交际场合中,相互问候、致意、祝愿、慰问以及给予必要的协助与照料的惯用形式,是礼貌的具体表现。要求餐厅服务应做到:仪表端庄、仪容整洁、面带微笑、亲切和谐、着装统一、举止大方、彬彬有礼、尊重客人,服务用语要体现服务员的良好服务意识与文化修养。

2. 主动热情的服务态度

良好的服务态度是服务工作的基础。餐饮的销售过程从迎客到开餐,直至送走宾客,自始至终一直伴随着服务员的服务性劳动。服务员在为客人提供劳动性服务的过程中,同时承担着推销餐饮产品的职责。因此,服务员要用良好的服务态度去取得顾客的信任与好感,建立起友善的关系。这就必须有主动热情的服务态度,才能表现出耐心、周到的服务和精心细致的操作。餐饮服务中对客人所特有的主观意向和心理状态,反映着行业所需要的尊重客人,诚挚友好的潜在意识,并通过提供的服务表现出来。这是提高餐厅服务质量的基础,也是"宾客至上"经营宗旨的体现,更是餐厅服务质量水平的外在表现。良好的服务态度取决于服务员是

否有主动性、积极性和主人翁责任感。

3. 熟练的服务技能

服务技能、技巧是服务水平的基本保证和重要标志。如果服务人员没有过硬的基本功,服务技能水平不高,那么,即使服务态度再好、微笑得再甜美,顾客也会礼貌地加以拒绝,更谈不上有优质的服务了。因此,提供具有一定标准的、规范的操作服务才是顾客所需要的。要针对不同岗位员工进行培训,使服务员掌握服务标准、服务程序、操作规程,并能够熟练准确地运用各种服务技能。

服务技能的掌握是一个由简单到复杂,经过长期磨练逐步完善的过程。

4. 快捷的服务效率

服务效率是服务工作的时间观念,是服务员为顾客提供某种服务的时限。它不但反映了服务水平,而且反映了管理水平和服务员的素质。

对消费心理的统计表明,对就餐顾客来说,等候是最感到头痛的事情。所以,为确保服务效率,餐饮经营管理者必须对菜肴烹制时间、规程,"翻台"作业时间,顾客候餐时间等作出明确的规定,并纳入服务规程中,作为员工培训的指南和操作的标准。减少客人的候餐时间,相应地也就提高了餐厅座位的周转率,从而达到客主双方满意的效果。

5. 清洁卫生

餐饮部门的清洁卫生管理既是服务质量管理的重要内容,也是宾客选择就餐场所的重要因素。这里所指的清洁卫生包括餐厅环境卫生、服务人员的个人卫生及厨房操作卫生。对于餐厅内外环境、微小气候、各服务岗位和服务员个人卫生等应该制定卫生标准和达标要求,并认真实施和监督,使清洁卫生工作做到制度化、标准化和经常化。

(二)餐饮服务质量控制

1. 控制的基础

要进行有效的餐饮服务质量控制,必须具备三个基本条件:

(1)制定服务规程。服务规程是餐饮服务所应达到的规格、程序和标准。是餐饮工作人员应当遵守的准则和服务工作的内部法规。

制定服务规程时,首先,必须根据消费者生活水平和对服务需求的特点来制定;其次,要根据服务的环节和顺序,确定每个环节服务人员的动作、语言、姿态、质量、时间,以及对用具、手续、意外处理、临时措施的要求等。同时,每套规程在开始和结束处,应有与相邻服务过程互相联系、相互衔接的规定。要用服务规程来统一各项服务工作,以达到服务质量的标准化、服务过程的程序化和服务方式的规范化。

(2)收集质量信息。餐饮管理人员应该知道服务的结果并进行评估,即宾客对餐饮服务是否满意,有何意见和建议,从而采取改进服务、提高质量的措施。同时,通过巡视、定量抽查、统计报表、听取顾客意见等方式广泛收集服务质量信息,以便更加明确服务的目标和制定科学合理的服务规程。

(3)员工培训与激励。企业之间竞争的实质是人才的竞争和员工素质的竞争。当企业员工的素质下降,多数人会把原因归咎于不景气的"大环境"。实际不然,饭店应该通过良好的训练和有效的激励机制,发挥出人的潜能性、积极性和创造性,这样才能不断提高员工素质。没有经过良好培训的员工很难提供高质量的服务,同样,即使经过良好训练的员工,如果没有必要的精神激励和适当的物质刺激,也很难保证有工作积极性和主动性。餐饮企业要通过培训,不断提高员工业务技术、丰富业务知识,通过建立有效的激励机制,使员工奋发向上,把提高自身的素质变为自觉的行为。

2. 控制方法

根据餐饮服务的三个阶段——准备阶段、执行阶段和结束阶段,餐饮服务质量的控制按时间顺序相应地分为预先控制、现场控制和反馈控制三个阶段。

(1)预先控制——第一阶段。所谓预先控制,就是为使服务结果达到预定的目标,在开餐前所做的一切管理上的努力。预先控制的目的是防止开餐服务中所使用的各种资源在质和量上产生偏差。

预先控制的主要内容有:

①人力资源的预先控制。合理安排班次及人员数量,使服务员以饱满的热情进入工作状态。

②物资资源的预先控制。开餐前,必须按规格摆放好餐台,准备餐车、托盘、菜单、点菜单、开瓶工具及工作车小物件等。另外,还必须备足相当数量的"翻台"用品,如桌布、餐巾、餐纸、刀叉、火柴、牙签、烟灰缸等物品。

③卫生质量的预先控制。开餐前半小时从墙、天花板、灯具、通风口、地毯到餐具、转台、台料、台布、餐椅、餐台摆设等餐厅卫生做最后一遍检查。若发现有不符合要求之处,迅速返工。

(2)现场控制——第二阶段。现场控制是指监督现场正在进行的餐饮服务,使其程序化、规范化,并迅速妥善地处理意外事件。

餐饮服务质量现场控制的主要内容涉及服务程序、上菜时机、意外事件及开餐期间的人力等方面。

①服务程序的控制。开餐期间,餐厅主管应始终在第一线监督、指挥服务员按标准程序服务,发现偏差,及时纠正。

②上菜时机的控制。按照菜单程式,掌握好上菜时机。做到既不要宾客等候太久,也不能将所有菜肴一下全上齐。尤其是大型宴会,每道菜的上菜时机应由餐厅主管,甚至餐饮部经理亲自掌握。

③意外事件的控制。在面对面的餐饮服务过程中,经常会出现一些意外事件。

一旦引起客人不满或投诉，主管一定要迅速采取弥补措施，以防止事态扩大，影响其他宾客的用餐情绪。如果是由服务员方面原因引起的投诉，主管除向宾客道歉外，还可在菜肴饮品上给予一定的补偿。发现有醉酒或将要醉酒的宾客，应告诫服务员停止添加酒精性饮料；对已经醉酒的宾客，要设法让其早点离开，以维持餐厅的气氛。

④人力控制。开餐期间，虽然实行分区看台负责制，服务员应在固定区域服务（一般可按照每个服务员每小时能接待20名散客的工作量来安排服务区域），但是，也应根据客情变化进行再次分工。如果某一区域的宾客突然来得太多，就应从另外区域抽调员工支援，等情况正常后再将其调回原服务区域。

用餐高潮过去后，应让一部分员工先去休息，留部分人工作，到了一定时间再交换，以提高工作效率。这种方法对于营业时间长的咖啡厅特别适用。

(3) 反馈控制——第三阶段。所谓反馈控制，就是通过质量信息的反馈，找出服务工作在准备阶段和执行阶段的不足，采取措施，加强预先控制和现场控制，提高服务质量，使宾客更加满意。

质量信息反馈由内部系统和外部系统构成。内部系统是指信息来自服务员和经理等有关人员。因此，在每餐结束后，应召开简短的总结会，总结经验及教训。信息反馈的外部系统是指来自就餐宾客的信息，为了及时获得宾客的意见，餐桌上可放置宾客意见表，也可在宾客用餐后主动征求客人意见。宾客通过大堂、旅行社等反馈回来的投诉属于强反馈，应给予高度重视，保证以后不再发生类似的质量偏差。建立和健全两个信息反馈系统，餐饮服务质量才能不断提高，才能更好地满足宾客的需求。

(三) 加强质量的监督检查

1. 现场巡视与指导

餐饮经营的特点是使餐饮服务质量通过现场服务体现出来。所以，对餐饮服务质量的监督、控制，以及对提高服务质量加以指导，都要在工作现场进行。上海某饭店为部门经理配备了计步器，目的就是要他们走出办公室，深入现场。巡视工作现场已成为一种管理方式、管理风格，被称为"走动式管理"。

2. 质量监督检查

现场巡视和指导并不等于有组织地对服务质量进行检查、评估。设立质检机构，专司日常质量检查之责已越来越普遍。质检人员对员工的仪容仪表、工作状态、店规店纪的执行情况及对客服务的质量进行评价，纠正各种违反规定的做法，甚至对违纪员工进行处分。餐饮服务质量内容可以归纳为"服务规格"、"就餐环境"、"仪表内容"、"工作纪律"四个大项，将这些项目按顺序制定详细的检查表，既可作为餐厅常规管理的细则，又可以将其量化，作为餐厅之间、班组之间、个人之间进行竞赛评比、考核的依据。

三、提高餐饮服务质量的主要措施

(一)质量管理分析

对餐饮服务质量管理进行分析的目的是找出存在的质量问题,以便采取有效措施加以解决。常用的分析方法主要有 ABC 分析法、圆形百分比分析图法和因果分析图法。

1. ABC 分析法

影响餐饮服务质量的因素很多,但在诸多因素中,总有一个或几个是主要问题,其他则是次要问题。ABC 分折法就是从这些质量问题中找出主要问题的有效方法。

ABC 分析法的四个步骤:

①确定分析对象,如原始记录内容中的服务员工记录,顾客意见记录,质量检查记录,顾客投诉记录等如实反映质量问题的数据。

②根据质量问题分类画出排例图。

③通过各类问题所占比例找出主要问题。

④将分析结果总结出的问题分别采取措施加以解决。

案 例

某饭店利用调查表向宾客进行服务质量问题的意见征询,共发出 150 张表,收回 120 张,其中,反映服务态度较差的 55 张,服务员外语水平差的 36 张,餐饮菜有质量差的 24 张,饭店设备差的 4 张,失窃的 1 张。

分析以上情况,作巴雷特曲线图,如图 8 − 1。此图是一个直角坐标图,它的左纵坐标为频数,即某质量问题出现次数,用绝对数表示;右纵坐标为频率,常用百分数表示。横坐标表示影响质量的各种因素,按频数的高低从左到右依次画出长柱排列图,然后将各因素频率逐项相加并用曲线表示。

在图 8 − 1 中,累计频率在 75.8% 以内的为 A 类因素,即是亟待解决的主要质量问题。

2. 圆形百分比分析图法

例如,某餐厅在一周内随机调查了 100 位宾客的餐饮服务意见,根据统计得出了图 8 − 2 的圆形百分比分析图。

由图分析可知,本餐厅当前需要重点解决的服务质量问题是增加服务项目和提高服务技能。

3. 因果分析图法

用 ABC 分析法可以找出服务中存在的主要质量问题。可是,这些问题产生的原因有哪些呢? 因果分析图就是对质量问题产生的原因进行分析的方法。

影响服务质量的原因较多,一般把众多的原因归结为五大因素。即:人

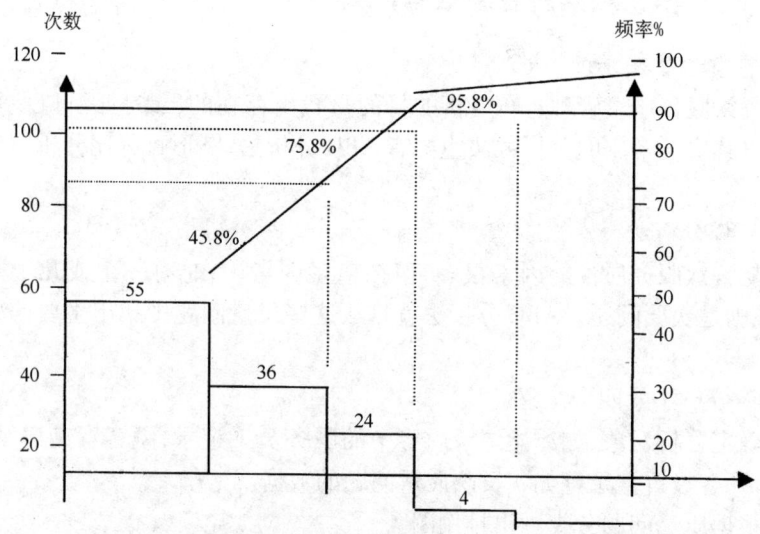

图 8-1 巴雷特曲线图

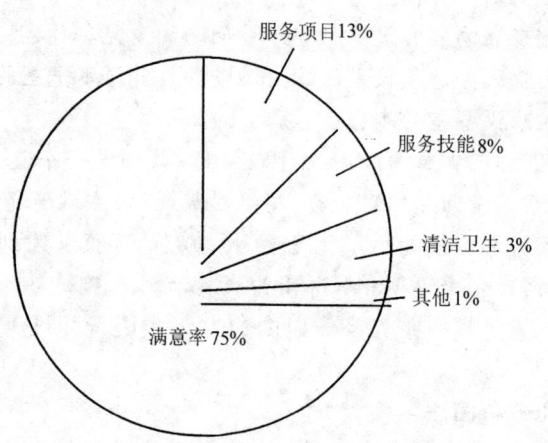

图 8-2 圆形百分比分析图

(Man)、设施(Machine)、材料(Material)、方法(Method)和环境(Environment),称为 4M1E 因素。

①人。人是最关键的因素,首先,餐饮服务工作与顾客的健康、心理等密切相关,这是顾客十分关心的;其次,餐饮服务工作是面对人的工作,与顾客需求相联系。因此,作为服务者的员工,对餐饮服务质量的优劣起着关键性的作用。

②设施。设施是饭店向顾客提供优质服务的物质基础。设施的配备与完好程度直接影响到顾客的满意度。

③材料。是指餐饮服务工作的所有材料,包括有形的物质材料(如食品材料)和无形的材料(如各种信息)。显然,这些材料对宾客需求满意程度有直接影响。

④方法。服务方法既是规律的又是灵活的,它包括服务方式、服务程序、服务技巧以及管理的各种方法等。服务方法是影响餐饮质量的一个重要因素。

⑤环境。服务环境直接影响到顾客的需求满意度。环境差,使功能性、经济性、文明性等不能正确发挥,使安全性、时间性不易保障,使舒适性大为逊色。

因果分析是通过箭头线,将质量问题与原因之间的关系表示出来,如图8-3。

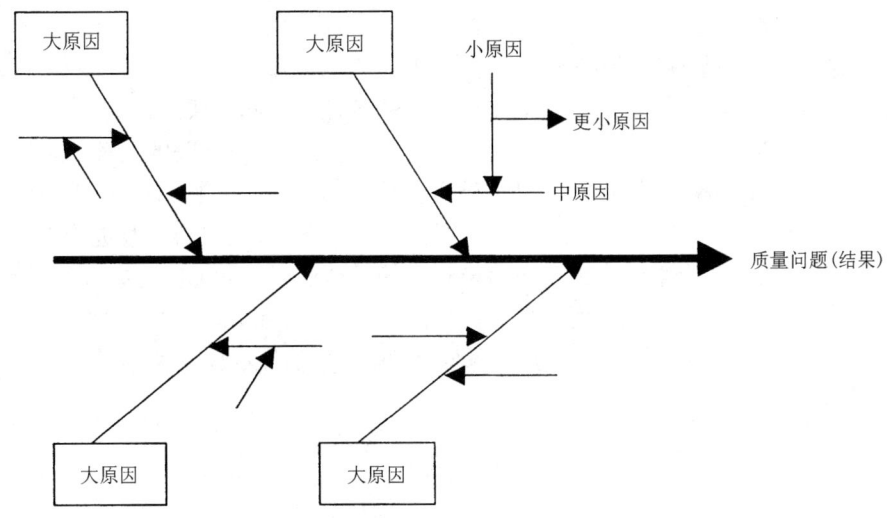

图8-3 因果分析图

分析步骤:①找出质量问题,确定要分析的问题。②发动员工共同寻找产生质量问题的原因。③将找出的原因进行整理后,按原因大小画在图上。

在进行分析时,要深入调查,请各方面人员参加,以听取不同意见。对原因的分析应细到能采取具体解决措施为止。

(二)服务质量管理方法

提高餐饮服务质量需要一套完善的质量管理方法。在现代饭店的质量管理活动中,通常采用PDCA循环法对质量进行管理。

1. PDCA循环法的含义

所谓PDCA循环法,是指服务质量管理活动按照计划(Plan)、实施(Do)、检查(Check)和处理(Act)四个阶段来开展,并循环进行。

2. 运用 PDCA 循环解决质量问题

运用 PDCA 循环解决质量问题，分成四个阶段八个步骤进行。

①计划阶段。这一阶段的工作是制定质量管理目标，包含四个步骤：

步骤一：分析质量现状，找出存在的问题。运用 ABC 分析法，找出主要问题。

步骤二：运用因果分析法，分析产生质量问题的原因。

步骤三：从分析出的原因中找出关键的原因。

步骤四：对所提出的主要质量问题，制定解决质量问题要达到的目标和计划，提出解决质量问题的具体措施和方法。

②实施阶段。这一阶段的工作是严格按照已定的目标和计划，认真付诸实施。

步骤五：按已定的目标、计划和措施执行。

③检查阶段。这一阶段的工作是对计划实施后产生的效果进行检查。

步骤六：再运用 ABC 分析法，将分析结果与步骤一中发现的质量问题进行对比，以检查在步骤四中提出的提高和改进质量的各种措施和方法的效果。

④处理阶段。这一阶段，要把成功的经验形成标准，并总结失败的教训。

步骤七：对已解决的质量问题提出巩固措施，并使之标准化，以防止类似问题再次出现。对未取得成效的质量问题，也要总结经验教训，提出新的改进措施。

步骤八：提出在步骤一中出现而尚未解决的其他质量问题，并将这些问题转入下一个循环中去求得解决，从而与下一循环的步骤一衔接起来。

值得说明的是，PDCA 循环法的四阶段的八个步骤，必须按顺序进行，既不能缺少，也不能颠倒。

本章小结

> 餐饮服务管理应包括餐饮服务软、硬环境氛围的设定和营造，餐饮服务方式的选用和确定，更应注重餐饮服务质量的管理，要有提高服务质量的措施，要运用科学的质量管理方法。

思考与练习

1. 门面装修与周边环境和餐厅气氛的设定有何关系？
2. 怎样设计餐厅的色彩和光线？
3. 如何调节和控制餐厅的温度、湿度、气味和音响？
4. 中餐服务中的分餐式服务适用于何种用餐场合？
5. 西餐服务中的俄式服务技巧有哪些？
6. 什么是餐饮服务质量？
7. 对顾客服务质量的基本要求是什么？
8. 餐饮服务质量控制要抓哪些基础工作？

第9章

饭店餐饮销售管理

课前导读

饭店餐饮销售管理涉及的面很广,主要有价格制定、经营活动中的主要销售决策、销售中的出品与销售指标控制等内容。餐饮产品的价格制定是餐饮销售管理的核心内容。餐饮产品的价格体现了餐饮企业的档次、规格,反映了餐饮企业的市场定位和经营指导思想及经营策略。餐饮产品的价格合理与否,直接影响到企业的市场形象和上座率,这些又反过来决定了企业的经营业绩和效益。

教学目标

- 懂得餐饮产品价格制定的原理
- 掌握餐饮产品价格制定的常用方法、主要销售决策形式
- 熟练运用店内外餐饮促销方法
- 熟悉餐饮销售控制过程与方法

第一节 餐饮产品的价格制定

一、餐饮产品的定价原理、定价目标、定价策略

(一)定价原理

价格是商品价值的货币表现形式。价格的高低受商品所含价值量的大小及市场供求关系的制约。我们通常将餐饮产品的价格结构分解成如下形式:

$$餐饮产品的价格 = 原料成本(含主料、辅料、调料) + 费用(固定费用、变动费用) + 税金 + 利润$$

习惯上,人们又将价格结构中的费用、税金、利润三者之和称为毛利,这样,价格结构可以简化为:

$$餐饮产品价格 = 原料成本 + 毛利$$

1. 以价值为基础,使价格尽可能接近价值。餐饮产品的价格结构中,原料部分

的成本所占比重很大,因而是商品价值主要部分的货币表现,但它不是商品价值的全部。作为全部商品价值的货币表现的价格,除了原料成本之外,还有生产费用、流通费用、税金和利润。企业要持续扩大再生产,在商品售出以后,不仅要使原料成本得到补偿,还要补偿生产费用、流通费用,向国家缴纳税金和取得一定的利润。这样,在制定价格时就要在生产成本等的基础上,加上流通费用和税金、利润,从而形成价格的最高经济界限。

2. 考虑市场供求状况对价格的影响。价格与供求的关系十分密切。在一定条件下,市场价格对商品供求起着调节作用。商品价格的高低,会引起商品供应量与需求量的增减;反过来,商品的需求情况也调节着市场价格的高低,引起商品价格的涨落。

3. 使价格符合国家的价格法规与政策,实行合理的商品差价。这些差价在餐饮产品的定价过程中主要表现在法规与政策差价、量差价等方面。

(二)定价目标

餐饮定价目标应与企业经营的总体目标相协调,餐饮产品价格的制定必须以定价目标为指导思想。

1. 以企业的经营利润作为定价目标

餐饮定价往往要以经营利润作为目标。管理人员根据利润目标,预测经营期内将涉及的经营成本和费用,然后计算出完成利润目标必须达到的收入指标。

要求达到的收入指标 = 目标利润 + 食品饮料的原料成本 + 经营费用 + 营业税

例如,某餐厅要求达到的年利润为 20 万元,根据以前的会计统计,餐饮原料成本占营业收入的 45% 左右,营业税占 5%,部门经营费用占 30%,餐饮部分摊的企业管理费用占 5%。预计明年这些项目占营业收入的比例相差不大,那么明年餐饮营业的收入指标为:

$$TR = 200000 \text{元} + 45\% TR + 50\% TR + 30\% TR + 5\% TR$$

$$TR = \frac{200000 \text{元}}{1 - 45\% - 5\% - 30\% - 5\%} = 1333333 \text{元}$$

注:TR 为餐厅要求达到的收入指标

决定销售收入的大小有两个关键指标:一是座位周转率,一是客人平均消费额。通过预测餐厅的座位周转率,就能预测出客人的平均消费额指标:

$$客人平均消费额指标 = \frac{计划期餐饮收入指标}{座位数 \times 座位周转率 \times 每日餐数 \times 期内天数}$$

如果上述餐厅具有 100 个餐座,预计每餐座的周转率为 1.1,每天供应晚餐和午餐,则客人的平均消费额指标为:

$$客人平均消费额指标 = \frac{1333333 \text{元}}{100 \times 1.1 \times 2 \times 365} = 16.60 \text{元}$$

根据目标利润计算出的客人平均消费额指标,还应与顾客的需求和顾客愿意支付的价格水平相协调。在确定目标客人平均消费额指标后,就可根据各类菜品占营业收入的百分比确定各类菜的大概价格范围。

2. 注重销售的定价目标

在有些情况下,管理人员出于经营需要,在定价时追求增加客源和菜品的销售数量。例如有些餐厅所处的地点过于僻静,或餐厅的知名度较低,管理人员为吸引客源,增强菜单的吸引力,往往在一段时间内将价格定得低些,使顾客喜欢光顾而使餐厅的知名度提高。有些餐厅在遇到激烈竞争时,为了扩大或保持市场占有率,甚至为了控制市场,也有以确定低价来增加客源的。这些企业虽然会因低价而生意兴隆,但可能会得不到应得的利润,甚至不能产生利润。

3. 刺激其他消费的定价目标

有些餐厅为实现企业的总体经营目标,会以增加客房或其他产品的客源作为餐饮定价的目标。在我国许多饭店中,餐饮部在定价时往往考虑企业的整体利益,以较低的餐饮价格来吸引会议、旅游团体以及公务客人,以此提高客房出租率,使企业的整体利润提高。

4. 以生存为定价目标

在市场不景气或竞争激烈的情况下,有些餐饮企业为了生存,在定价时只求保本,待市场需求回升或餐厅出名后再提升价格。当餐饮收入与固定成本、变动成本和营业税之和相等时,企业能求得保本,保本点的餐饮收入等于固定成本除以贡献率(即 1 − 变动成本率 − 营业税率)。保本点的客人平均消费额等于固定成本除以贡献率和客人数之乘积:

$$保本点客人平均消费额 = \frac{固定成本}{客人数 \times (1 - 变动成本率 - 营业税率)}$$

例如,某餐厅每月固定成本预计为 120000 元,餐饮变动成本率为 40%,营业税率为 5%,该餐厅具有 200 个座位,每天供应午、晚两餐,预计每餐座位周转率能达到 1.5,该餐厅若要保本生存,客人平均消费额要达到:

$$\frac{120000}{200 \times 1.5 \times 2 \times 30 \times (1 - 40\% - 5\%)} = 12.12 \ 元$$

(三)定价策略

价格表现在许多方面,如价格水平的高低、价格的灵活度、价格的优惠等。确定价格可防止机械地采用竞争者价格,或采用只计算成本、费用加利润的定价方法,而使管理人员能有效地控制价格。

1. 公开牌价

公开牌价(List Price)是印在菜单上或贴在招牌价目表上的公开销售价格。

一些企业采用相对不变的公开牌价,也有些企业没有固定的公开牌价。相对不变的公开牌价是在一段期间内保持不变的公开销售价。企业对一般顾客按其基本价销售,但可根据不同的场合或不同的推销需要进行加价或降价。相对不变的公开牌价为管理提供方便,为销售提供准则,也可减少与顾客的矛盾。所以大多数餐饮企业采用公开牌价。有些餐厅没有固定菜单,它们根据市场供应的品种,即时编制菜单,价格随原料市场价格的变动而变动,因而不采用固定公开牌价。大多数餐厅对一般菜品采用固定公开牌价,但对随市场供应而附加的时令菜及根据顾客特殊需要而开设的套菜不列公开牌价。有的特殊套餐,如宴会餐、团体餐、会议餐还可与客户一起商定价格。

公开牌价上一般标明确切的最终价格。有些企业为了迎合某些顾客追求优惠的心理,在公开牌价上标明价格已经打了一定折扣。

由于许多顾客不了解产品真正值多少钱,他们只关心折扣的高低,看到优惠价就会购买,实际上有时优惠价还高于竞争者价。对于这种假优惠牌价,有许多争执和看法,在高档餐厅中还会有损企业的形象。

2. 价格水平

价格水平可从客人的平均消费额总结出来。前面提到,客人平均消费额的高低受定价目标的制约。在追求目标利润、注重销售、刺激消费和求生存的定价目标指引下,企业会确定不同的价格水平。同时,企业还要根据本餐厅的产品质量和竞争状况决定其价格水平是高于、接近于、还是低于竞争者的价格水平。

在完全竞争的情况下,企业确定的价格高于或低于市场价都是不明智的。竞争越激烈,企业对价格的控制程度越小,价格越必须接近竞争者。企业需要争夺市场、扩大市场占有率时,往往愿意推行低于竞争者的价格。企业需要突出产品质量、树立高档餐厅的形象时,又往往将价格水平定得高于竞争者。

3. 价格灵活度

餐饮管理的另一种价格策略是价格的灵活度究竟该多大?应该采用固定价格还是灵活价格?

(1)固定价格。固定价格是在相同销售条件下,对一定数量的产品采取相同的销售价格。我国很多饭店采用固定价格政策,在一般情况下不讨价还价。在饭店,由于餐饮产品涉及的变动成本大,收入的增加对边际成本的增长作用很大,因而餐饮产品价格调节余地小,其价格通常比客房价格固定性大。

采取固定价格定价比较容易,管理比较方便,并容易建立良好的企业信誉。但要注意固定价格不能限制得过死。过死的固定价格等于给竞争者通报价格,而且不易适应外界市场需求和竞争局势的变化。

(2)灵活价格。灵活价格是相同产品、相同数量对不同顾客和在不同场合采取不同的价格。对不同顾客所采取的价格是高是低,取决于顾客的价格协商能力以及企业与客户的关系。

灵活价格在小型特别是个体经营的餐馆中运用较多,在产品尚未标准化,菜单尚未固定下来时运用较多。有时餐厅为招徕大型宴会、团体用餐,管理人员会与客户协商价格。有些饭店还对长住户或常客用餐给予特殊价格。

灵活价格的优越性是,可以根据竞争状况和顾客需求调节价格,不会为价格高而失去客源。精明的管理人员会对愿意支付高价的顾客收取高价,而对不愿支付高价的顾客收取较低的价格。灵活价格的缺点是,当顾客发现其他顾客比他支付的价格低时,会产生不满情绪,或促使更多的顾客前来协商价格,最终给企业销售增加困难并使企业失去良好的信誉。

4. 新产品价格

对新开张的餐厅或新开发的菜系、菜品,要决定采取市场暴利价格、市场渗透价格还是短期优惠价格。

(1) 市场暴利价格。当餐厅开发新产品时,将价格定得高高的,以牟取暴利。当别的餐厅也推出同样产品而顾客开始拒绝高价时再降价。市场暴利价格往往在经历一段时间后要逐步降价。它通常适用于企业开发新产品的投资量大,产品独特性大,竞争者难以模仿,产品的目标顾客对价格敏感度小等场合。采取这种价格能在短期内获取尽可能大的利润,以尽快回收投资。但是,由于这种价格能使企业获取暴利,因而会很快吸引竞争者,产生激烈的竞争,从而导致价格下降。

(2) 市场渗透价格。这一价格是自新产品一开发就将产品价格定得低低的。目的是使新产品迅速地被消费者接受,企业能迅速打开和扩大市场,尽早在市场上取得领先地位。企业由于获利低而能有效地防止竞争者挤入市场,使自己长期占领市场。市场渗透政策用于产品竞争性大且容易模仿,而目标顾客需求的价格弹性大的新产品。

(3) 短期优惠价格。许多餐厅在新开张或开发新产品时,暂时降低价格使餐厅或新产品迅速投入市场,为顾客所了解。短期优惠价格与上述市场渗透价格不同,它是在产品的引进阶段完成后就提高价格。

5. 折扣和优惠

运用价格折扣是餐饮推销的一种重要手段。对公开牌价打一定折扣在餐饮行业运用甚广。

(1) 团体用餐优惠。为促进销售,餐饮企业常常对大批量就餐的客人进行价格折扣,比如会议就餐、旅游团队就餐等。会议和团队就餐通常以每人包价收费,在这个包价中提供各色菜肴。

例如,某饭店根据会议的档次,确定了三等价格:

	每人每天包价	早餐	午餐	晚餐
经济菜会议餐	30元	4元	12元	14元
标准菜会议餐	40元	6元	16元	18元
特别菜会议餐	50元	10元	18元	22元

又如，某饭店根据旅游团队的档次和人数确定如下价格：

旅行社团队用餐价格	标准菜				特别菜			
	每人每天价格	早餐	午餐	晚餐	每人每天价格	早餐	午餐	晚餐
10人以上团队	70元	14元	28元	28元	100元	20元	40元	40元
2~9人团队	80元	16元	32元	32元	128元	28元	50元	50元
个人	100元	20元	40元	40元	148元	38元	55元	55元

(2) 累积数量折扣。有的饭店为鼓励长住户和常客经常在店内就餐，以折扣价格鼓励客人在店内就餐。一般而言，长住户在店内就餐的需求只是一种日常生存性需求，而不是享受性需求，因此他们不愿在餐厅中花费很多的钱和时间。饭店如能提供价格折扣，就能有效地吸引他们在店内就餐。南京一家饭店以每天30元的折扣包价向长住户提供做工简单、经济实惠的饭菜。一些餐厅为鼓励常客常来餐厅举办宴会，对常客的宴会价格进行打折。折扣率的大小通常取决于客户光顾餐厅的次数。

也有的餐厅其午餐营业时间在中午1:00~2:00达到最高峰，为使客人提前就餐以减少高峰时段的压力，增加总客源，对12:45前结账的就餐客人实行价格折扣。

二、餐饮产品定价方法

(一) 声望定价法

声望定价法，指餐饮企业利用本企业在社会上的良好声誉或者本企业的某些著名厨师在社会上的威望和影响而实施的定价法。北京全聚德的烤鸭、上海小绍兴的三黄鸡的售价，显然比同地区的其他饭店的同名品种的价格要高，其售价明显是以企业或个人的良好社会形象为基础的，这些良好的社会形象又是以企业产品的优良质量和不懈宣传为依托的。因此，企业在利用声誉进行定价的同时，还要注意通过不断的努力来维护、保持良好的形象。

(二) 不同时间、季节定价法

不同时间、季节定价是指餐饮企业依据餐饮产品生产原料生长的自然规律，在不同的节气，使用不同的烹饪原料，制定不同的产品价格。江南水乡的清水大闸蟹惟有在西北风渐起的金秋十月享用，才是最佳的，此时的螃蟹自然是身价百倍了；不同时间、季节定价的另一层含义是指企业可以利用平时和周末、工作日和节假日之间的差异，选用不同的价格。也可以在一天之中的不同营业时段采用不同的价格，如酒吧可在每日下午18:00之前推出半价销售的"快乐时光"活动。

(三)毛利率定价法

这是一种利用毛利在售价结构中所占的比率计算价格的方法。这种方法在餐饮企业中使用最为广泛,餐饮产品的基本价格都是采用这种方法计算出来的。

1. 毛利率的核定

(1)毛利率的概念。餐饮产品的毛利率是产品毛利与产品销售价格或者产品毛利与产品成本之间的比率。

毛利与售价之间的比率,称为销售毛利率,亦称内扣毛利率。公式表达如下:

$$销售毛利率(内扣毛利率) = \frac{毛利}{销售价格}$$

毛利与产品原料成本之间的比率,称为成本毛利率,亦称外加毛利率。公式表达如下:

$$成本毛利率(外加毛利率) = \frac{毛利}{原料成本}$$

毛利率不仅反映着餐饮产品的毛利水平,还直接决定着企业的盈亏,关系着消费者的利益。在餐饮产品原料成本和相关费用不变的情况下,毛利率越高,销售价格就越高,利润也越高;反之,毛利率越低,销售价格越低,利润也越低。

因为毛利率有销售毛利率(内扣毛利率)和成本毛利率(外加毛利率)两种计算方法,所以引用毛利率这个概念时,必须说明是内扣还是外加毛利率,以免引起误解。在行业中,除了另有说明的外,毛利率一般指的是销售毛利率(内扣毛利率)。本书在谈到毛利率时,也是指销售毛利率(内扣毛利率)。

(2)毛利率的核定

①毛利率的类别。毛利率的大小是由饭店根据企业的市场定位、经营范围和国家物价部门的有关法规,综合平衡之后确定的。在实际工作中,毛利率有三类:一是某个具体的餐饮产品的毛利率,它反映的是某个产品的毛利率水平;二是分类毛利率,它是餐饮企业各经营类别的毛利率水平,如按原料分,有海产品菜肴的毛利率、米面制品的毛利率。也可以按经营类别分类,如普通零点菜肴的毛利率、高档宴会的毛利率等;三是综合毛利率,又称平均毛利率,它反映的是整个饭店餐饮产品的毛利率水平。

②各种毛利率的核定

a. 单个产品毛利率的核定。应根据饭店的经营政策和市场需求情况,确定每一具体餐饮产品的毛利率。

b. 分类毛利率的核定。它是按某一类经营业务或菜肴、点心的销售价格和毛利来计算的。是餐饮企业制定产品价格的依据。要核定分类毛利率,先要对本企业经营的产品进行分类,如将米面制品分为主食品、一般带馅制品、精制点心(油炸、油酥制品、精面、精米)等。

分类毛利率的核定原则:

——粮食主制品（米饭、馒头等）低于其他粮食制品（面条、包子、煎饼、油条等）；
——素菜低于串荤，串荤低于净荤，净荤低于名菜（饭店行业有时例外）；
——操作费工、产值较小的产品，毛利率稍高些；
——耗用原料较贵、精工细作的品种高于大众化产品；
——酒席高于一般菜肴；
——时菜、名菜、名点高于酒席；
——涉外饭店的餐饮产品高于非涉外饭店的餐饮产品；
——高星级饭店的餐饮产品高于低星级饭店餐饮产品。

c. 综合毛利率的核定。综合毛利率是考核饭店餐饮经营方向和经营状况好坏的综合指标。它是按餐饮企业在一定时期内的销售总额和毛利总额（毛利总额＝销售总额－原料成本总额）来计算的。其公式如下：

$$综合毛利率 = \frac{毛利总额}{销售成本}$$

d. 单个产品毛利率、分类毛利率、综合毛利率三者间的关系。相同类别的单个产品毛利率构成分类毛利率，各经营品种的毛利率（分类毛利率）构成综合毛利率的基础，而综合毛利率是企业各经营品种的总反映。

表 9-1　某饭店餐饮综合毛利率核算

经营类别	分类毛利率	占餐饮总收入百分比	组成综合毛利率数
经济等宴会	50%	5%	2.5%
标准等宴会	55%	10%	5.5%
特别等宴会	60%	5%	3%
会议（内宾）	40%	10%	4%
长住户客饭	40%	5%	2%
零　点	50%	40%	20%
就餐饮料	40%	10%	4%
酒吧饮料	70%	15%	10.5%
综合毛利率			51.5%

综合毛利率 = Σ 各类菜肴毛利率 × 各类菜肴占总餐饮收入百分比

2. 餐饮产品价格计算

由于毛利率有内扣毛利率和外加毛利率之分，所以计算价格就有内扣毛利率法和外加毛利率法之分。

(1) 内扣毛利率法。简称内扣法，是用饭店规定的内扣毛利率和产品成本计算价格的方法。其计算公式如下：

$$产品售价 = \frac{产品原料成本}{1 - 内扣毛利率}$$

例如,清蒸鳜鱼一份,用料规格是:新鲜鳜鱼净料 500 克,24.00 元;笋片、黑木耳等辅料 2.00 元,调料 1.00 元,内扣毛利率为 50%,试求该菜肴的售价。

解:用上述公式计算:

$$产品售价 = \frac{24 + 2 + 1}{1 - 50\%} = 54.00(元)$$

(2)外加毛利率法。简称外加法,是以产品成本为基数,按规定的外加毛利率来计算价格的方法。其计算公式如下:

$$产品售价 = 产品原料成本 \times (1 + 外加毛利率)$$

例如,仍以上例进行计算,原料成本数不变,外加毛利率定为 100%。

解:代入计算公式:

$$产品售价 = (24 + 2 + 1) \times (1 + 100\%) = 54.00(元)$$

上面两例说明,当内扣毛利率为 50% 时,其对应的外加毛利率恰好是 100%。由此可看出内扣毛利率与外加毛利率的对应关系。

(3)内扣毛利率与外加毛利率的互为换算。内扣毛利率是以售价额为基数的,而外加毛利率是以成本额为基数的。如果同一售价、同一成本,则外加毛利率大于内扣毛利率,在这种情况下,用内扣毛利率和外加毛利率分别计算,其毛利额应相等。

内扣毛利率法与外加毛利率法各有优点。从分析财务结果看,内扣毛利率优于外加毛利率。因为财务活动中的各项指标,如费用率、税金率、利润率等都是以售价为基础计算的,和内扣毛利率一致,便于比较、计算。它们之间的关系可用下式表示:

$$内扣毛利率 = 费用率 + 税金率 + 利润率$$

但如用外加毛利率计算,上式则不能成立,这对分析、检查或编制计划、报表都不方便。

从计算售价看,外加法比内扣法简单。因为外加法使用加法与乘法,而内扣法使用减法与除法。

内扣毛利率与外加毛利率的换算如下:

$$内扣毛利率 = \frac{外加毛利率}{1 + 外加毛利率}$$

$$外加毛利率 = \frac{内扣毛利率}{1 - 内扣毛利率}$$

第二节　餐饮经营销售决策

饭店餐饮部门在作经营销售决策时,要以企业能获得尽可能多的营业收入而经营成本最少为前提。

一、餐厅营业时段的确定

(一)确定最佳营业时段所需要的数据

餐厅在早上什么时候开业,晚上什么时候停业,要以餐厅获利最大作为决策依据。确定最佳营业时间,必须以经营数据作为决策工具。在试开业时要统计下述数据:

(1)各时段销售额。进行科学化管理的餐厅需要统计各时段的销售额作为经营决策的依据。各时段的销售数据可用于营业时间决策、清淡时段推销活动决策和人工安排决策等。该数据可由餐厅收银员收集。

(2)食品饮料成本率。从月经营情况表中汇总可得出平均成本率。

(3)开业需增加的固定开支。这部分固定费用不包括餐厅固定资产的折旧等,餐厅即使不开业,这种费用也已经存在,这种资本是沉入资本。这里仅计算若在清淡时间开业需要增加的(不随销售数量变化而变化)固定开支。例如增加的电灯、空调、煤气的能源费及其他费用等。

(4)其他变动费用率。除食品饮料成本外,还有些费用会随销售量的增加而增加,如桌布的洗涤费、餐巾纸费等等,通过实际费用统计,计算变动费用率。

(5)营业税率。

根据上述数据能够算出餐厅开业要求达到的最低销售额。

(二)营业要求的最低销售额求解方式

若餐厅在早上较早、晚上较晚时间内达到该销售额,餐厅开业比不开业更为合理:

$$开业要求的最低销售额 = \frac{开业需增加的固定费用}{1 - 食品饮料成本 - 其他变动费用率 - 营业税率}$$

例如,某餐厅在晚9:00-10:00期内开业需增加人工费120元,增加其他固定开支80元,食品饮料成本率为35%,其他变动成本率为10%,营业税率5%。餐厅开业最低应达到的销售额为:

$$\frac{120 元 + 80 元}{1 - 35\% - 10\% - 5\%} = 400 元$$

如果餐厅仅从经济角度考虑,在该段时间内达不到400元销售额的话,关门比开门更为合适些。

(三)延长营业时间的其他原因

一些餐厅在早、晚清淡时间内虽然客源少,从经济角度考虑,开业可能不合理,但考虑到下述因素会延长开业时间:

(1)延长营业时间是餐厅或饭店招徕客源的一种推销手段,使餐厅及其附属的饭店树立一种经营时间长、能方便顾客的良好形象,使顾客愿意到饭店来住宿或到餐厅来就餐。

（2）为正式营业做准备。在清早和晚上客源很少时可以作一些营业准备工作。例如叠餐巾、摆台、整理账务，晚上晚一点停业，可以作一些清扫卫生工作。有些企业既要节约费用，又要为顾客留下关门晚的好印象，在正式停业前作停业准备和打扫。但是做这些工作时要注意，在后台准备结业、在前台打扫卫生等于催促客人快走，会引起客人反感。如果餐厅晚 10:00 关门，9:45 就打扫卫生，顾客会很快得出结论：该餐厅 9:45 关门，这样会造成从 9:30 开始就无客光顾了。

（3）延长营业时间是应付竞争的一种措施。有许多餐馆为战胜竞争者，即使赔钱，也要将营业时间延长一些，以此争夺客源。

（4）新餐厅早开业、晚停业可增加可见度、提高企业的知名度。

（5）有的咖啡厅或快餐厅在下午 2:00—6:00 之间生意清淡，也许达不到最低营业的销售额，但关门不方便，在这段清淡时间，搞一些推销活动会增加些客源，餐厅可能会达到营业最低销售额。但是这种促销活动一定要有时间限制，如果促销时间过早或过晚都会影响盈利。

二、餐厅营业清淡时间价格折扣决策

根据价格的需求弹性理论，降低价格通常会提高销售数量。许多企业试图利用降价来提高利润。如为了提高座位周转率，在生意清淡时进行价格折扣。在作价格折扣决策时，必须研究价格折扣对盈利的影响。

（一）短期价格折扣法

有的餐饮点在生意清淡的时段推出"快乐时光"（Happy Hour）的推销活动，例如推销鸡尾酒时采取"买一送一"的优惠政策，或者以发展就餐俱乐部的形式对会员采取"一份价格买二份"政策。这种折扣政策是否有效，必须对降价前后的毛利进行比较，通过比较可算出降价后的销量达到折价前的多少倍这项折扣决策才算合理。

例如，某饭店的酒吧考虑在生意清淡的时段利用"快乐时光"推出"买一送一"的鸡尾酒推销活动。鸡尾酒每杯原价为 18.00 元，饮料成本率是 25%，降价后销售量为降价前的倍数为：

$$\frac{\text{折价后销量需达到}}{\text{折价前的倍数}} = \frac{\text{折价前每份菜品（饮料）的毛利额}}{\text{折价后每份菜品（饮料）的毛利额}}$$

$$\frac{18.00 \text{元} - 18.00 \text{元} \times 25\%}{18.00 \text{元} \times 50\% - 18.00 \text{元} \times 25\%} = 3 \text{倍}$$

如果折价后的销售量超过降价前的 3 倍，也就是增加 200% 的话，这项推销政策是有效的。

（二）长期价格折扣法

在短时间内作推销，计算增加的销售量时只要考虑毛利额即可。但在较长的

经营时间内作推销,还要考虑偿付固定成本、企业获得的利润以及平均降价率。例如某餐厅在每周一到周五下午的3:00~6:00的"快乐时光"中推行"买一送一"的折扣活动,这项推销虽然在该段时间内的折扣为50%,但就整个经营时间来说,平均折扣不是50%而是20%。这项推销政策是否有效取决于折价后的销售额能否达到下述水平:

$$\text{折价后需达到的销售额} = \frac{\text{企业要求获得的利润额} + \text{固定成本}}{1 - \left\{\frac{\text{折价前变动成本率}}{1 - \text{拟定的折价率}}\right\}}$$

例如,某餐厅准备周一到周五下午3:00~6:00进行"买一送一"的推销活动。餐厅每月的固定成本额是20万元,餐厅要求获得月利润为10万元,折价前的变动成本率是60%,由于每周只有5天折价,每天只有3小时折价,所以平均折扣率只有20%左右。在折价前企业要完成10万元的利润,需达到的月销售额为:

$$\text{折价前要求达到的销售额} = \frac{100000 \text{元} + 200000 \text{元}}{1 - 60\%} = 750000 \text{元}$$

若要获得同样利润,折价后需达到的月销售额为:

$$\text{折价后需达到的销售额} = \frac{100000 \text{元} + 200000 \text{元}}{1 - \frac{60\%}{1 - 20\%}} = 1200000 \text{元}$$

注:上式是要获得同样的利润,折价后需达到的月销售额

外出就餐享用的往往是一种享受性产品,而不是一般的必需品,故价格下降通常会引起销售量的增加,但并不是每项折价政策都能提高经济效果。管理人员必须详细记录折价前后的就餐人数和销售额等数据,比较实际销售额能否达到上述应达到的水平。如果不能达到,就应立即采取措施改进或取消这项推销活动。

三、餐饮产品促销时的价格决策(亏损先导推销决策)

亏损先导(Loss Leader)产品,是企业经过选择将那些价格定得很低的、用来做诱饵吸引客人光顾餐厅的产品。

(一)次级推销效应

分析这些产品折价推销的效果,不能只分析这一产品折价前后的盈利性,还必须分析它们的"次级推销效应"(Secondary Sales Effect)。

"次级推销效应"就是某产品的推销对其他产品的销售带来的影响。顾客通过诱饵产品折价的机会进入餐厅时,通常还会购买其他产品。特别是餐饮产品之间具有互补性。一种产品的销售往往会刺激另一种产品的销售。例如西餐主菜菜品折价,会增加葡萄酒、开胃品、甜品的销售量。前面提到"快乐时光"或就餐俱乐部的饮料折价政策,还会增加餐厅顾客并使其他产品的销售额增加。

假如某餐厅为增加客源,向前来就餐的客人免费提供一杯葡萄酒。这项推销活动会使餐厅的食品收入提高,预计它对餐厅会产生下述影响:

（1）由于免费推销葡萄酒，这部分葡萄酒的销售不产生收入。

（2）预计客人会增加一倍，从原先的 200 位增至 400 位，每位客人的平均消费额为 55 元，则销售额将从 11000 元增加到 22000 元。

（3）由于客人增加一倍，所用饮料的成本总额也增加一倍，即从 800 元增至 1600 元。食品成本总额也增加一倍，即从 4070 元增至 8140 元。

（4）服务人数需增加，人工费增加 400 元。

这项推销活动对餐厅的收入和利润产生的总体影响见表 9-2。

表 9-2 葡萄酒推销的次级推销效应

	食品 推销前	食品 推销后	饮料 推销前	饮料 推销后	总计 推销前	总计 推销后
销售额	200 位客人，平均消费额 55 元，共得销售额 11000 元	400 位客人，平均消费额 55 元，共得销售 22000 元	2000 元	0	13000 元	22000 元
变动成本（食品饮料成本）	成本率 37%，成本额 4070 元	成本率 37%，成本额 8140 元	成本率 40%，成本额 800 元	成本额 1600 元	4870 元	9740 元
毛　利	6930 元	13860 元	1200 元	-1600 元	8130 元	12260 元
工资费用					2500 元	2900 元
净 收 益					5630 元	9360 元

综上所述，一个产品的推销对其他产品销售所产生的影响（收益），必须减去本产品损失的利益，它的纯利益可用下面的公式来表示：

其他产品增加的客人数×客人平均消费额×（1－其他产品变动成本率）－

增加的人工费及其他费用－亏损先导损失的收入－亏损先导增加的成本

以上表的数据计算，葡萄酒推销所增加的净收益如下：

$$(400-200) \times 55 \times (1-37\%) - (2900-2500) - 2000 - (2000 \times 40\%) = 3730 (元)$$

从上例可见，亏损先导的推销虽然减少了饮料收入，但使餐饮纯收益增加 3730 元。但进行亏损先导推销必须做好销售预测和可行性研究，有可能的话作试推销。

（二）做"亏损先导推销"活动时需收集的数据

（1）亏损先导的推销给其他产品增加的顾客数和销售额。

（2）亏损先导推销所增加的成本（包括亏损先导增加的成本及其他产品所增加的成本）。

（3）亏损先导推销所损失的收入。

(4) 推出亏损先导销售所增加的其他费用(如人工费、燃料费等)。

(5) 计算亏损先导推销所获得的净收益。

第三节 店内外餐饮促销实务

一、店内餐饮促销活动

店内促销活动是以招徕客人和娱乐为目的而进行的具有话题性且能吸引客人参加的一种促销方法。餐厅原本是提供食品、饮料的场所,而现在它正朝着多功能化的方向发展。

举办店内促销活动必须掌握几项原则:第一,话题性。举办的活动要具有新闻性,能够产生话题,引起大众传播媒介的兴趣,从而吸引客人;第二,新潮性。也就是要有现代感,玩花样非但起不到推销的作用,还可能影响餐厅的声誉;第三,新奇性、戏剧性。人们普遍有好奇的心理,一个世界最大的汉堡包会吸引许多人观赏、品尝,一根世界上最长的面条也具有同样的推销效果;第四,即兴性和非日常性。既然是促销活动,一般只能在短期内产生效果,否则就毫无话题性、新奇性可言了;第五,单纯性。这一原则常常被人们忽略,有时一件极富创意的促销活动,却由于过分拘泥于细节而变得复杂,失去了效果。第六,参与性。举办的活动应尽量吸引客人参与,歌星独唱、钢琴演奏远不如卡拉OK的参与性高,后者也更能调节气氛。

下面介绍几种店内促销的方法:

(一) 组织俱乐部促销

各种餐厅、酒吧可以吸引不同的俱乐部成员,饭店是俱乐部活动的理想场所。餐饮部门一方面可以自己组织一些俱乐部,如:常客俱乐部、美食家俱乐部、常驻外商俱乐部等等,让他们享有一些特别的优惠;另一方面也可以和当地的一些俱乐部、协会联系,提供场所,供这些协会活动。如当地的企业家协会、艺术家协会等等。饭店可发给他们会员卡、贵宾卡赠送一些娱乐活动和服务的门票,实行赊账优惠和优先接待优惠等等。酒吧还可以免费替他们保管瓶装酒。饭店通过组织这样的活动,既可以吸引更多的客人,又可以扩大自己的影响,成为当地新闻的中心,起到间接的推销作用。

(二) 节日推销

推销要抓住各种机会甚至创造机会吸引客人购买,以增加销量。各种节日是难得的推销时机,餐饮部门一般每年都要做自己的推销计划,尤其是节日推销计划,使节日的推销活动生动活泼、有创意,取得较好的推销效果。下面介绍一些主要节日的推销特点:

1. 春节。这是中华民族的传统节日,也是让在中国过年的外宾领略中国民族文化的节日。利用这个节日可推销中国传统的饺子宴、汤圆宴,特别推广年糕、饺子等等。同时举办守岁、喝春酒、谢神、戏曲表演等活动,丰富春节的生活,用生肖象征动物拜年来渲染气氛。

2. 元宵节。农历正月十五,可在店内外组织客人看花灯、猜灯谜、舞狮子、踩高跷、划旱船、扭秧歌等,参加民族传统庆祝活动,可特别推销各式元宵。

3. "七夕"。农历七月初七,是牛郎织女鹊桥相会的日子,是中国的情人节。外国人过惯了自己的情人节,如果我们将"七夕"渲染一下,印刷一些"七夕"外文故事和鹊桥相会的图片送给客人,再在餐厅扎座鹊桥,让男女宾客分别从两个门进入餐厅,在鹊桥上相会、摄影,再到餐厅享用特别晚餐,将别有一番情趣。

4. 中秋节。月到中秋分外明,这天晚上,可在庭院或室内组织人们焚香拜月,临轩赏月,增加古筝、箫和民乐演奏,推出精美月饼自助餐,品尝鲜菱、藕饼等时令佳肴和亲人团聚套餐等。

另外,中国的传统节日还有很多,如清明节、端午节、重阳节等等,只要精心设计、认真挖掘,就能搞出有创意的推销活动。

5. 圣诞节。12月25日是西方第一大节日——圣诞节,人们着盛装,互赠礼品,尽情享受节日美餐。在饭店里,一般都布置圣诞树和小鹿,有圣诞老人赠送礼品,是餐饮部门进行推销的大好时机,一般都以圣诞自助餐、套餐的形式招徕客人,推出圣诞特选菜肴:火鸡、圣诞蛋糕、李子布丁、碎肉饼等,组织各种庆祝活动,唱圣诞歌,举办化装舞会、抽奖活动等。圣诞活动可持续几天,餐饮部门还可用外卖的形式推销圣诞餐,扩大销量。

6. 复活节。每年春分月圆后的第一个星期日举行。复活节期间,可绘制彩蛋出售或赠送,推销复活节巧克力蛋、蛋糕,推广复活节套餐,举行木偶戏表演和当地工艺品展销等活动。

7. 情人节。2月14日是西方一个较浪漫的节日。餐厅可推出情人节套餐,推销"心"形高级巧克力,展销各式情人节糕饼。酒吧也可特制情人鸡尾酒,一根双头心形吸管可增添许多乐趣。餐厅还可提供卖花服务,鲜花当是一笔可观的收入。同时,可举办情人节舞会或化装舞会,举行各种文艺活动、抒情音乐会等。

西方的节日也很多,如感恩节、万圣节、啤酒节等等,在节日期间举行各种促销活动不但在外国客人中有市场,对国内客人同样也有一定的吸引力。

(三)内部宣传品推销

在店内餐饮推销中,使用各种宣传品、印刷品和小礼品、店内广告进行推销是必不可少的。常见的内部宣传品有:

1. 定期活动节目单。饭店或者餐厅将本周、本月的各种餐饮活动、文娱活动印刷后放在餐厅门口或电梯口、总台发送,传递信息。制作这种节目单时要注意:一是印刷质量要与饭店的等级一致,不能太差;二是一旦确定了的活动,不能更改和变动。在节目单上一定要写清时间、地点、饭店或餐厅的电话号码,印上餐厅的标记,以强化推销效果。

2. 餐厅门口的告示牌。招贴诸如菜肴特选、特别套餐、节日菜单和增加的新的服务项目等。制作告示牌同样要和餐厅的形象一致,经专业人员之手。另外,用词要人性化,如"本店下午十点打烊,明天上午八点再见",比"营业结束"的牌子来得更亲切。同样,"本店转播世界杯足球赛实况"的告示,远没有"欢迎观赏大屏幕世界杯足球赛实况转播,餐饮不加价"的推销效果佳。

3. 菜单的推销。固定菜单的推销作用是毋庸置疑的,很难想像没有菜单客人将如何点菜。除固定菜单外,还有其他类的推销菜单,如:

①特选菜单——特别推销一些时令菜、每周特选和新创品种等,可以丰富固定菜单,也使常客有新鲜感;②儿童菜单——供应符合儿童口味和数量的菜肴;③情侣菜单——供应双份套餐,菜名较浪漫,菜肴也比较符合年轻人的口味;④中年人菜单——根据中年人体力消耗的特点,提供满足他们需求的热量的食品;⑤美容菜单——将饮食与美容相结合,穿插一些药膳等食品,吸引讲究美容的这部分客人。这种菜单往往被客人带走的较多,应印上餐厅的地址、订座电话号码等等,以便推销。另外,房内用餐菜单和宴会菜单等都具有同样的推销作用。

4. 帐篷式台卡。用于推销某种鸡尾酒、酒水、甜品等等,印刷比较精美,也应印上店徽、地址、电话号码等资料。

5. 电梯内的餐饮广告。电梯的三面通常被用来做餐厅、酒吧和娱乐场所的广告,这对住店客人是一个很好的推销方法。陌生人一道站在电梯内较尴尬,电梯广告对其更有吸引,也能更好地取得效果(目前许多高档饭店已不太在电梯内做店内促销宣传)。

6. 小礼品推销。餐厅常常在一些特别的节日和活动时间、甚至在日常经营中送一些小礼品给用餐客人,这些小礼品要精心设计,根据不同的对象分别赠送,其效果会更为理想。常见的小礼品有:生肖卡、特制的口布、印有餐厅广告和菜单的折扇、小盒茶叶、卡通片、巧克力、鲜花、口布餐环、精制的筷子等等,值得注意的是,小礼品要和餐厅的形象、档次一致,要能起到好的、积极的推销宣传效果。

二、店外餐饮促销活动

(一)外卖促销活动(Outside Catering)

外卖是指在饭店餐饮消费场所之外进行的餐饮销售、服务活动,它是餐饮销售在外延上的扩大。它不占用饭店的场地,可以提高销售量,扩大餐饮营业收入,在旺季可以解决就餐场地不足的矛盾,在淡季可增加销售机会,使生意相对平稳。

1. 外卖推销活动的组织

外卖部通常属于宴会部。由宴会部负责推销和预订,交由外卖部落实安排。

外卖部拥有专门的外卖货车和司机、杂工,负责搬运家具、餐具。在外卖车身上要印上外卖广告,喷漆成醒目的颜色,以引起人们的注意。

2. 外卖推销的对象

①外国派驻的使馆和领事馆等官方机构,这在首都和一些大型口岸城市较多。

②外国的商业机构、办事处,他们频繁的商业往来会给饭店带来许多生意,在他们的住所举办宴会比较随便、隐蔽。

③"三资企业"大都有年庆、酬谢员工的活动,每逢店庆、新产品研制成功、单项工程落成等都会举行一些活动来庆祝,这些企业往往有一定规模,场地条件好,是外卖的好买主。

④金融机构举办的活动也较多,尤其是银行的年会等都有销售机会。

⑤在提倡廉政建设的今天,政府机构和国有企业到饭店大吃大喝是一种浪费现象,但如果在本单位举办适当规模的酒会、餐会,既花钱少,又可起到联欢作用,也不违背廉政政策。

⑥大学院校适合于举办一些酒会、自助餐等,通常在开学、毕业、结业等时候举行。

⑦ 随着人民生活水平的提高和住宅条件的改善,家庭外卖筵席在大城市和口岸地区、沿海部分先富裕起来的地区也同样有一定的市场。

3. 外卖的推销方法

外卖同样要借助宣传媒介,包括利用广告、邮寄宣传品、人员上门推销和新闻媒介宣传等手段传播外卖信息。推销者要做好详细的本地企业名录收集工作,分类记入档案,寻找推销的机会。另外,良好的公共关系,频繁地与顾客接触都能起到推销的作用。

(二)针对儿童的推销活动

根据专家设计,儿童是影响就餐决策的重要因素。许多家庭到餐厅就餐常常是儿童要求的结果。儿童常去的餐厅是咖啡厅和快餐店,因为这些餐厅往往设有专门为儿童服务的项目。针对儿童的推销有以下几个要点:

1. 提供儿童菜单和儿童份额的餐食。多给一些对儿童的特别关照会使家长倍感亲切而经常光顾。

2. 提供为儿童服务的设施。为儿童在餐厅创造欢乐的气氛,提供儿童座椅、儿童围兜和儿童餐具,一视同仁地接待小客人。

3. 赠送儿童小礼物。礼物对儿童的影响很大,要选择他们喜欢的与餐厅宣传密切联系的礼品,以起到良好的推销效果。

4. 娱乐活动。儿童对新奇好玩的东西较感兴趣,重视接待儿童的餐厅常常在餐厅一角设有儿童游戏场,放置一些木马、积木、翘板之类的玩具,还有的专门为儿童开设专场木偶戏表演、魔术和小丑表演、口技表演等,尤其在周末周日,这是吸引全家用餐的好方法。儿童节目中常常露面的主人公如在餐厅露面,对儿童也是一种惊喜的诱惑。另外,餐厅还可通过放映卡通片、讲故事、利用动物玩具等方式吸引儿童。这样做的另一个作用是儿童尽情玩耍的时候,其父母也可悠闲地享用佳肴。

5. 儿童生日推销。餐厅可以印制生日菜单进行宣传,给予一定的优惠。现在的家长越来越重视儿童的生日,饭店通常推销的生日宴如"宝宝满月"、"周岁宴会"等等。

6. 抽奖与赠品。常见的做法是发给每位儿童一张动物画,让儿童用蜡笔涂上颜色,进行比赛,给获奖者颁发奖品,增加了儿童的不少乐趣。孩子离开餐厅时,也可送一个印有餐厅名称的气球,作为纪念。

7. 赞助儿童事业,树立餐厅形象。饭店可给孤儿院等儿童慈善机构进行募捐,支持儿童福利事业,树立企业在公众中的形象。也可设立奖学金,吸引新闻焦点。赞助儿童绘画比赛、音乐比赛等也可收到同样的效果。

(三) 针对旅行团的促销活动

团队生意是饭店、餐厅的重要收入来源之一,尤其是在经营淡季,餐厅有足够的场地来招徕各种团体活动。接待工作必须注意以下要点:

1. 了解旅行团的构成和特点,包括其客源国、旅行团成员的年龄、消费水平、饮食偏好和其他特别要求,只有弄清了客人的需求,才能提供相应的服务去迎合他们。

2. 加强与接待单位特别是有较多客源的当地接待旅行社的沟通和联系。饭店举行餐饮娱乐活动要及时通报给旅行社。餐饮部门要与旅行社密切配合,保证客人用餐满意,只有这样,才能取得旅行社的支持。

3. 了解旅行团的参观路线和各站的接待情况,做好充分的准备工作。只有产品和服务与众不同时,才能给客人留下深刻印象。因此要精心设计每个团队的菜单,避免与前一站或前几站的菜单雷同,同时又能反映出地方特色。

4. 一般说,旅行团以观光为主,希望多了解当地的风土人情、民族文化和自然景色,在吸引旅行团用餐时,可以安排一些民族艺术表演及其他文娱活动,让他们边享用美食边欣赏演出,会起到最佳的效果。同时,增加一些特别娱乐活动,也可以增加综合销售的机会,使旅行团客人花了钱又开心。

5. 旅行盒饭是旅行团常带的旅途食品,也是餐厅一笔可观的收入,盒饭推销成功的,还可以面向社会服务,成为餐饮部门的一项正常经营项目。

此外,从桌次安排到时间控制,从饭菜的数量和质量到礼节礼貌,都会反映饭店对旅行团生意的重视程度,这会直接影响到对旅行团业务的促销结果。

第四节 餐饮产品销售控制

餐饮销售控制是从控制角度保证餐饮产品最终变为餐饮商品的过程。这一过程的圆满实现,需要餐饮经营管理人员建立一个完整的餐饮销售控制体系,包括对点菜单的控制、对出菜检查过程的控制、对收银员的控制、对酒吧销售的控制,以及相应的销售控制指标与销售报表的建立与考核。

一、餐饮销售控制的意义

销售控制的目的是要保证厨房生产的菜品和餐厅向客人提供的菜品都能产生收入。成本控制固然重要,但销售的产品若不能得到预期的收入,则成本控制的效率就不能实现。假如餐厅售出金额为1000元的食品,耗用原料的价值为350元,食品成本率为35%。如果餐厅销售控制不好,只得到900元的收入,则成本率会提高至38.9%,这样毛利额就减少100元,成本率就提高3.9%。

由此可见,对销售过程进行严格控制是多么重要。如果缺乏这个环节,就可能出现内外勾结,钻制度空子,使企业利润流失等问题。销售控制不力通常会出现以下现象:

1. 吞没现款。对客人订的食品和饮料不记账单,将向客人收取的现金全部私吞。

2. 少计品种。对客人订的食品和饮料少记品种或数量,而向客人收取全部价款,将二者的差额装入自己腰包。

3. 不收费或少收费。对前来就餐的亲朋好友不记账也不收费,或者少记账少收费,使餐厅蒙受损失。

4. 重复收款。对甲客人订的菜不记账,用乙客人的账单重复收款,私吞一位客人的款额。在营业高峰期往往容易造成这种投机取巧的空子。

5. 偷窃现金。收银员(或服务员)将现金柜的现金拿走并抽走账单,以便核对账钱时查不出短缺。

6. 欺骗顾客。在酒吧中,将烈性酒冲淡或售给顾客的酒水分量不足,将每瓶酒超额量的收入私吞。

二、出菜检查员控制

具有一定规模的餐厅,需要在厨房设置一名出菜检查员,作为食品生产和餐厅服务之间的协调员。出菜检查员必须熟悉餐厅的菜品品种与价格,了解各种菜的质量标准。其岗位一般设在厨房通向餐厅的出口处。在西方,出菜检查工作通常由厨师长亲自兼任。出菜检查员的责任是:

1. 保证每张订单上的菜得到及时生产，保证服务员取菜正确并送菜到合适的餐桌。

2. 保证厨房只根据账单副联（点菜单）所列的菜名生产菜品，每份送出厨房的菜都应在点菜单副联上有记载。这样可防止服务员、厨师无点菜单私自生产并擅自免费把食品送给客人。

3. 有的餐厅要求出菜检查员检查客人账单上填的价格是否正确，防止服务员为某种私利或粗心将价格写错或写低。

4. 大致检查每份生产好的菜品的份额和质量是否符合标准。

5. 注意防止客人将账单副联丢失。

三、酒吧销售控制

有些小型酒吧为节省人力，由调酒师兼服务员，负责为客人订饮料，提供服务，填写销售记录，收取客人交付的现金并让客人在账单上签字。这些工作如果全由一个人承担而缺乏控制，会发生一系列问题。

如果酒吧使用收银机，要求服务员或调酒师将向客人售出的饮料数量和金额输入收银机。但如果无其他控制手段，服务员也可输入不正确或不足量的收入，将差额装入自己的腰包。可见，酒吧也应该使用书面账单。使用收银机的酒吧，服务员收到现金后应立即输入收银机并打出账单给顾客。这样，如果现金不对，顾客会及时发现。单纯使用账单的酒吧，要将调酒师调制的向客人服务的酒水记在账单上，这样便于每日审查收入。大型企业的酒吧有专职收银员，由于劳动有分工，舞弊较困难。

客房小酒吧是为方便客人使用饮料而设置的。为加强对客房小酒吧酒水销售的控制，要在小冰箱上设小酒吧的饮料订单，小酒吧内配备的饮料应有规定的品种和数量，客人饮用后，应填写在饮料订单上。每日，由客房服务员检查小酒吧的饮料消耗并补充至额定量，服务员还要检查客人是否填写饮料单，如没有写，应帮助填写并请客人签字。在客人退房结账时，前台收银员要问客人是否使用小酒吧饮料，客房部也要及时将客人饮料账单转至前台。

四、餐饮销售指标控制

餐饮销售额是指餐饮产品和服务的销售总价值。此价值可以是现金，也可以是保证未来支付的现金值，例如支票、信用卡等。销售额一般以货币形式来表示。

影响餐饮销售总额高低的主要控制指标有：

（一）消费者人平均消费额

管理人员一般十分重视平均消费额。平均消费额是指平均每位客人每餐支付的费用。这个数据之所以重要，是因为它能反映菜单的定价是否过高，了解服务员

和销售员是否努力推销高价菜、宴会和饮料。通常,餐厅要求每天都分别计算食品的平均消费额和饮料的平均消费额,其计算方法是:

$$平均消费额 = \frac{总销售额}{就餐客人数}$$

管理人员应经常注意平均消费额的高低,如果连续一段时间平均消费额都过低,就必须检查食品饮料的生产、服务、推销或定价有无问题。

(二)每座位销售量

每座位销售量是以平均每座位产生的销售额除以平均每座位服务的客人数来表示的,其计算方法是:

$$每座位销售额 = \frac{总销售额}{座位数}$$

每座位销售额可用于比较相同档次、不同饭店经营状况的好坏。

比如 A 餐厅的年销额为 458 万元,有餐座 200 个;而 B 餐厅的年销售额为 250 万元,有餐座 100 个;A 餐厅的每座位年销售额为 22900 元,而 B 餐厅的每座位年销售额为 25000 元,可见,B 餐厅的经营效益要好一些。

每座位销售额也常用于评估和预测酒吧的销售情况。在酒吧中,某位客人也许喝了一杯饮料匆匆而去;也许整个下午呆在那里商谈公务,要订十几次饮料。这样难以统计座位周转率和平均消费额,所以往往用每座销售额来统计一段时间的销售状况。

(三)平均每座位服务的客人数

也常常被称作座位周转率,它以一段时间的就餐人数除以座位数而得。

$$座位周转率 = \frac{某段时间的就餐人数}{座位数 \times 餐数 \times 天数}$$

如果 A 餐厅的就餐人数为 24 万,而 B 餐厅的就餐人数为 11 万,两餐厅每天都供应两餐,它们的座位周转率分别为:

$$A 餐厅座位周转率 = \frac{240000}{200 \times 2 \times 365} = 1.64$$

$$B 餐厅座位周转率 = \frac{110000}{100 \times 2 \times 365} = 1.5$$

餐厅早、午、晚餐客源的特点不同,座位周转率往往分餐统计。座位周转率反映餐厅在吸引客源上的能力。上例中,A 餐厅吸引客源能力高于 B 餐厅,但每座位产生的收入却低于 B 餐厅,说明 A 餐厅的菜单价格较低或销售低价菜的比例较高。

(四)每位服务员销售量

该销售量也有两种指标:一是以每位服务员服务的顾客人数来表示,它反映服务员的工作效率,为管理人员配备职工、安排工作班次提供依据,也是对职工成绩进行评估的基础。当然,该数据要有一定的时间范围才有意义,因为服务员每天、每餐、每小时服务的客人数不同，不同餐别每位服务员能够服务的客人数也不同，不同餐厅的服务员能够服务的客人数也不同，高档餐厅的服务员不如快餐厅服务员服务的人数多；二是用销售额来表示。每位服务员服务客人的平均消费额是用服务员在某段时间中推销产生的总销售额除以服务客人数而得。例如某餐厅在月终对服务员工作成绩进行比较时，应用下列销售数据：

	服务员甲	服务员乙
服务客人数	1950	2008
产生销售额	51675	51832.20
客人平均消费额	26.50	25.81

上述数据明显地反映了，服务员乙无论在服务客人数和产生的销售额方面都超过服务员甲，说明他在积极主动接待客人方面以及工作量上都比服务员甲更为出色。但是他服务的客人平均消费额为：

$$\frac{51832.20}{2008}=25.81$$

比服务员甲少 0.7 元

$$26.5-25.81=0.7$$

说明服务员乙在推销高价菜、劝诱客人追加菜和点饮料方面不如服务甲。管理人员可向服务乙指明努力方向，指出如在上述方面努力，则在提高餐饮销售方面还有潜力。还能增加销售额的潜力为：

$$0.7\times 2008=1405.6$$

服务员的销售数据可由收银员对账单的销售数据进行汇总，也可由餐厅经理对账单存根的销售数进行汇总而得。

（五）时段销售量

某时段（各月份、各天、每天不同的钟点）的销售数据对人员配备、餐饮推销和确定餐厅最佳营业时间特别重要。

时段销售量可以用两种形式表示：一段时间内所服务的客人数和一段时间内产生的销售额。

例如某咖啡厅下午 3:00~6:00 所服务的客人数为 40 位，产生的销售额为 900 元；而在 6:00~9:00 所服务的人数为 250 位，产生的销售额为 7000 元。很明显，在这两个不同时段应配备不同人数的职工。又如某餐厅原来在午夜 12:00 停业，但在夜晚 10:00~12:00 期间只产生 60 元的销售额，经过计算发现两个小时开业时间的费用和成本会超过收入，因此决定提前停业。

（六）销售额指标

销售额是显示餐厅经营好坏的重要销售指标。一段时间的销售额指标可以通过下式来计划：

一段时间的销售额指标 = 餐厅座位数 × 预计平均每餐座位周转率 ×
平均每位客人消费额指标 × 每天餐数 × 天数

各餐每位客人的平均消费额相差较大,故确定销售额计划往往要分餐进行。例如,A餐厅计划下一年晚餐每位客人的平均消费指标为30元,晚餐平均座位周转率指标为1.6,A餐厅计划下一年晚餐的销售指标为:

$$200 \times 1.6 \times 30 \times 1 \times 365 = 3504000(元)$$

本章小结

> 饭店餐饮销售管理水平的高低直接影响到整个饭店的获利能力,而饭店餐饮销售的日常管理又牵涉到众多方面,只要其中的一个环节发生问题,都会给整个餐饮经营管理带来巨大的损失。

思考与练习

1. 试述餐饮产品的价格结构?
2. 餐饮价格结构中心毛利中包括哪几个部分?
3. 常见的餐饮产品定价方法有哪几种?
4. 分析餐饮单个产品毛利率、分类产品毛利率与餐饮综合产品毛利率间的关系。
5. 餐饮销售控制涉及哪几方面的内容?

第10章

饭店餐饮财务管理

课前导读

　　餐饮经营的目标是获取盈利,而提高收入、降低成本费用是增加盈利的基础。本章通过对餐饮成本费用的内容、分类,餐饮成本费用预算编制、控制程序和方法,以及常用财务评价方法等内容的介绍,旨在告诉读者有效的餐饮财务管理对提高资金运转率、降低成本是何等重要。

教学目标

- 熟悉餐饮成本费用的内容、类别,学会餐饮成本、费用预算编制
- 熟练掌握餐饮成本费用控制程序与方法
- 掌握常用餐饮财务评价方法

第一节　饭店餐饮营运中的成本、费用管理

　　现代饭店餐饮成本费用是指企业销售商品、提供劳务等日常活动所发生的经济利益的流出。成本费用的基本特征是:①成本费用最终会导致资源减少,具体表现为企业的资金支出,或者表现为资产的耗费;②成本费用最终减少企业的所有者权益。

一、饭店餐饮成本费用的内容及分类

（一）按用途分

1. 餐饮直接成本

　　直接成本是直接用于客人的花费。根据成本费用凭证直接记入"成本"账户,即"主营业务成本"。"主营业务成本"是指饭店餐饮部在经营、服务过程中所发生的各项直接支出,包括:

　　(1)餐饮成本。是餐饮部耗用的食品原料及饮料成本。

　　(2)商品成本。是销售商品的进价成本,分为国内商品进价成本和国外商品进价成本。国内购进商品进价成本是指购进商品原价;国外购进商品进价成本是

指在购进中发生的实际成本,包括进价、进口税金、购进外汇差价、支付委托外贸部门代理进口的手续费等。

(3)洗涤成本。是指洗涤部门洗涤布件(桌布、餐巾等)时耗用的用品、用料等。

(4)其他成本。是指其他营业项目支出的直接成本。

(5)车队的运输成本。

2. 餐饮期间费用

期间费用是在一定会计期间发生的、与生产经营没有直接关系和关系不密切的营业费用、管理费用、财务费用等。期间费用不计入主营业务成本,直接体现为当期损益。

(1)营业费用

营业费用是指餐饮部在经营中发生的各项费用,按经济内容可以分为:

①运输费。指企业能直接认定的购入存货发生的运输费,内部不独立核算的车队发生的燃料费也计入运输费。

②保险费。指企业向保险公司投保所支付的财产保险费用。

③燃料费。指饭店餐饮部耗用的燃料费用。

④水电费。指饭店餐饮部耗用的水费、电费。

⑤广告宣传费。指餐饮部进行广告宣传而支付的广告费和宣传费用。

⑥邮电费。指餐饮部的邮资、电话等通讯费用。

⑦差旅费。指餐饮部人员出差的差旅费。

⑧洗涤费。指餐饮部洗涤工作服而发生的洗涤费。

⑨物料消耗。指餐饮部领用物料用品而发生的费用。

⑩折旧费。指餐饮部按规定提取的固定资产折旧费。

⑪修理费。指餐饮部对固定资产和家具用品等财产的修理费用。

⑫低值易耗品的推销。指餐饮部领用低值易耗品摊销费用。

⑬工资及福利费。指餐饮部直接从事经营的部门人员的工资及福利费等。

⑭工作餐。指餐饮部按规定为职工提供工作餐而支付的费用。

⑮服装费。指餐饮部按规定为职工制作工作服而支付的费用。

此外,营业费还包括装卸费、包装费、保管费、展览费及其他营业费用。

(2)管理费用

管理费用是指餐饮部为组织和管理经营活动而发生的费用以及由企业统一负担的费用。按其经济内容划分为:

①公司经费。指行政部门行政人员的福利费(按职工工资总额的14%提取)、工作餐费、服务费、差旅费、会议费、物料消耗以及其他行政经费。

②工会经费。指企业规定提交的工会经费。

③职工教育经费。指企业管理部门职工业务进修、培训等费用。

④劳动保险费。指企业支付的离退休人员的退职金、退休金及其他各种经费。

⑤劳动保护费。指企业按规定购买的劳保服装用品、防暑降温等费用。

⑥董事会费用。指企业最高权力机构及其成员为执行职能而发生的各项费用。

⑦外事费。指企业出国展览、推销、考察、实习培训和接待外宾所发生的食、宿、交通费用。

⑧租赁费。指企业租赁办公用房、营业用房、低值易耗品等的租赁费用。

⑨咨询费。指企业聘请经济技术顾问、法律顾问等支付的费用。

⑩审计费。指企业聘请注册会计师进行查账验资以及进行资产评估等发生的各种费用。

⑪诉讼费。指企业因起诉而发生的各项费用。

⑫排污费。指企业按规定交纳的排污费用。

⑬绿化费。

⑭土地使用费。指企业使用土地而支付的费用。

⑮土地损失补偿费。指企业在生产经营过程中破坏的国家不征用土地所支付的费用。

⑯技术转让费。指企业使用非专利技术而支付的费用。

⑰研究开发费。

⑱税金。指企业按规定交纳的房产税、车船使用税、土地使用税、印花税等。

⑲待业保险费。指企业按规定交纳的待业保险费。

⑳燃料费。指企业支付的燃料及动力费用。

㉑水电费。指企业除营业部门外的其他水费、电费。

㉒折旧费。指企业管理部门的固定资产折旧费。

㉓修理费。指企业固定资产、低值易耗品发生的修理费用。

㉔无形资产摊销。

㉕低值易耗品摊销。指企业除营业部门外的其他部门领用的低值易耗品的摊销费用。

㉖开办费摊销。

㉗交际应酬费。指企业在交易过程中开支的业务招待费用。

㉘坏账损失。指企业不能收回应收账款而发生的损失。

㉙存货盘亏和毁损。

㉚上级管理费。指企业上交集团和管理公司的费用。

㉛其他管理费用。

(3) 财务费用

财务费用是指企业筹集经营所需资金而发生的费用。包括利息支出(减利息收入)、汇兑损失(减汇兑收益)、金融机构手续费、加息及筹资发生的其他费用。

(二) 按成本习性分

(1) 固定成本费用。是指不随经营业务量的增减而变动的成本费用,如工资福利费、折旧费、保险费、利息费等。

(2) 变动成本费用。是指随着经营业务量的增减而变动的成本费用,如物料消耗、食品原材料及饮料费用等。

(3) 半变动费用。是指既包含固定费用部分又包含变动费用部分的成本费用,如水电费等。

二、饭店餐饮成本费用的作用

(一) 成本费用是经营耗费补偿的尺度

企业经营过程中的各种消耗和支出不仅通过实物形式来补偿,而且通过现金形式来补偿,这部分现金数额的大小就是以成本费用数额作为尺度的,即企业已实现营业收入能弥补成本费用,经营消耗才能得到补偿。因此,成本费用是经营消耗补偿的尺度。

(二) 成本费用是确定收费标准的依据

现代旅游企业各种收费价格,是旅游商品价值的现金体现。我们知道,价格＝成本费用＋税利,可见,成本费用是制定价格的关键。

(三) 成本费用是检验企业工作质量的重要指标

(1) 企业对经营中的重大问题进行决策时,必须比较分析,选择经济效益最佳的方案,而成本费用的高低直接影响经济效益的大小,成为经营决策的主要依据。

(2) 企业成本费用是一项综合反映企业经营状况的指标。企业的各项管理工作如营业收入的增减、服务质量的优劣、材料消耗的多少、资金应用是否合理等都会通过成本费用指标直接或间接反映出来。通过成本费用比较分析,能及时发现经营管理中存在的问题。因此,一个成本费用管理好的企业,其经营管理水平也一定较佳;反之,则管理水平较低。所以说,企业的成本费用是检验企业工作质量、管理优劣的重要指标。

三、饭店餐饮成本费用的管理原则

企业成本费用管理既要符合国家有关规定,又要切合企业实际情况。归纳起来有以下几项原则:

(1) 严格遵守有关成本开支范围及费用开支标准的规定,不得随意扩大开支范围。例如,资本性支出、对外投资支出、股利分配、没收财产的损失、支付各项赔偿金、违约金、滞纳金、罚款以及赞助、捐赠支出等不得列入成本费用。企业财务制度也规定了各项成本费用开支限额，必须严格执行这些法规、制度。

(2)正确处理降低成本费用与保持服务质量的关系。降低成本费用的含义是指在不影响产品质量和服务的前提下，从其内部挖掘潜力，力求节约，减少浪费，千万不可为降低成本费用而降低服务质量。

(3)实行目标成本管理。所谓目标成本管理，是指对各项成本费用的发生进行前预测(预算)，通过编制成本费用预算(计划)，确定目标成本，把总目标成本分解至各个月，落实到各个实施环节。

第二节 饭店餐饮营运中的成本费用预算编制管理

一、饭店餐饮成本费用预算的概念

饭店餐饮成本费用预算是在事前的调查研究和分析的基础上，对未来的成本费用发展趋势作出的一种符合客观发展的定期预算，企业成本费用管理着眼未来，要求做好事前的成本费用预算，制定出目标成本费用，然后根据目标成本费用加以控制，以实现此项目标。所谓目标成本费用，是指企业在经营过程中某一时期作为奋斗目标所要努力实现的成本费用。目标成本费用可以是计划成本费用、标准成本费用、定额成本费用，也可以是国内外先进水平、本企业最好历史水平、平均先进水平等。大多数饭店的餐饮部门都在目标利润基础上测算目标利润成本费用，即营业收入扣除税金和目标利润后的余额。企业成本费用预算是成本费用控制、成本分析、成本考核的依据，也是企业编制财务预算的重要依据，正确编制、认真执行成本费用预算有利于挖掘降低成本的潜力，贯彻经济责任制，改善经营管理，提高经济效益。

二、饭店餐饮成本费用预算

1.餐饮成本预算

餐饮成本预算是在编制营业收入基础上进行编制的，其方法有二：

一是根据营业收入和历史资料、饭店星级、市场供求关系等确定本饭店餐厅的毛利率。其计算公式为：

$$预算期餐饮成本 = \sum [某餐厅预算餐饮营业收入 \times (1 - 某厅餐饮毛利率)]$$

二是根据标准成本法计算，对购进的食品原料进行加工测试，求加工后实际净料成本，编制成本计算来确定每种食品(菜肴)主料、配料、调料等的标准成本，然后追加一定的附加成本，最后确定出餐饮制品的标准成本。其计算公式为：

$$预算期餐饮成本 = \sum (某餐厅预算餐饮营业收入 \times 标准成本率)$$

例如,某旅游饭店餐饮部中餐厅预算营业收入为600万元,毛利率55%;西餐厅预算营业收入为480万元,毛利率60%;风味厅预算营业收入300万元,毛利率65%;自助餐厅预算营业收入360万元,毛利率40%,计算该餐饮部成本为多少?

餐饮成本 = 600 × (1 − 55%) + 480 × (1 − 60%) + 300 × (1 − 60%) + 360 × (1 − 40%)

= 783(万元)

平均成本率 = 783 ÷ (600 + 480 + 300 + 360) = 45%

平均毛利率 = 1 − 45% = 55%

2. 餐饮毛利率预算

饭店餐饮毛利率是指营业收入减去餐饮成本后的余额除营业收入。其计算公式为:

$$毛利率 = \frac{营业收入 - 餐饮成本}{营业收入} \times 100\%$$

3. 餐饮费用预算

费用是指营业费用、管理费用、财务费用。

编制费用预算有以下作用:第一,能明确奋斗目标。通过费用预算指标的下达和控制,明确经济责任,以及达到目标应采取的措施,从而使经济活动与企业的经营目标联系起来;第二,使企业内部密切配合,协调一致,统筹兼顾;第三,有利于控制费用支出;第四,有利于考核企业业绩。分析和考核费用预算的执行情况,是完成企业目标成本费用的有力保证。

(1)营业费用预算和管理费用预算

①营业费用。系指饭店餐饮部为保持正常的营业运行而发生的直接支出,主要项目有:

固定费用:工资、福利费、养老金、服装费、折旧费、保险费、租赁费;

变动费用:物料消耗、水费、电费、燃料费、洗涤费、邮电费、差旅费、日常维修费、广告费、果品费及其他费用。

②管理费用。系指为保证包括餐饮部在内的饭店营业部门的正常运行,后台行政职能部门用于维持正常管理的费用支出。按实际状况分摊至相关部门。主要项目有:

固定费用:工资、福利费、养老金、工作餐、服装费、折旧费、保险费、教育费、递延资产摊销、有关税金;

变动费用:物料消耗、水费、电费、燃料费、办公费、邮电费、差旅费、日常维修费、交际应酬费、绿化费、董事会会费及其他费用。

(2)固定费用预算

在费用中不随业务量增加而发生变化的部分为固定费用,如工资、福利费、养老金、工作餐、服装费、折旧费、保险费、租赁费、工会和教育经费、递延资产摊销、土地使用税、印花税、车船牌照税、房产税等。这些费用在预算期内比较稳定,可以根据上半年固定费用水平预算期内营业收入、利润计划等综合情况,编制出预算期固定费用总额,然后分解到包括餐饮部在内的各营业及管理部门,以便进行详细考核。

(3)变动费用预算

餐饮部变动费用是随接待业务量(或营业额)变化而变化的,如燃料(煤气)物料消耗、能耗、洗涤费、日常维修费等。变动费用一般均按消耗定额计算,对水电等消耗量较大的能源,其计算方法如下:

①根据前几年水电燃料能源费用的实际消耗数,分析费用消耗合理性,据此确定能源消耗量较大的费用。其计算公式为:

$$餐饮部水电燃料能源费用 = X \cdot (1+r) \cdot (1-\Delta N)$$

式中:X 为上年餐饮部水电燃料能源费用实耗数;r 为预算期内营业收入增减百分比;ΔN 为预算期内水电燃料能源费用降低率。

②按部门营业收入额百分比分摊。其计算公式为:

$$餐饮部水电燃料能源费用 = X \cdot Y(1-\Delta N)$$

式中:X 为上年餐饮部水电燃料费用实耗数,Y 为各部门预算营业收入额占餐饮部营业收入额的百分比,ΔN 为预算期内水电燃料费用降低率。

第三节 饭店餐饮成本控制管理

一、饭店餐饮成本控制的概念和作用

饭店餐饮成本费用控制是按照成本费用管理有关规定的成本预算要求,对整个过程的每项具体活动进行监督,使成本费用管理由事后算账转为事前预防性管理。

饭店餐饮部门要提高经济效益,就必须对成本费用进行严格的控制。成本费用控制在财务管理中起着很重要的作用:

1. 通过成本费用控制,可以及时限制各项成本费用的发生,把成本费用控制在事先制定的标准之内,促使企业降低成本费用,增加利润。

2. 成本费用控制与成本费用预算是密切相关的,日常成本费用控制是按预算进行的,从而保证企业全面完成成本费用预算。

3. 通过成本费用控制,能促使企业正确地贯彻执行有关成本费用方面的法令和制度,以确保企业实现降低成本费用的目标。

二、饭店餐饮成本费用控制程序

1. 制定现代饭店餐饮成本费用控制的标准

成本费用控制标准是对各项成本费用开支和资源消耗规定的数量界限,是成

本费用控制及成本费用考核的依据,具体包括:

(1)目标成本费用(即预算成本费用);

(2)各种消耗定额(是指原材料、物料用品、低值易耗品等消耗定额)。

2. 衡量成效

执行控制标准是对成本费用的形成过程进行具体的监督和调节,然后将实际执行结果和原定标准比较,根据发生的偏差判断成本控制的成效。实际耗费小于控制标准为顺差,表明成本费用控制取得良好成效;反之称为逆差,表明成本费用控制的成效不好。如果实际耗费脱离成本费用的目标,应分析偏差的程度和性质,找出原因,为纠正偏差提供依据。

3. 纠正偏差

针对产生偏差的原因,采取措施,使实际耗费达到标准的要求。

为了按上述程序有效进行成本费用控制,企业必须建立成本费用控制体系,实行成本费用分别归口管理责任制,把成本费用分解为各项指标层层下达,调动部门和全体员工的积极性,从各个角度开展全面的成本费用管理,使成本费用预算落实到实处,然后与工效挂钩。

三、饭店餐饮成本费用控制方法

(一)我国传统成本费用控制方法

1. 预算控制法

预算控制法是以预算指标作为经营支出限额目标;预算控制以分项目、分阶段的预算数据来实施成本控制。具体做法是,把每个报告期发生的各项成本费用总额与预算指标相比,在接待业务不变的情况下,要求成本不超过预算。当然,这里首先要有科学的预算指标,一般编制滚动预算,使预算具有较大的灵活性,更加切合实际情况。

2. 主要消耗指标控制法

主要消耗指标是对企业成本费用有着决定性影响的指标。主要消耗指标控制,也就是对这部分指标实施严格的控制,以保证完成成本预算。控制主要消耗指标,关键还在于规定这些指标的定额,定额本身应当可行。一般企业都制定原材料消耗定额、物料消耗定额、能源消耗定额、费用开支限额等。定额一旦确定,就应严格执行。在对主要消耗指标进行控制的同时,还应随时注意非主要消耗指标的变化,把成本费用控制在预算之内。

3. 制度控制法

制度控制法是利用国家及饭店内部各项成本费用管理制度来控制成本费用开支的一种方法,如各项开支消耗的审批制度,日常考勤考核制度,设备的维修保养制度,各种材料物资的采购、验收、保管、领发制度及程序、报审批制度等都是控制的依据。成本费用控制制度还应包括相应的奖惩办法,对于努力降低成本费用有显著效果的要予以重奖,对成本费用控制不力造成超支的要给予惩罚。只有这样才能真正调动员工节约成本费用、降低消耗的积极性。

(二)标准成本控制法

标准成本是指企业在正常经营条件下以标准消耗量和标准价格计算出的各经营项目的标准成本。标准成本控制就是以各经营项目的标准成本作为控制实际成本时的参照依据,也就是对标准成本率与实际成本率进行比较分析:实际成本率低于标准成本率的称为顺差,表示成本费用控制较好;实际成本率高于标准成本率的称为逆差,表示成本费用控制欠佳。

四、饭店餐饮成本控制

餐饮成本控制包括三个方面:①食品原材料及饮料进货成本控制。即从食品原材料及饮料采购至加工处理这一过程的成本进行控制。②饮食制品生产中的控制。即从食品原材料购进后经过加工处理形成净料,再到烹饪制作等各个环节的成本控制。从成本控制角度来看,应重点掌握饮食制品成本和成本率。③属于成本范畴的费用控制。

(一)旅游饭店饮食制品成本的概念和构成

1. 饭店饮食制品成本的概念

饮食制品成本是指凝结在制品中物化劳动的价值和活劳动支出中为自身劳动的价值的货币表现。在实际工作中,饮食制品成本只计算食品原材料的价值;物化劳动转移价值,水、电、能源消耗及活劳动消耗费等成本都计入营业费用。

2. 饮食制品成本的构成

(1)主料成本。主料指制成各饮食制品的主要原材料,如米、面、鸡、鸭、鱼、肉、蛋等。

(2)配料成本。配料指制成各饮食制品所用的辅助原材料,一般以各种蔬菜、瓜果等为主。

(3)调味品(即调料)成本。调料指制成各饮食制品所用的调味品用料,如油、盐、酱、醋、味精、胡椒、料酒、葱、姜等。

(二)食品原材料及饮料进货成本控制

食品原材料及饮料采购具有面广、品种规格复杂、品质易变、生产季节性强、价格涨落快等特点。因此,掌握好食品的采购技能是采购工作中非常重要的一环:

(1)灵活选择采购方式,如市场现购、预先购买(期货订购)等。

(2)根据标准菜谱(Standard Recipe)要求,确定采购品质。

(3)实行定额采购,控制采购数量。如采用以销定购的方法,按饭店饮食制品的销售总计划确定采购资金周转金额;依据仓储和厨房的订货数量,控制采购数量。

(4)控制采购价格,降低成本。

具体措施有:①规定采购价格;②规定订购渠道和供应单位;③控制大宗和贵重食品材料及饮料的购货权;④提高购货量和改变购货规格;⑤根据市场行情适时采购。

(5)制定采购规格,统一采购标准,如食品原材料名称、质量要求、规格要求、上市形态等。

(6)购入食品材料及饮料后必须严格验收,为饭店生产提供符合质量要求的饮食制品。验收要求有:

①进入饭店的食品原材料及饮料必须符合规定的质量要求。

②进入饭店经验收的食品材料及饮料的数量、价格等必须符合经批准的订单上的要求。

③所收到的食品原材料及饮料的发票或送货单必须是合法的,单上所列数字必须正确(与实际交货数量相符)。

(7)食品材料及饮料库存管理做到经济、合理。控制储备定额和储存损耗及资金周转快慢。

(8)严格办理领料手续,从而达到对进货成本的有效控制。

(三)标准成本及售价的确定

根据饮食制品的质量要求和配料用量标准,事先制定食(菜)谱分量。一是预防短斤缺两;二是减少加工过程中的耗损浪费。

1. 根据加工过程中的耗损,确定净料价格

饮食制品的菜谱成本是以净料用量标准为基础来确定的,购入毛料经过加工处理以后用来配制成品的原材料称为净料。净料与毛料的比例为净料率。为了确定食(菜)谱标准成本,必须将毛料价格换算成净料价格,其计算公式为:

$$净料价格 = 毛料价格 \div 净料率$$

2. 制定标准食(菜)谱和标准分量

所谓标准食(菜)谱,就是将每一种菜或米面制品制定出配方,规定数量、重量、烹饪方法,并建立成本卡,附加文字说明和照片,这种卡片称为"标准配方",也就是饭店常用的"饮食制品原材料耗用配料定额成本计算单"。在制作标准配方卡时应注意三个方面的问题:

(1)合理确定主、配、调料用量标准。

(2)正确掌握附加成本,其成本率大小一般为5%,高档饭店不超过10%。

(3)正确掌握毛利率。饭店应根据货源、工作量、设备条件、烹饪人员的技术和客人的口味,制定自己的配方,并且计算每份菜肴(或西点)的标准成本。餐厅销售每一种菜肴,都要事先填写标准菜谱配方(见表10-1),经测算成本,定下售价后方可出售。

表 10-1 标准菜谱配方

菜名:凤尾河虾仁　　份数:1　　日期:
每份成本:33.60　　预计售价:67.20　　编号:　　　　　　　　　　　　单位:元

名　称		单　位	用　量	净料价格(元)	成本金额(元)	备　注
主料	活河虾仁	克	500	30 元/500 克	30	
	鸡蛋清	只	1	0.5 元/只	0.50	
	青豌豆	克	50	4 元/500 克	0.40	
配料	料酒	克	10	2 元/500 克	0.04	
	精盐	克	5	0.5 元/500 克	0.005	
	味精	克	1.25	15 元/500 克	0.038	
	淀粉	克	15	4 元/500 克	0.12	
	色拉油	克	50	8 元/500 克	0.80	
	麻油	克	5	10 元/500 克	0.10	
食品原料成本合计		元			32	
附加成本率		%			1.60	5%
总成本合计数		元			33.60	
售价		元			67.20	
成本率		%				50%

3. 确定销售价格

根据不同的毛利率,分别测算出销售价格:

$$销售价格 = 总成本/(1-毛利率) = 33.6/(1-50\%) = 67.20$$

再根据价格和成本,计算菜肴标准成本率:

$$标准成本率 = 总成本/售价$$

餐饮成本控制组将"标准配方"全部计算后报餐饮部经理室,作为最终确定菜肴销售价格的参考。

(四)根据销售预测确定餐厅和部门标准成本率

餐厅和部门标准成本率制定方法是以历史资料为基础,分别预测各餐厅主要饮食制品的销售,在这基础上确定餐厅和部门的标准成本率,其计算公式为:

$$标准成本率 = 成本/销售收入 \times 100\%$$

例:某旅游饭店风味厅销售 6 种饮食制品,经过加工测试,其菜肴成本、价格和销售份数统计见表 10-2,计算确定该餐厅饮食制品标准成本率。

表10-2　某饭店风味厅6种饮食制品成本、价格销售统计　　Ⅰ单元

菜肴名称	成本(元)	售价(元)	前5年销售份数					备注
			1	2	3	4	5	
水晶鳜鱼	20.26	40.52	3285	3103	3558	3248	3212	
香酥鸭子	12.48	31.20	3920	2884	306	2957	3103	
银耳鸭舌	15.64	31.28	2555	2520	2628	2738	2774	
凤尾河虾仁	16.71	33.42	3670	3680	3758	3802	4050	
刺猬圆子	3.59	7.93	7840	7895	8012	8212	5424	
蝴蝶海参	18.54	37.08	3066	3048	2898	4860	3669	

根据上述资料,先用移动加权平均法计算出预测销售份数,再算出风味厅标准成本率(见表10-3)。

表10-3　某饭店风味厅标准成本率试算表

菜肴名称	成本(元)	售价(元)	销售份数	总成本(元)	销售收入	标准成本率%
水晶鳜鱼	20.26	40.52	3167	64163.42	128326.84	52%
香酥鸭子	12.48	31.20	3198	39911.04	99777.60	40%
银耳鸭舌	15.64	31.28	2886	45137.04	90274.08	50%
凤尾河虾仁	16.71	33.42	4231	70700.01	141400.02	50%
刺猬圆子	3.59	7.98	8760	31448.40	69904.80	45%
蝴蝶海参	18.54	37.08	4175	77404.50	154809	50%
合计				328764.41	684492.34	48%

在实际工作中,根据食(菜)谱标准配方,按上述方法分别确定各餐厅的标准成本率,并在此基础上确定整个餐饮部标准成本率。

(五)计算实际成本率

1. 计算各餐厅的实际成本发生额

餐饮部每天统计各餐厅的实际成本发生额。饮食制品实际成本发生是从食品原材料的领用和加工处理开始的。

(1)采购部门和厨房每天必须将直拨厨房使用的食品原材料做好原始记录,编制原始凭证,其内容包括名称、实收数量、单价、成本金额、属于哪个餐厅使用等。当天将原始凭证送餐饮成本控制组,作为实际成本的原始记录。

(2)每天从仓库领用食品原材料必须开具仓库领料单,当天必须将领料单送

餐饮成本控制组,也作为实际成本的原始凭证。

(3)如遇到领料太多而客源突然不足,或突然发现某材料变质不能使用而需要转货时,厨房必须开出凭证,当天送餐饮成本控制组。

(4)各餐厅每天根据历史资料从仓库领取酒水饮料时,必须开具领料单,当天将领料单送餐饮成本控制组,以便计算餐厅每天饮料成本实际发生额。

(5)根据内部调拨数,开出内部转货支出凭证,送餐饮成本控制组。

(6)根据上述资料,餐饮成本控制组汇总当天每个餐厅实际成本发生额,编制各餐厅每天成本分析表(见表10-4)。餐饮成本计算公式为:

本期实际耗用 = 期初结存 + 本期直拨 + 本期领用 + 内部调进 - 内部调出 - 期末结存

表10-4 某饭店食品成本日报表

20××年×月×日

餐厅	直拨厨房	仓库领用	内部调拨数		职工餐厅	主营业务成本		营业收入		实际成本率	
			调进	调出		当日数	累计数	当日数	累计数	当日数	累计数
中餐厅	1300	1900	2200	120	300	4800	12600	12600	325400	38.1%	39.2%
西餐厅	9200	4500			500	13200	31500	31500	504500	41.9%	42%
风味厅	1100	8000			1000	18600	56400	56400	1500000	32%	31%
……											

2. 计算餐饮营业收入

餐饮部每天统计各餐厅营业收入,为计算实际成本率来提供依据。各餐厅收银员每天做好销售记录。

餐饮成本控制组每天根据销售记录编制餐饮部每日营业收入统计表。

3. 计算各餐厅的每日实际成本率

实际成本率计算公式为:

$$实际成本率 = \frac{实际成本总额}{实际营业收入} \times 100\%$$

以餐厅为基础,根据餐厅饮食制品销售和成本发生计算餐厅每天食品实际成本率;以餐厅为基础,根据饮料销售额和成本发生额计算出餐厅每天饮料实际成本率,然后汇总整个餐饮部的实际成本率。

(六)实际成本率与标准成本率的差异分析

实际成本超过标准成本时,其成本差异就表现为正数,即为不利差异或逆差;实际成本低于标准成本时,其成本差异就表现为负数,即为有利差异或顺差。只有分析差异产生的原因后,才能提出改进措施,切实控制成本消耗,提高管理水平。

例:某饭店餐饮部有6个餐厅,餐饮成本控制组经过预算和加工测试,已制定出20××年××月的预算营业收入额和标准成本率(见表10-5)。

表 10-5　某饭店餐饮部各餐厅成本统计表　　　　单位：万元

项目＼餐厅	合计	其中					
		中餐厅	西餐厅	风味厅	宴会厅	自助餐厅	咖啡厅
预算营业收入额	73.83	23.81	12.96	17.36	9.30	6.52	3.88
实际营业收入额	79.44	25.60	10.80	20.20	12.40	7.20	3.24
预算标准成本率(%)	——	45	50	41	40	42	30
实际成本率(%)	——	44	51	40	39	40	29

在经营过程中，发现餐饮部各餐厅的实际营业收入额、成本率与预算指标发生了差异，其分析见表 10-6。

表 10-6　某旅游饭店各餐厅成本差异额分析表　　　　单位：万元

项目＼餐厅	实际成本	按预算营业收入额计算成本	标准成本	成本差额		
				营业收入差额	成本率差额	实际成本差额
中餐厅	11.26	10.48	10.71	0.78	-0.23	0.55
西餐厅	5.51	6.61	6.48	-1.1	0.13	-0.97
风味厅	8.08	6.94	7.12	1.14	-0.18	0.96
宴会厅	4.84	3.63	3.72	1.21	-0.09	1.12
自助餐厅	2.88	2.61	2.74	0.27	-0.13	0.14
咖啡厅	0.94	1.13	1.16	-0.19	-0.03	-0.22
合计	33.51	31.4	31.93	2.11	-0.53	1.58

① 中餐厅实际成本 = 实际营业收入额 × 实际成本率
　　　　　　　　　= 25.6 × 44% = 11.26(万元)

② 中餐厅按预算营业收入额计算的成本 = 预算营业收入额 × 实际成本率
　　　　　　　　　　　　　　　　　　 = 23.81 × 44% = 10.48(万元)

③ 中餐厅标准成本 = 预算营业收入额 × 标准成本率
　　　　　　　　 = 23.81 × 45% = 10.71(万元)

④ 中餐厅营业收入差额 = 实际成本 - 按预算营业收入额计算的成本
　　　　　　　　　　 = 11.26 - 10.48 = 0.78(万元)

⑤ 中餐厅实际成本差额 = 实际成本 - 标准成本

$$= 11.26 - 10.71 = 0.55(万元)$$

⑥中餐厅成本率差额 = 按预算营业收入额计算的成本 - 标准成本
$$= 10.48 - 10.71 = -0.23(万元)$$

分析原因如下：

①营业收入差额：是由于销售量的变化而引起的。由于实际营业收入额比预算营业收入额增加，其中主要有中餐厅 0.78 万元，风味厅 1.14 万元，宴会厅 1.21 万元，自助餐厅 0.27 万元，从而引起实际成本增加 2.11 万元。

②成本率差额：整个餐饮部属有利差异，但其中西餐厅实际成本率比标准率增加了 1%，因而使按预算营业收入额计算的实际成本比标准成本增加 0.13。

③实际成本差额：是由于实际销售量和实际成本都发生了变化而引起的。实际成本超过预算标准成本 1.58 万元（中餐厅 0.55 万元、风味厅 0.96 万元、宴会厅 1.12 万元、自助餐厅 0.14 万元）。

当由于成本率提高而成本增加时，餐饮部应责成有关人员查明原因，及时采取措施，使成本控制落实到实处。

例：某饭店某餐厅某月实际成本 40 万元，标准成本 42 万元，营业收入 100 万元，则：

$$实际成本率 = 40/100 \times 100\% = 40\%$$
$$实际成本率 = 42/100 \times 100\% = 42\%$$

实际成本率比标准成本率小 2%。一般来说，实际成本率与标准成本率差异数控制在 5% 以下。

酒水成本的控制已在本书第六、第九两章中涉及，在此不再重复。

第四节 饭店餐饮营运状况财务评价

一、财务评价的概念

财务评价是通过运用各种分析方法和技巧，评价企业过去的经营业绩，衡量企业现在的财务状况，预测企业未来的发展趋势，为企业做出正确的决策提供合理的依据。它是财务管理的一个重要组成部分，能够帮助企业管理者做出正确的投资选择及融资规划，并且有助于外界对企业做出正确的评估。

二、饭店餐饮常用财务评价法

（一）定性分析法

定性分析法主要依靠熟悉企业经营业务和市场动态、具有丰富经验和综合分析能力的专家和财务管理人员进行预测、分析、判断等一系列财务管理活动的方法。它分为以下两种：

1. 经验判断法

又称为主观估计法，主要依靠熟悉经营业务、具有丰富经验和综合分析能力的人员进行分析，可以先提出一些指定的问题，然后征求有关人员的意见，再进行综合归纳，作出判断。

2. 调查研究法

调查研究法主要根据某一目的，通过调查，取得必要资料，进行加工整理和分析研究，据以判断的一种方法。

定性分析方法能发挥财务管理人员的主观能动性，比较灵活，方法简单；其缺点是侧重于人的经验和判断分析能力，容易受主观因素影响，科学性不强。

（二）定量分析法

定量分析法亦称为技术分析法，是数量分析方法，它主要运用各类财务指标及其变化关系来评价企业的经营情况及财务状况。

定量分析法主要包括比较分析法、比率分析法、趋势分析法、图表分析法、平衡分析法、因素分析法等。现代旅游企业侧重于运用比率分析法、比较分析法、趋势分析法、因素分析法。

1. 比率分析法

比率分析法就是用两项相互依存、相互影响的财务指标的比率来分析评价企业财务状况和经营水平的一种方法。在市场经济条件下，财务分析比较注重对企业财务支付能力、营运能力、盈利能力等的分析。因此，比率分析已经成为当前财务分析的主要方法。

2. 比较分析法

比较分析法亦称对比分析法。它是将同一个经济指标在不同时期（不同情况）的执行结果进行对比，从而分析差异的一种方法。可以用实际与预算进行对比，也可以用当期与上期进行对比，还可以在同行业之间进行对比。对比分析法一般有以下三种形式：

（1）绝对数比较。是利用绝对数进行对比，从而寻找出差异的一种方法，如主营业务收入、主营业务成本、营业费用、利润等本期实际数额比预算、比上年同期升降情况，从而分析出本期经营业绩。

（2）相对数比较。是用增长百分比或完成百分比指标进行分析的一种方法，如实际利润比去年同期增长百分比、预算利润完成百分比等。

（3）比重分析。是研究某一总体中每一部分占总体的比重，并找出关键的比重数据，以掌握事物的特点进行深入研究，如用本期费用比重与上期比较等。比重分析法要注意指标的可比性、计算口径、计算基础、计算的时间等都应尽可能保持一致。

3. 趋势分析法

趋势分析法就是将两个或两个以上连续期的财务指标或比重进行对比,以便计算出它们增减变动的方向、数额,以及变动的幅度的一种方法。它可以从企业的财务状况和经营成果的发展变化寻求其变动的原因、性质,从而预测企业未来的发展趋势。

(1)绝对数趋势分析法。通过编制连续数期的会计报表,将有关数字并行排列,比较相同指标的金额变动幅度,以此说明企业财务状况和经营成果的发展变化,如编制的比较利润表、比较资产负债表等。

(2)相对数趋势分析法。主要用于分析企业的偿债能力、投资报酬率、资产负债率等,可采用两种趋势分析方法:

①环比动态比率,即分析期指标÷分析前期指标,可以看出该指标的连续变化趋势。

②定基动态比率,即分析期指标÷固定基期指标,可以将分析期与基期进行直接对比,寻找挖掘潜力的途径和方法,从而不断提高有关指标的先进性。

运用趋势分析法时要注意,用于对比的不同时期的指标的计算口径力求一致;不同时期的一些重大经济活动对有关指标造成的影响,在分析时应加以剔除,以利于作出正确判断。

4. 因素分析法

因素分析法又称因素替代法。它是对某项综合指标的变动原因按其内在的组合因素进行数量分析,用以确定各个因素对指标的影响程度和方向,因素分析法有连销替代法(或连环替代法)和差额分析法两种。

(1)连销替代法的计算程序

①确定影响财务指标变动的因素,列出关系式。

②对影响这项经营指标的各个因素进行分析,决定每一因素的排列顺序,逐项进行替代。

③逐项计算各个因素的影响程度。

④对各因素影响程度进行验证。

例:某饭店餐饮部×年×月有关餐具损耗资料如表10-7所示。

表10-7 某饭店餐饮部有关餐具损耗资料表

项 目	计划数	实际数	差异数
主营业务收入额(元)	1000000	1200000	+200000
餐具损耗率(%)	0.3	0.4	+0.10
餐具损耗额(元)	3000	4800	+1800

餐具损耗额 = 餐饮收入 × 餐具损耗率

第一步,餐具计划损耗额:
$$1000000 \times 0.3\% = 3000(元)\cdots\cdots①$$
第二步,逐项替代,先替代主营业务收入(设餐具损耗率不变):
$$1200000 \times 0.3\% = 3600(元)\cdots\cdots②$$
再替代餐具损耗率(设主营业务收入不变):
$$1200000 \times 0.4\% = 4800(元)\cdots\cdots③$$
第三步,分析各因素对餐具损耗的影响程度:
由于主营业务收入额变动的影响:②-①
$$3600 - 3000 = 600(元)$$
由于餐具损耗率变动的影响:③-②
$$4800 - 3600 = 1200(元)$$
第四步,验证,两个因素共同影响,使餐具损耗增加1800元:
$$600 + 1200 = 1800(元)$$

(2)差额分析法

差额分析法是直接用实际数与相对数之间的差额来计算各因素对指标变动的影响程度。我们仍以表10-7为例:

①由于主营业务收入额变动而影响餐具损耗额:
$$(1200000 - 1000000) \times 0.3\% = 600(元)$$
②由于餐具损耗率变动而影响餐具损耗额:
$$1200000 \times (0.4\% - 0.3\%) = 1200(元)$$
③两个因素共同影响,使餐具损耗发生的差异为:
$$600 + 1200 = 1800(元)$$

三、饭店餐饮盈亏临界点分析

(一)本、量、利的相互关系

本—量—利分析法是成本—业务量—利润分析法的简称。由于本—量—利分析的重要内容是进行保本点的计算和分析,故又称为"保本分析"或"盈亏临界分析"。

成本—业务量—利润分析是对业务数量、销售价格、固定费用、盈亏等相互之间的内在关系进行的分析、研究,是计算保本点和评价计划工作的一种模式,这一模式主要研究有关因素的变动对利润的影响,为实现利润目标应采取哪些措施,如何以最低成本获得最大效益。

进行成本—业务量—利润分析时,一般运用数学计算方法或图解方法求出保本点,然后在保本点的基础上,计算实现目标利润所需达到的销售数量,作为实现目标成本、目标利润的重要手段。

(二)保本点

保本点也称盈亏临界点、损益平衡点,是主营业务收入额等于成本费用总和,也就是说企业既无亏损也无盈利。保本销售量是企业主营业务收入与成本费用恰好相等时的销售量。

例:某饭店自助餐厅3月份固定费用为25280元,每位收费标准25元,变动费用为9.20元(见表10-8)。

表10-8　某饭店自助餐厅保本表　　　　　　　单位:万元

项　目	单位数	总额
主营业务收入(1600名客人)	25	40000
减:变动费用	9.20	14720
边际贡献	15.80	25280
减:固定费用		25280
利　润		0

从表中可以看出,边际贡献刚够抵补固定费用25280元,因此既无盈利又无亏损,达到保本点。

(三)边际贡献及边际贡献率

边际贡献(或称边际利润)是主营业务收入减去变动费用(包括变动成本)后的剩余部分,即边际贡献=主营业务收入额-变动费用,这部分金额是对抵补固定费用和盈利所做出的贡献。如果我们将接待客人数增加到2000名,就能产生盈利(见表10-9)。

表10-9　某饭店自助餐厅盈利测算表　　　　　　单位:万元

项　目	单位数	总额
主营业务收入(2000名客人)	25	50000
减:变动费用	9.20	18400
边际贡献	15.80	31600
减:固定费用		25280
利　润		6320

固定费用相对不变,在固定费用得到补偿后,边际贡献的增加意味着净利润的增加,所以争取获得较高的利润也就是争取较高的边际贡献。如在饭店中,客房部变动费用较小,边际贡献较大;而餐饮部变动费用比较大,边际贡献较小。以同样主营业务收入额而论,客房部比餐饮部收益更多。因此,我们在注意提高主营业务

收入时,还应注意营业的组成情况。

边际贡献率是边际贡献与主营业务收入的百分比。其计算公式为:

$$r = \frac{M-f}{M} \times 100\%$$

式中:r 为边际贡献率,M 为主营业务收入,f 为变动费用

根据表 10 - 9,主营业务收入 50000 元,占 100%,变动费用 18400 元,占 36.8%,边际贡献 31600 元,占 63.2%,即:

$$r = \frac{M-f}{M} \times 100\% = \frac{50000 - 18400}{50000} \times 100\% = 63.2\%$$

说明每百元主营业务收入中,变动费用占 36.8 元,边际贡献占 63.2 元,边际贡献率为 63.2%。

本章小结

> 饭店餐饮财务管理是饭店餐饮能够获取利润,走向成功的重要环节。通过对餐饮成本费用的预算编制,可使餐饮经营在起始阶段就走上预定轨道;通过对餐饮营运阶段的实时控制,可使餐饮经营成本费用处于理想状态;通过对餐饮营运状况的财务评价,可及时掌握营运的实际情况,便于管理者总结经验、吸取教训。

思考与练习

1. 饭店餐饮成本费用的作用是什么?
2. 饭店餐饮成本费用管理的原则是什么?
3. 饭店餐饮成本费用的控制方法有哪些?
4. 饭店餐饮财务评价的概念是怎样的?
5. 饭店餐饮财务评价的常用方法有哪些?
6. 什么是财务比率分析?
7. 什么是财务因素分析法?
8. 什么是餐饮盈亏临界点分析?
9. 什么是边际贡献?

后 记

为适应我国旅游高等职业教育蓬勃发展的需求,根据旅游高等职业教育的培养目标和教学计划,旅游教育出版社组织编写了此书。

本书吸取了国外饭店餐饮管理的先进经验和我国旅游院校多年来的教学成果,结合我国饭店业的管理实践和发展趋势,系统地阐述了饭店餐饮服务、经营与管理的实践和理论问题,努力反映出国内外饭店餐饮管理领域中的先进服务和管理的理念、模式、手段以及发展趋势。

本书系统地编排了饭店餐饮运行管理的内容,涉及餐厅、酒吧、宴会服务与管理;更着眼于饭店餐饮管理中的主要环节,如原料管理、生产管理、服务管理、销售管理和财务管理,突出理论性、科学性和实践性。为了更好地适应高等职业教育的教学需要,本书在编写体例和编排形式上做了一些尝试,例如,在各章开始安排了课前导读和教学目标,在各章结尾安排了本章小结和思考练习题。

本书可用作旅游高等职业教育院校的专业教材,也可用作饭店业培训教材。

本书第一章由上海旅游高等专科学校余炳炎教授编写;第二、三章由浙江旅游职业学院乐盈编写;第四章由上海旅游高等专科学校朱水根副教授编写;第五、七章由广东省旅游学校邓敏编写;第八章由云南省旅游学校刘新文编写;第六、九、十章由上海旅游高等专科学校李勇平副教授编写。主编为上海旅游高等专科学校余炳炎教授,副主编为上海旅游高等专科学校李勇平副教授。

编 者

责任编辑:景晓莉

图书在版编目(CIP)数据

饭店餐饮管理/余炳炎主编.—北京:旅游教育出版社,2004.5(2019.1重印)
(五年制)高等职业教育饭店服务与管理专业教学用书
ISBN 978-7-5637-1196-3

Ⅰ.饭… Ⅱ.余… Ⅲ.饮食业-经济管理-高等学校:技术学校-教材 Ⅳ. F719.3

中国版本图书馆 CIP 数据核字(2004)第 017853 号

教育部职业教育与成人教育司推荐教材
国家旅游局人事劳动教育司推荐教材
(五年制)高等职业教育饭店服务与管理专业教学用书

饭店餐饮管理

余炳炎 主 编
李勇平 副主编

出版单位	旅游教育出版社
地 址	北京市朝阳区定福庄南里 1 号
邮 编	100024
发行电话	(010)65778403 65728372 65767462(传真)
本社网址	www.tepcb.com
E-mail	tepfx@163.com
印刷单位	北京玺诚印务有限公司
经销单位	新华书店
开 本	787 毫米×960 毫米 1/16
印 张	18
字 数	285 千字
版 次	2004 年 5 月第 1 版
印 次	2019 年 1 月第 10 次印刷
定 价	25.00 元

(图书如有装订差错请与发行部联系)